Detlef Dill / Helga Gelewsky

Die Fundgrube für den Sport-Unterricht in der Sekundarstufe I

Detlef Dill

Helga Gelewsky

Die Fundgrube
für den Sport-Unterricht
in der Sekundarstufe I

Cornelsen online http://www.cornelsen.de

Gedruckt auf chlorfrei gebleichtem Papier
ohne Dioxinbelastung der Gewässer

Die Deutsche Bibliothek – CIP-Einheitsaufnahme

Dill, Detlef:
Die Fundgrube für den Sport-Unterricht in der Sekundarstufe I / Detlef Dill ;
Helga Gelewsky. - Berlin : Cornelsen Scriptor, 2001
ISBN 3-589-21419-8

Dieses Werk berücksichtigt die Regeln der reformierten
Rechtschreibung und Zeichensetzung.

5. 4. 3. 2. 1. ✓€   Die letzten Ziffern bezeichnen
05 04 03 02 01   Zahl und Jahr der Auflage.

Redaktion: Stefan Giertzsch, Berlin
Herstellung: Julia Walch, Bad Soden
Umschlagentwurf: Bauer + Möhring, Berlin, unter Verwendung
einer Zeichnung von Klaus Puth, Mühlheim
Druck und Bindung: Clausen & Bosse, Leck
Printed in Germany
ISBN 3-589-21419-8
Bestellnummer 214198

Inhaltsverzeichnis

Einleitung

Seit geraumer Zeit ist bei Kindern und Jugendlichen eine zunehmende Distanzierung dem Gerätturnen und der Leichtathletik gegenüber zu beobachten. Aus diesem Grund haben wir in den letzten Jahren im Zuge der aufkommenden Erlebnispädagogik unter anderem auch akrobatische und circensische Künste in den Sportunterricht aufgenommen, die für Lehrer und Schüler interessantesten und motivierendsten Übungen ausgewählt und in der „Fundgrube für den Sportunterricht" zusammengestellt. Wir haben besonderen Wert darauf gelegt, Themen aufzugreifen, bei denen möglichst viele Schüler bewegt werden und die leicht und überschaubar zu organisieren sind. Viele von ihnen können bei der Durchführung von Projekttagen und Projektwochen oder auch auf Klassenfahrten zum Einsatz kommen.

Wir beginnen mit Übungen zur Verbesserung der konditionellen und koordinativen Fähigkeiten, die für jede Sportart eine wichtige Voraussetzung sind, stellen Alternativen zur traditionellen Leichtathletik vor, indem wir Übungen aus der „Spielleichtathletik" beschreiben, und behandeln dann Spiele zum Einstieg und Ausklang sowie stundenfüllende Spiele.

Am Ende des Buches werden im Text erwähnte Arbeitsmaterialien vorgestellt, die entweder mit wenig Kosten und Aufwand selbst herzustellen oder als alternative Arbeitsmaterialien preisgünstig oder sogar kostenlos zu erwerben sind.

Alle aufgeführten Übungen und Spiele wurden in verschiedenen Schulformen (Klasse 5 bis 10) über mehrere Jahre in der Praxis umgesetzt und haben sich bewährt. Alle Themen sind selbstverständlich mit Mädchen *und* Jungen durchführbar. Aus Gründen der Einfachheit verwenden wir aber immer nur die Begriffe Schüler, Partner oder Spieler.

Detlef Dill, Helga Gelewsky

1 Motivierende Übungen zur Konditions- und Koordinationsschulung

Übungen zur Körperspannung

Alter: ab Klasse 4
Anzahl: Minimum 4, Maximum 40 Schüler

Oft benutzen Lehrer das Wort „Körperspannung" im Bereich des Geräteturnens, und meistens wissen die Schüler nicht, was damit gemeint ist. Deshalb müssen die Schüler selbst erfahren, wann ihr Körper gespannt ist oder nicht. Dabei ist es wichtig, dass ein Partner mit taktilen und vor allem verbalen Hinweisen hilft.

a Aufgaben mit einem Partner

1. A sitzt mit gestreckten Beinen völlig entspannt auf dem Boden. B kontrolliert, indem er die Beine leicht anhebt und wieder loslässt. A erhält die Aufgabe, die Beine fest zu schließen und zu strecken, den Po fest zusammenzukneifen und den Bauch einzuziehen. B versucht mit leichter Kraft, die Beine auseinander zu ziehen. Schafft er es nicht, ist der Körper gespannt.
2. A liegt völlig entspannt in Rückenlage auf dem Boden, die Arme liegen neben dem Körper. B kontrolliert das durch Anheben und Wiederloslassen von Armen und Beinen, die völlig „schlaff" sind. Danach erhält A die Aufgabe, die Beine fest zu schließen und die gesamte Muskulatur anzuspannen (Po zusammenkneifen, Bauch einziehen!).
   B kontrolliert, indem er versucht, die Füße mit leichter Kraft auseinander zu ziehen und die Arme vom Boden abzuheben.
3. Diese Übung wird danach in Bauchlage wiederholt. Wichtig ist hierbei, dass der Kopf bei der Spannung nur ganz leicht angehoben werden darf.

4. A liegt mit völlig angespannter Muskulatur auf dem Rücken. B geht in die Hocke, umfasst die Fußgelenke des Partners und hebt den gespannten Körper (wie ein Brett) so hoch, bis nur noch Kopf und Nacken am Boden liegen. Wichtig ist, dass A im Becken nicht einknickt! B versucht, mit leichter Kraft die Füße auseinander zu ziehen.

5. Beide Partner befinden sich in Rückenlage mit erhobenen Beinen auf dem Boden. Die Füße werden gegeneinander gestellt. Partner A versucht nun, seinen gespannten Körper gegen den Druck der Füße des Partners anzuheben. Danach hebt B ebenfalls seinen gespannten Körper an, so dass beide Körper gespannt angehoben sind.

6. Wenn beide Körper angespannt angehoben sind, können die beiden Partner ihre Beine grätschen und schließen oder vor- und zurückspreizen, ohne dabei die Körperspannung aufzugeben.

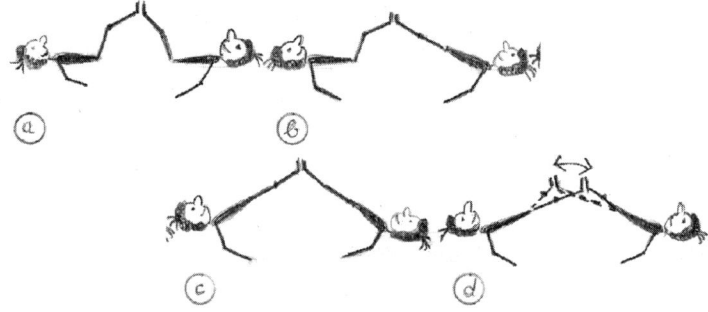

b Zwei Paare turnen auf einer Matte

1. A liegt völlig entspannt in Rückenlage auf der quer liegenden Matte, so dass Kopf und Füße den Boden berühren. Die Arme liegen neben dem Körper. B kontrolliert, ob Arme und Beine völlig „schlaff" sind. Danach erhält A die Aufgabe, den Körper völlig anzuspannen. B muss jetzt darauf achten, dass Kopf und Füße des Partners so weit angehoben werden, dass der Körper eine gerade Linie bildet.

2. Die vorstehend beschriebene Übung wird in Bauchlage ausgeführt. Bei der Anspannung muss der Körper wieder eine gerade Linie zeigen, d. h., der Schüler darf nicht ins „Hohlkreuz" gehen. Der Partner muss korrigieren und Hinweise zur richtigen Ausführung geben.

3. A liegt in Rückenlage auf der Matte. Bei völliger Anspannung rollt B Partner A seitlich aus der Rückenlage in die Bauchlage und wieder zurück, erst dann entspannen.

c Zwei Paare turnen an einer Bank

An einer Bank, über die 2 Matten quer gelegt werden, üben 2 Paare.

1. A liegt in Bauchlage völlig entspannt über der Bank, die Arme sind in Vorhalte. Bei Anspannung muss der Körper völlig gestreckt in einer geraden Linie über der Bank liegen („Bretthaltung").
   B kontrolliert, ob der Oberkörper z. B. höher oder tiefer oder die Beine höher oder tiefer gehalten werden müssen.
2. A sitzt auf der Bank. B hält die Füße. Partner A legt sich bei gespanntem Körper so weit zurück, dass zwischen Kopf und Füßen eine gerade Linie entsteht. A soll immer seine Füße sehen können.

d Übungen in der Vierergruppe

Hierbei ist darauf zu achten, dass die beiden Helfer, die den Übenden tragen, ihre Arme in Brusthöhe und in Höhe der Oberschenkel halten.

1. Zwei Partner fassen sich bei den Händen, der dritte Partner legt sich in Bauchlage mit gestreckten Armen darüber und spannt seine Muskulatur fest an, so dass sein Körper eine gerade Linie bildet. Der vierte Partner kontrolliert, ob der Getragene gespannt ist und ob der Körper gerade ist.
2. Je nach Leistungsstand kann der gespannte Partner nach vorn in den Handstand abgesetzt werden, ohne dass er seine „Bretthaltung" aufgibt. Der vierte Partner sichert am Oberschenkel und kontrolliert, ob der Körper auch noch im Handstand gespannt ist, indem er versucht, die Füße leicht auseinander zu ziehen. ´
   Der vierte Partner achtet auch darauf, dass der Übende kein „Hohlkreuz" zeigt.

3. Partner A legt sich in Rückenlage mit gestreckten Armen auf die gefassten Arme der anderen beiden Partner. Bei der Anspannung des Körpers muss der Übende immer seine Füße sehen können. Der vierte Partner kontrolliert die gerade Linie des Körpers des Getragenen.
4. Auch hier kann, wenn der Leistungsstand der Schüler es zulässt, der Getragene im Handstand abgesetzt werden. Der vierte Partner sichert wiederum am Oberschenkel.

e Spannungsübungen mit dem Rollbrett

Gerätebedarf: Für 4 Schüler ein Rollbrett, 1 Gymnastikstab, 2 Springseile
Immer 4 Schüler arbeiten zusammen und kontrollieren sich gegenseitig, ob der Körper gespannt ist (siehe Aufgaben mit einem Partner).
1. In Bauchlage auf dem Rollbrett Spannung aufnehmen.

Die Partner kontrollieren, indem sie versuchen, die Arme und Beine mit leichter Kraft auseinander zu ziehen.

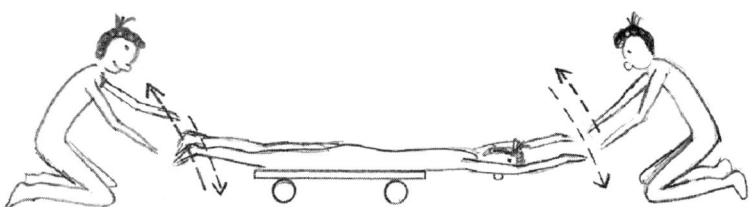

Der Partner auf dem Rollbrett wird vorsichtig geschoben. Achtung auf andere Rollbretter!

2. In Rückenlage Spannung aufnehmen. Aufgabe wie in Punkt 1.

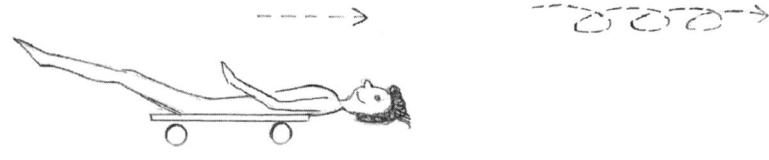

3. In Rückenlage Spannung aufnehmen und mit den Händen einen Gymnastikstab halten. Der Partner wird am Stab gezogen.

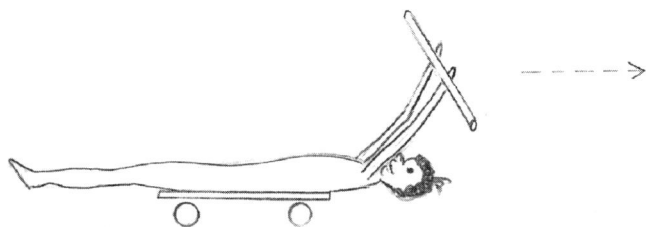

4. In Rückenlage Spannung aufnehmen. Ein Gymnastikstab wird von 2 Schülern so gegen die Fußsohle gedrückt, dass sie den Partner auf dem Rollbrett vorwärts oder im Slalom schieben können.

5. In Rückenlage Spannung aufnehmen und einen Gymnastikstab mit den Zehen festhalten. 2 Schüler versuchen, den Partner am Gymnastikstab zu ziehen.

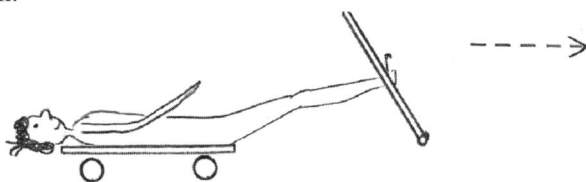

6. In Rückenlage Spannung aufnehmen und ein Springseil mit den Zehen festhalten. 2 Schüler versuchen, den Partner am Seil geradeaus oder auch im Kreis zu ziehen.

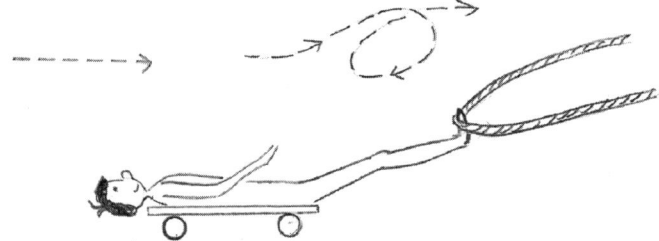

7. In Bauchlage Spannung aufnehmen und ein Springseil mit den Zehen festhalten. 2 Schüler versuchen, den Partner am Seil geradeaus oder auch im Kreis zu ziehen.

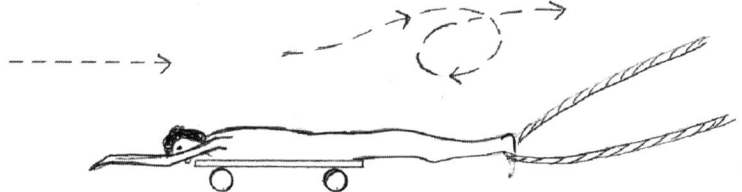

8. In Bauchlage Spannung aufnehmen und mit den Händen ein Springseil halten. 2 Schüler versuchen, den Partner am Seil geradeaus, hin und her, im Slalom oder im Kreis zu ziehen.

9. In Rückenlage Spannung aufnehmen und einen Gymnastikstab, an dem 2 Springseile befestigt sind, mit beiden Händen halten. 2 Schüler versuchen, den Partner an den Seilen nach vorn und nach hinten zu ziehen.

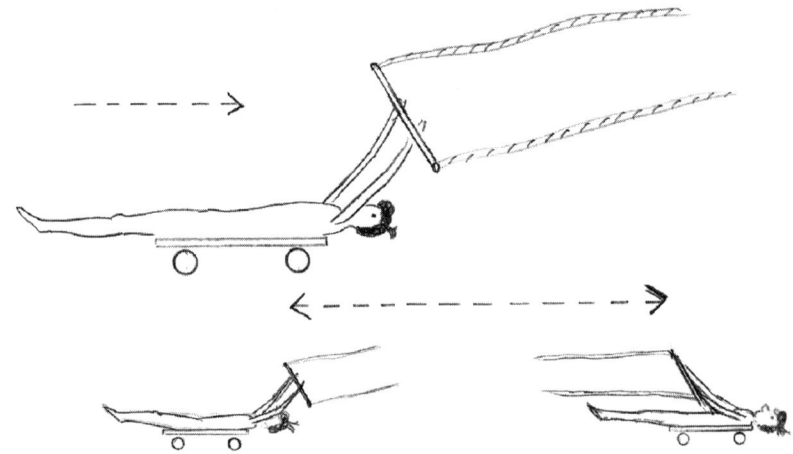

10. In die Liegestützposition gehen und die Füße auf das Rollbrett stellen. Körperspannung aufnehmen und beibehalten. Der Partner schiebt das Rollbrett vorsichtig nach rechts und links.
Wichtig: Der Schüler darf nichts ins „Hohlkreuz" fallen!

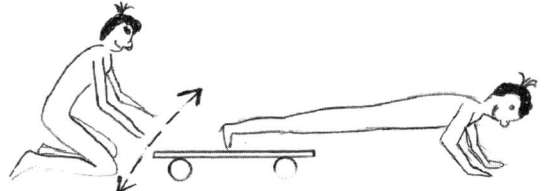

11. In die Liegestützposition rückwärts gehen, und die Füße auf das Rollbrett stellen. Körperspannung aufnehmen und beibehalten. Der Partner schiebt das Rollbrett vorsichtig nach rechts und links.
Wichtig: Nicht in der Hüfte einknicken!

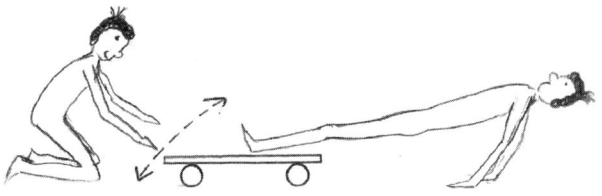

Weitere Übungen zur Körperspannung siehe Kapitel „Akrobatik" (S. 40 ff.).

Rope Skipping – Seilspringen einmal anders

a Einzelübungen

Alter: ab Klasse 5
Anzahl: Minimum 1–4 Schüler, Maximum je nach Anzahl der Sprungseile.
Da diese Übungen sehr bewegungsintensiv sind, kann man auch paarweise oder in Kleingruppen springen lassen, damit die anderen Schüler zum Erholen eine Pause haben.
Gerätebedarf: möglichst für jeden Schüler ein Sprungseil, besser bunte Kunststoffseile mit Griffen, feste Sportschuhe
Musik: 120 bis 140 bpm (Schläge pro Minute)
• Haddaway: What Is Love.

- Backstreet Boys: We've Got It Goin on.
- No Mercy: Where Do You Go.
- „Just for Fun" 3
  Krayzee feat C.C. Catch: C.C. Catch-Megamix '98.
- „Just for Fun" 4
  Eiffel 65: Blue (Da Ba Dee), Frankie Goes To Hollywood: Relax., C. J. Lewis: Sweets For My Sweet.
- Ann Lee: Two Times.
- Garcia: Vamonos (Hey Chico Are You Ready).
- Modern Talking: You're My Heart, You're My Soul.
- Loona: Bailando.

Seillänge: Die Länge ist richtig, wenn man sich mit beiden Füßen auf das Seil stellt und die Seilenden oder Griffe bis unter die Achseln reichen.

Schwingen und Springen: Die Ellenbogen werden dicht am Körper gehalten. Bis auf den ersten Schwung wird das Seil nur aus dem Handgelenk gedreht. Die Beine bleiben lang, die Unterschenkel dürfen nicht angezogen werden, vom Fußballen abspringen, auf dem Fußballen landen. Flach und ohne Zwischenhüpfer springen.

1. Grundsprung (Easy Jump) – mit geschlossenen Füßen auf der Stelle springen.

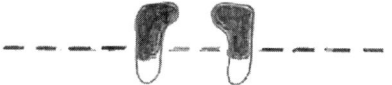

2. Grundsprung mit einem Fuß (Easy Jump Right/Left) – im Wechsel auf dem rechten und linken Fuß springen.

3. Grundsprung mit der Ferse (Heel to Heel)
   Auftippen mit der rechten Ferse, Grundsprung,
   auftippen mit der linken Ferse, Grundsprung usw.
   Auch ohne Grundsprung: rechte Ferse, linke Ferse, rechte Ferse usw.

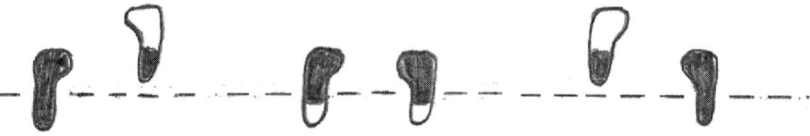

4. Auftippen mit der Fußspitze rückwärts (Toe to Toe)
   Grundsprung, mit der rechten Fußspitze hinten auftippen,
   Grundsprung, mit der linken Fußspitze hinten auftippen usw.
   Auch ohne Grundsprung: rechte Fußspitze, linke Fußspitze, rechte Fuß-
   spitze usw.

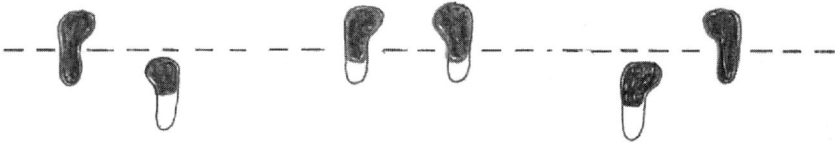

5. Ferse und Fußspitze im Wechsel (Heel to Toe)
   Grundsprung, mit der linken Ferse vorn auftippen,
   Grundsprung, mit der rechten Fußspitze hinten auftippen,
   Grundsprung, mit der rechten Ferse vorn auftippen,
   Grundsprung, mit linken Fußspitze hinten auftippen,
   Grundsprung usw.
   Auch ohne Grundsprung: linke Ferse, rechte Fußspitze, linke Ferse,
   rechte Fußspitze usw.

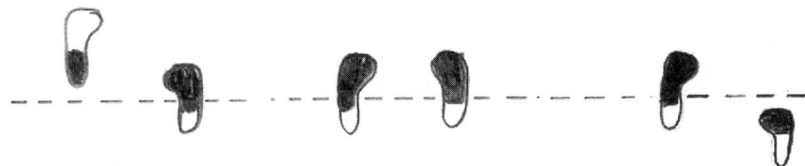

6. Seitschritt (Side Tip)
   Grundsprung, mit dem rechten großen Zeh nach rechts zur Seite tippen,
   Grundsprung, mit dem linken großen Zeh zur linken Seite tippen,
   Grundsprung usw.
   Auch ohne Grundsprung: rechter Zeh tippt, linker Zeh tippt, rechter
   Zeh tippt usw.

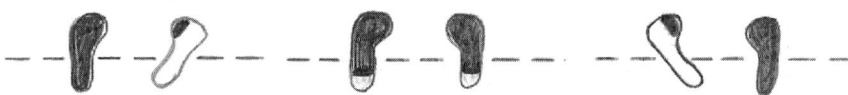

7. Hampelmann (Side Straddle)
   Grundsprung, in eine leichte Grätschstellung springen,
   Grundsprung, in eine leichte Grätschstellung springen usw.

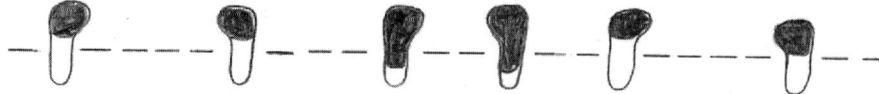

8. Schrittsprung (Forward Straddle)
   Grundsprung, Schrittstellung (linker Fuß vorn, rechter Fuß hinten),
   Grundsprung, Schrittstellung gegengleich (rechter Fuß vorn, linker
   Fuß hinten),
   Grundsprung, Schrittstellung usw.
   Auch ohne Grundsprung.

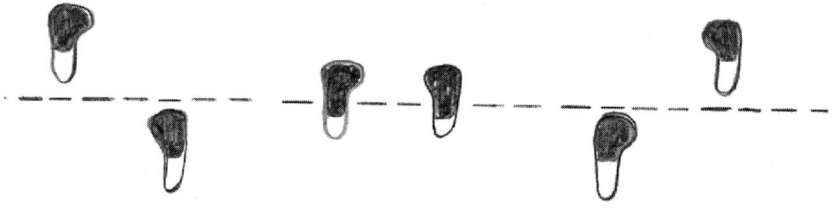

9. Kombination von 7. und 8.
   Grundsprung, in eine leichte Grätschstellung springen,
   Grundsprung, in die Schrittstellung springen,
   Grundsprung in die Grätschstellung springen usw.

10. Kreuzschritt (X-Motion)
    Grundsprung, leichte Grätschstellung, Sprung mit Überkreuzen der
    Füße, Grätschstellung, überkreuzen, Grätschsprung usw.

11. Twister (Twist)
    Grundsprung, der Unterkörper wird zur rechten Seite gedreht,
    Grundsprung, der Unterkörper wird zu linken Seite gedreht,
    Grundsprung usw.
    Auch ohne Grundsprung.

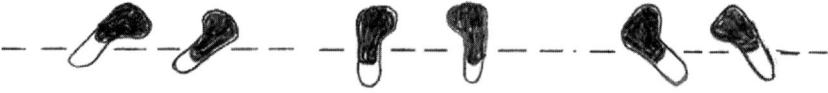

12. Knieheber (Knees up)
    Grundsprung, rechtes Knie anheben, Grundsprung, linkes Knie anheben, Grundsprung usw.

13. Beinschwung vorwärts (Leg Swing)
    Grundsprung, rechtes Bein gestreckt nach vorn hochschwingen, Grundsprung, linkes Bein gestreckt nach vorn hochschwingen, Grundsprung usw.

14. Can-Can (Can-Can) – Kombination von 12 und 13.
    Grundsprung, rechtes Knie anheben,
    Grundsprung, rechtes Bein gestreckt nach vorn hochschwingen,
    Grundsprung, linkes Knie anheben,
    Grundsprung, linkes Bein gestreckt nach vorn hochschwingen,
    Grundsprung usw.

b Partnerübungen

Alter: ab Klasse 5
Anzahl: Minimum 4 Schüler, Maximum nach Anzahl der Sprungseile.
Gerätebedarf: für 2 Schüler ein Sprungseil, Musik 120–140 bpm (Schläge pro Minute), feste Sportschuhe
Musikvorschläge: siehe S. 15f.

Duo Swing

Zwei Schüler stehen sich gegenüber. Jeder hält ein Seilende in der Außenhand. Möglichst dicht zusammenstehen. Es wird mit einem Zwischenhüpfer gesprungen. Auf dem Ballen abspringen, auf dem Ballen landen und bis zur Ferse über die Sohle abrollen. Flach springen. Seil aus dem Handgelenk schwingen.

1. Beide Partner schwingen das Seil von sich weg. Partner A schwingt das Seil, Partner B springt, beide schwingen das Seil leer, ohne zu springen. Partner B schwingt das Seil, A springt. Leerschwung, B springt usw.
2. A und B schwingen 3-mal leer. A schwingt, B springt 3-mal. A und B schwingen 3-mal leer. B schwingt und A springt 3-mal. Die ganze Kombination möglichst mehrmals ohne Fehler und ohne Pause hintereinander springen!
3. A und B schwingen 2-mal leer. A schwingt, B springt 2-mal. A und B schwingen 2-mal leer. B schwingt und A springt 2-mal. Die ganze Kombination möglichst fehlerlos und ohne Pause hintereinander springen!
4. A und B schwingen 1-mal leer. A schwingt, B springt 1-mal. A und B schwingen 1-mal leer. B schwingt, A springt 1-mal. Die ganze Kombination möglichst mehrmals ohne Fehler und ohne Pause hintereinander springen!
5. Alles wie oben, nur ohne Leerschwung z. B.: A schwingt, B springt 2-mal, B schwingt, A springt 2-mal usw.

Duo Jump

Die beiden Schüler stehen dicht nebeneinander und halten ein Seil in den Außenhänden.

1. Seil so schwingen, dass es ganz leicht den Boden berührt, beide Schüler springen mit einem Zwischenhüpfer nebeneinander.
2. A und B schwingen 3-mal leer. A schwingt, B springt 3-mal. A und B schwingen 3-mal leer. A und B springen 3-mal gemeinsam. A und B schwingen 3-mal leer, B schwingt, A springt 3-mal. A und B schwingen 3-mal leer. A und B springen 3-mal gemeinsam usw.
3. Die gesamte Kombination mehrmals hintereinander wiederholen.
4. Die Übung Nr. 2 auf 2-mal Leerschwingen und 2-mal Springen und dann auf 1-mal Leerschwingen und 1-mal Springen reduzieren. A und B schwingen 1-mal leer. A schwingt und B springt 1-mal. A und B schwingen 1-mal leer. A und B springen 1-mal gemeinsam. A und B schwingen 1-mal leer, B schwingt, A springt 1-mal usw.

5. Die Übung Nr. 2 ohne Leerschwung ausführen: A schwingt, B springt
   3-mal. A kommt dazu und beide springen 3-mal gemeinsam nebeneinander, B geht hinaus und schwingt, A springt 3-mal, B kommt dazu
   und beide springen 3-mal gemeinsam nebeneinander, A geht hinaus
   und schwingt, B springt 3-mal, A kommt dazu usw.
6. Die Übung auf 2-mal und 1-mal Schwingen und Springen reduzieren
   und mehrmals wiederholen.
7. A und B schwingen 3-mal leer, A und B springen 3-mal gemeinsam
   nebeneinander, A springt vor B, 3-mal hintereinander springen, A
   springt neben B, 3-mal nebeneinander springen, A und B schwingen 3-
   mal leer. Bei der Wiederholung springt B vor A. Anzahl der Sprünge
   auf 2-mal reduzieren.

Einfädeln

Ein Schüler schwingt ein Seil und springt, der andere soll sich während
des Springens einfädeln. Er steht seitlich neben dem Partner und springt
mit einem großen Schritt vor den Partner und muss sofort mitspringen.
Beim Springen dürfen die Beine nicht angezogen werden, sonst stößt man
den Partner.

1. A schwingt und springt 3-mal. B fädelt vorn seitlich ein und springt 3-
   mal mit. Seitlich wieder ausfädeln.
2. Kombination mehrmals wiederholen.
3. Anzahl der Sprünge auf 2 reduzieren.
4. A schwingt und springt 3-mal. B fädelt hinter dem Partner seitlich ein
   und springt 3-mal mit. Dann hinten seitlich wieder ausfädeln.
5. A schwingt und springt 3-mal. B fädelt vorn rechts seitlich ein, springt
   3-mal mit, fädelt wieder aus. A schwingt und springt, B fädelt hinten
   links seitlich ein, springt 3-mal mit und fädelt hinten seitlich wieder
   aus.
6. Auf diese Art den Partner einmal umkreisen.
7. Anzahl der Sprünge auf 2 reduzieren.

c Übungen mit dem langen Seil

Alter: ab Klasse 5
Anzahl: Minimum 4 Schüler, Maximum nach Anzahl der Sprungseile
Gerätebedarf: 4 lange Seile (5–6 m lang, 8–10 mm dick) oder 4 mal 2
zusammengeknotete Sprungseile

Durchlaufen

Zwei Schüler schwingen ein langes Seil auf die Übenden zu. Es wird gleichmäßig mit den Unterarmen geschwungen.

1. Die Schüler durchlaufen das schwingende Seil beliebig.
2. Die Schüler durchlaufen einzeln nacheinander bei jedem Schwung das
   Seil.
3. Zu zweit, zu dritt, zu viert usw. wird das Seil durchlaufen, mit und ohne
   Leerschwung.
4. Vier lange Seile werden hintereinander im gleichen Rhythmus geschwungen. Sie sollen möglichst ohne Pause durchlaufen werden.

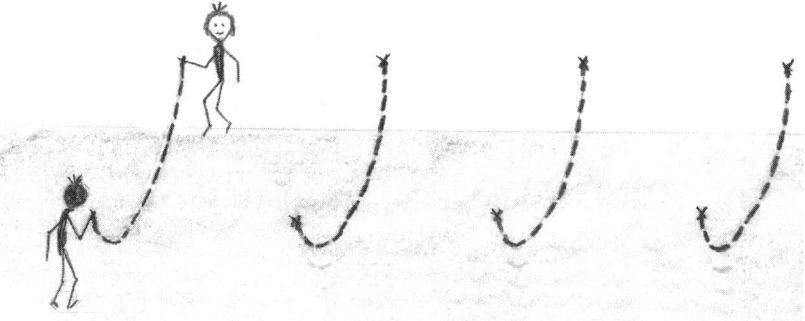

5. Seile ohne Pause durchlaufen, zu zweit, zu dritt, zu viert.
6. Schwingende Seile folgendermaßen gestalten und durchlaufen:

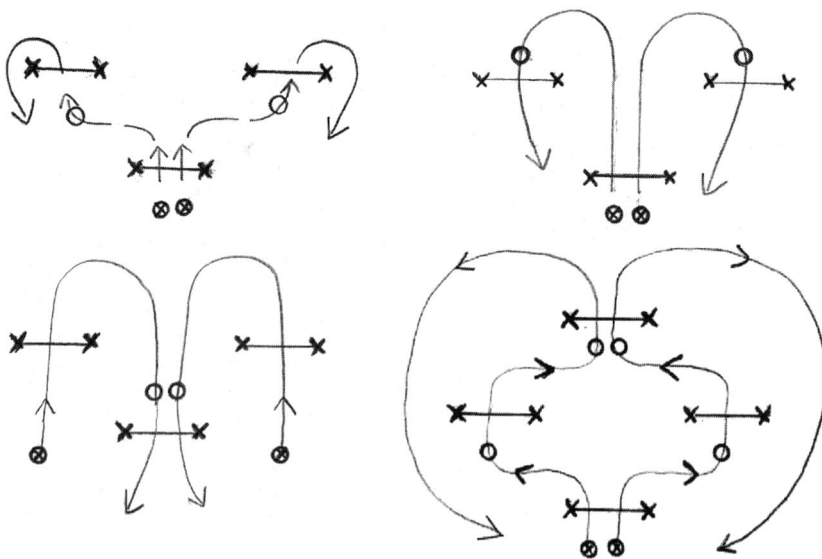

Überspringen

Die Schüler springen mit Zwischenhüpfer, um einen Rhythmus zu finden.

1. A springt von der Seite hinein, 2-mal springen mit Zwischenhüpfer. B kommt dazu, 2-mal springen mit Zwischenhüpfer, A geht, C kommt, d. h. immer 2 Schüler springen im Seil.
2. Von der rechten Seite hineinspringen, hinausgehen, um den Schwinger herumlaufen, auf der linken Seite hineinspringen. Anzahl der Sprünge vorgeben oder beliebig oft springen lassen.
3. Im Wechsel: Ein Schüler springt von rechts, ein Schüler springt von links.
4. Die Gruppe wird durchgezählt. Der Springer ruft die Zahl des nächsten Springers, 2-mal gemeinsam springen.
5. Zwei Schüler versuchen, nach einer viertel Drehung im Seil weiterzuspringen.
6. Den im Seil springenden Schülern wird ein Ball zugespielt, den sie dem Partnern wieder zurückwerfen sollen.
7. Zwei Seile werden versetzt synchron geschwungen. C muss über das Seil von A und B springen, B muss über das Seil von C und D springen.
8. Zwei Seile werden im rechten Winkel gleichzeitig geschwungen.

zu 7.   zu 8.

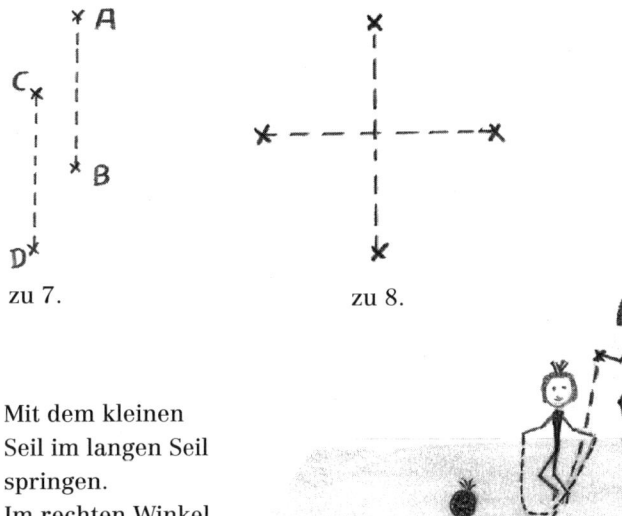

9. Mit dem kleinen Seil im langen Seil springen.
10. Im rechten Winkel mit dem kleinen Seil im langen Seil springen.

d Double Dutch

Alter: ab Klasse 5
Anzahl: Minimum 4 Schüler, Maximum nach Anzahl der Sprungseile
Gerätebedarf: 2 lange Seile oder 2 mal 2 zusammengeknotete Sprungseile

Zwei ca. 5–6 m lange Seile oder zwei Zauberschnüre werden gleichmäßig von zwei Schülern von außen nach innen, also aufeinander zu, geschwungen. Man fängt den Schwung an, indem beide Schüler so weit auseinandergehen, dass die beiden Seile straff parallel gehalten werden.

Es werden erst kleine kreisende Bewegungen aus den Handgelenken (Seile schwingen von außen nach innen aufeinander zu) gemacht.

Ist ein Rhythmus geschafft, gehen beide Schüler langsam aufeinander zu, indem die gleichmäßigen kreisenden Bewegungen von außen nach innen immer größer werden.

Die Seile schwingen richtig, wenn ein rhythmisches Aufschlagen der Seile zu hören ist. Es wird **ohne** Zwischenhüpfer gesprungen.

Der Springer befindet sich unmittelbar neben einem Seilschwinger. Mit einem Schritt in die Seile hineinspringen und ohne Pause weiterspringen: Schritt, Sprung, Sprung, Sprung usw. Der Schüler springt, wenn das hintere Seil den Boden berührt oder das vordere Seil oben ist. Dicht am Seilschwinger wieder hinausspringen.

Rock-'n'-Roll-Tanz

Alter: ab Klasse 5
Anzahl: Minimum 2, Maximum 40 Schüler
Musikvorschläge: Rock' n' Roll Musik
- Haley, Bill: Rock Around The Clock
- Haley, Bill: Shake Rattle And Roll
- The Beach Boys: Surfin' U.S.A.
- Perkins, Carl: Blue Suede Shoes

Organisation: Gassenaufstellung, der Lehrer hat einen guten Überblick.

Grundschritt

Beide Partner stehen sich frontal gegenüber. Der Junge hält die linke Hand mit dem Daumen nach oben dem Mädchen entgegen. Dieses legt seine rechte Hand von oben auf die Hand des Jungen.

Tanzschritte des Jungen

Ein Hüpfer auf dem rechten Fuß mit gleichzeitigem Kick des linken Beines, Schlusssprung (Belastung rechts),
ein Hüpfer auf dem rechten Fuß, mit gleichzeitigem Kick des linken Beines, Schlusssprung (Belastung links),
ein Hüpfer auf dem linken Fuß mit gleichzeitigem Kick des rechten Beines, Schlusssprung (Belastung wieder auf dem rechten Fuß).
Man zählt: Kick links, Kick links, Kick rechts usw.

Tanzschritte des Mädchens

Ein Hüpfer auf dem linken Fuß mit gleichzeitigem Kick des rechten Beines, Schlusssprung (Belastung links),
ein Hüpfer auf dem linken Fuß mit gleichzeitigem Kick des rechten Beines, Schlusssprung (Belastung rechts),
ein Hüpfer auf dem rechten Fuß mit gleichzeitigem Kick des linken Beines, Schlusssprung (Belastung wieder auf dem linken Fuß).
Man zählt: Kick rechts, Kick rechts, Kick links usw.
Wichtig: Die Kickbewegung muss nach **unten** erfolgen, da sich sonst beide Partner stoßen.
Vor jeder zu tanzenden Figur ist es bei Anfängern ratsam, von den Schülern zwei Grundschritte ausführen zu lassen, damit sie sich besser auf den neuen Teil konzentrieren können.

Drehung unter dem Arm

Jeweils einer der beiden Partner tanzt einen Grundschritt unter dem Arm des Partners hindurch, die Handfassung wird beibehalten. Der nichtdrehende Partner tanzt währenddessen einen Grundschritt am Ort.
Es können auch beide Partner gleichzeitig mit einem Grundschritt unter den Armen drehen. Die Handfassung wird beibehalten.

Platzwechsel

Beide Partner tanzen mit einem Grundschritt rechtsschultrig aneinander vorbei, indem sie sich beide die rechten Hände geben. Der Junge wechselt die Hand hinter seinem Rücken bei der Drehung.

Eine halbe Drehung vor den Partner

Das Mädchen tanzt mit einem Grundschritt und einer halben Drehung vor den Jungen, während dieser am Ort einen Grundschritt ausführt. Er fasst mit beiden Händen um die Hüften des Mädchens, und sie tanzen beide einen Grundschritt am Ort. Danach tanzt das Mädchen mit einem Grundschritt und einer halben Drehung an seinen Platz zurück, während der Junge einen Grundschritt am Ort ausführt.

Eine halbe Drehung an die Seite des Partners

Das Mädchen tanzt mit einem Grundschritt und einer halben Drehung an die rechte Seite des Jungen. Dieser tanzt in der Zeit einen Grundschritt am Ort. Er legt seinen rechten Arm um die Hüften des Mädchens, und beide tanzen am Ort einen Grundschritt nebeneinander. Danach tanzt das Mädchen mit einem Grundschritt und einer halben Drehung (auch unter dem Arm des Partners möglich) an seinen Platz zurück, während der Junge einen Grundschritt am Ort ausführt.

Kreisel

Das Mädchen tanzt mit einem Grundschritt und einer halben Drehung an die rechte Seite des Jungen, der währenddessen einen Grundschritt am Ort ausführt. Er legt seinen rechten Arm um die Hüften der Partnerin, und beide stehen nun nebeneinander. Sie tanzen mit einem Grundschritt eine ganze Drehung um die rechten Schultern. Danach führen beide noch einen Grundschritt am Ort aus, und das Mädchen tanzt dann mit einem Grundschritt und einer halben Drehung an seinen Platz zurück, während der Junge die Figur mit seinem Grundschritt am Ort beendet.

Durchrutscher

Nach einem Auftaktschritt (der Junge stellt das linke Bein zurück, das Mädchen das rechte) springt das Mädchen in die Hocke (das Mädchen zählt: Rechts zurück, Schlusssprung, Hocke), während der Junge sein rechtes Bein über den Kopf der Partnerin und die gefassten Hände schwingt, so dass er im Grätschstand mit dem Rücken zum Mädchen steht (der Junge zählt: Links zurück, Schlusssprung, Beinschwung). Die Arme des Mädchens sind nach dem Überschwingen gekreuzt. Der Junge zieht die Partnerin **mit den Füßen zuerst** durch die gegrätschten Beine. Das Mädchen unterstützt die Bewegung, indem es mitläuft oder rutscht. Wichtig: Der Kopf bleibt im Nacken. Das Durchrutschen endet mit einer halben Drehung, so dass beide Partner wieder frontal zueinander stehen.

Rückfaller

Nach einem Auftaktschritt (der Junge stellt kurz sein linkes Bein zurück, das Mädchen das rechte) springt das Mädchen mit einer halben Drehung in die Schlussstellung und lässt sich mit Beugen des linken Knies und ausgebreiteten Armen nach hinten fallen. Der Junge springt nach dem Auftaktschritt in eine leichte Grätschstellung und fängt die Partnerin mit Griff unter die Achseln auf, wobei er leicht in die Knie geht. Durch Streckung der Beine hebt er die Partnerin wieder hoch. Das Mädchen springt dabei durch Streckung des linken Beines und eine halbe Rechtsdrehung wieder in die Ausgangsposition zurück.

Kniesprung

Nach einem Auftaktschritt springt das Mädchen in die Schlussstellung, und der Junge stellt das rechte Bein so vor, dass das Knie leicht nach innen zeigt. Das Mädchen springt mit beiden Unterschenkeln auf den rechten Oberschenkel des Partners und stützt sich mit der linken Hand auf der rechten Schulter des Jungen ab. Der Junge fasst schnell unter den Beinen der Partnerin hindurch, so dass das Mädchen auf dem rechten Unterarm des Jungen sitzt und ein Abrutschen vermieden wird. Der Rücksprung wird durch Streckung des rechten Beines und durch eine leichte Hebung des rechten Armes vom Jungen unterstützt.

Grätschsitz

Nach einem Auftaktschritt springt das Mädchen beidfüßig in den Grätschsitz auf die Hüften des Jungen, der das Mädchen mit den Handballen an den Hüftknochen hält (die Finger fassen um die Taille). Das Mädchen fasst mit beiden Händen um den Nacken des Partners, wobei die Arme fest auf den Schlüsselbeinen des Jungen liegen.

Der Junge drückt das Mädchen beim Rückschwung möglichst hoch in den Hockhandstand. Nach der Landung beginnen beide sofort mit dem Grundsprung.

Wichtig: Festhalten, bis das Mädchen wieder sicher steht!

Salto über den Arm

Das Mädchen tanzt mit einem Grundschritt an die rechte Seite des Jungen. Der Junge legt seine rechte Hand vor dem Körper auf die rechte Hüfte des Mädchens und die linke Hand an den linken Oberschenkel der Partnerin. Das Mädchen hält sich mit beiden Händen am rechten Oberarm des Jungen fest (Reckstange). Die linke Hand des Jungen am Oberschenkel unterstützt die Absprungbewegung des Mädchens.

Wichtig: Erst auf Matten und mit Hilfe üben!

Übungen zur Koordinationsschulung

a Lustige Koordinationsübungen

Alter: ab Klasse 5
Anzahl: Minimum 6, Maximum 35 – 40 Schüler.

Blindkorbwurf

Gerätebedarf: 1 Basketballkorb, 1 Basketball, 1 Tuch

Ein Schüler versucht, von einer bestimmten Linie aus 3-mal den Korb zu treffen. Danach werden ihm die Augen verbunden. Nun soll er von der

gleichen Stelle wieder auf den Korb werfen. Der Partner holt den Ball und sagt ihm, um wie viel eventuell der Ball den Korb verfehlt hat.

Wertung: Jeder Korb, der mit verbundenen Augen geworfen wurde, zählt einen Punkt.

Zielwerfen

Gerätebedarf: 6 Markierungskegel, 2 Bänke, 1 großer Kasten, 8 Schweif- oder Tennisbälle (siehe Bastelecke S. 208 ff.)

Zwei Bänke werden schräg gegen einen 5-teiligen Kasten gelehnt. Zwischen die Bänke werden 6 Markierungskegel mit der Öffnung nach oben eingehängt. Von einer vorgegebenen Linie aus versucht ein Schüler, mit dem Schweif- oder Tennisball in einen Markierungskegel zu treffen. Jeder Schüler hat 4 Würfe.

Wertung: Jeder Ball, der in einem Markierungskegel liegen bleibt, zählt einen Punkt.

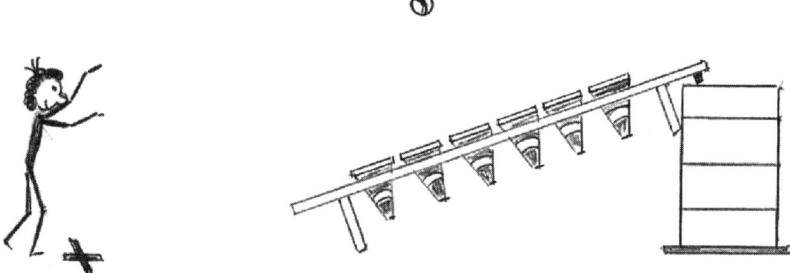

Büchsenwerfen

Gerätebedarf: 1 großer Kasten, 6 Konservendosen, (1 Minitrampolin, 1 Niedersprungmatte), 5 Schweif- oder Tennisbälle (s. Bastelecke S. 208 ff.)

Hinweis: Das Büchsenwerfen vom Trampolin darf nur von Schülern ausgeführt werden, die mit dem Springen am Minitrampolin vertraut sind. Der Lehrer benötigt eine Ausbildung an diesem Gerät. An dieser Station kann auch ohne Trampolin gearbeitet werden (siehe Variante B).

Auf einem großen Kasten stehen 6 Konservendosen.

Variante A: In Wurfweite der Schüler steht ein Minitrampolin, dahinter liegt eine Niedersprungmatte. Ein Schüler versucht nach dem Absprung aus dem Minitrampolin, mit 3 Würfen die Dosen vom Kasten zu werfen.

Variante B: Von einer vorgegebenen Markierung, die in Wurfweite der Schüler angebracht wird, soll ein Partner mit 3 Würfen die Konservendosen vom Kasten werfen.

Wertung: Wenn alle Konservendosen vom Kasten geworfen sind, erhält der Werfer 3 Punkte.

Zielprellen

Gerätebedarf: 3 kleine Kästen, 1 Hand- oder Volleyball, Markierungsmaterial

Die kleinen Kästen werden mit der Öffnung nach oben dicht hintereinander gestellt. Ein Schüler soll von einer vorgegebenen Markierung einen Ball so auf den Boden prellen, dass er in einen der 3 Kästen springt und darin liegen bleibt. Jeder Schüler hat 3 Würfe.

Wertung: Treffer im 1. Kasten = 1 Punkt, Treffer im 2. Kasten = 2 Punkte, Treffer im 3. Kasten = 3 Punkte.

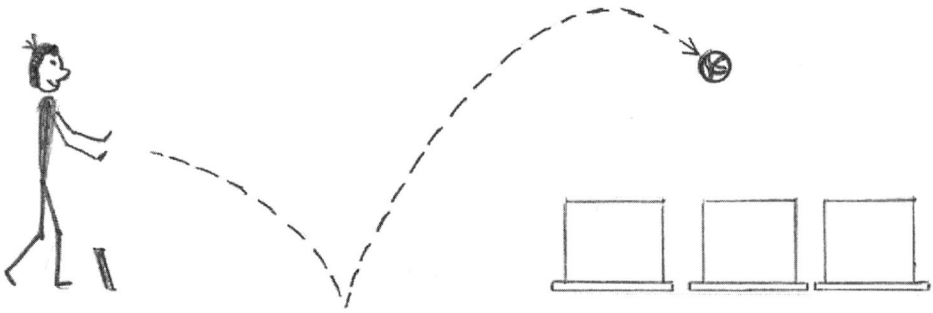

Riesenzwille

Gerätebedarf: 1 Reckanlage, 1 großer Kasten, 1 Zauberschnur (Gummi-schnur), 3 Markierungskegel oder Keulen, ca. 20 cm eines alten Fahr-radschlauchs

Zwischen 2 Reckpfosten wird ungefähr in Augenhöhe eine Zauberschnur sehr straff gespannt. Ein großer Kasten, auf dem die Markierungskegel oder Keulen stehen, wird in ca. 4 m Entfernung aufgestellt.
Ein Schüler versucht, mit Hilfe des Fahrradschlauches die Zauberschnur so zu spannen, dass er die Markierungskegel oder die Keulen vom Kasten schießt. Jeder Schüler hat 3 Versuche.
Wertung: Jeder Treffer zählt einen Punkt.

Beschränkte Sicht

Gerätebedarf: 1 Fernglas oder 1 Tennisballbrille (siehe Kapitel „Bastel-ecke" S. 208 ff.), mehrere kleine Gegenstände, wie z. B. Keule, Konser-vendose, Ball, Gymnastikseil, Teppichfliese, Turnschuh usw.

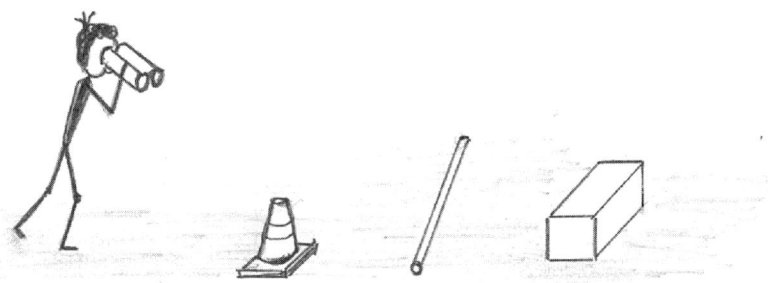

Die Gegenstände werden jeweils im Abstand von ca. 1 m am Boden verteilt. Der Schüler hält das Fernglas falsch herum an die Augen oder setzt sich die Tennisballbrille auf und versucht, über die Gegenstände zu gehen, ohne sie zu berühren.

Wertung: Jeder Gegenstand, der nicht berührt wurde, zählt einen Punkt.

Schweinebaumeln

Gerätebedarf: 1 Tennis- oder Schweifball (siehe Kapitel „Bastelecke" S. 208 ff.) oder ein Handball, 1 Reckanlage oder 1 Barren, 1 Matte

Die Reckstange oder ein Barrenholm wird so hoch eingestellt, dass der Schüler sie aus dem Knien auf der Matte mit den Händen erreichen kann. Einem Schüler, der im Kniehang hängt (d. h. Kopf nach unten), wird aus ca. 2 m Entfernung ein Schweif- oder Tennisball zugeworfen. Jeder Schüler hat 3 Versuche.

Wertung: Jeder gefangene Ball zählt einen Punkt.

Hinweis: Damit die Reckstange in den Kniekehlen nicht so schmerzt, kann eine Teppichfliese unter die Kniekehlen (Reckstangenpolster) geklemmt werden.

Kegeln verrückt

Gerätebedarf: 1 Ringepaar, 1 kleiner Gummiring, 1 Keule, 1 Parteiband

An einem Ring des Ringepaares wird mit dem Parteiband ein Gummiring befestigt. Der andere Ring wird nebenbei gelegt oder vom Partner aus der Schwungbahn gehalten.

Die Ringe werden so niedrig gestellt, dass der Ring in Höhe der Keule hängt. In ca. 1 m Entfernung vom Aufhängepunkt der Ringe steht eine Keule. Ein Schüler soll den Ring so in Schwung versetzen, dass er beim

Hinschwung an der Keule vorbeischwingt und sie auf dem Rückschwung umwirft. Jeder Schüler hat 3 Versuche.

Wertung: Jeder Treffer zählt einen Punkt.

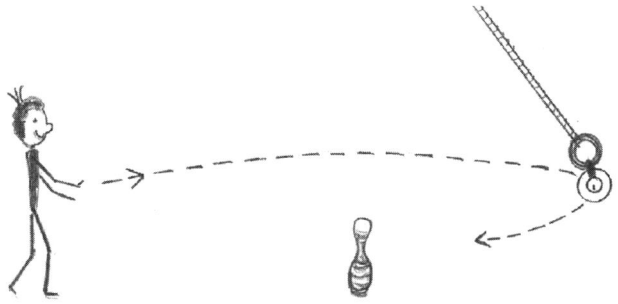

Schwungseilsprungwurf

Gerätebedarf: 1 langes Seil (Zauberschnur) oder 2 verknotete Gymnastikseile, 1 großer Kasten, 3 Markierungskegel oder Keulen oder Konservendosen, 1 Hand- oder Volleyball

Ein Schüler springt in einem Sprungseil, das von 2 Schülern geschwungen wird. In ca. 3 m Entfernung steht ein großer Kasten, auf dem 3 Markierungskegel oder Keulen oder Konservendosen stehen. Während des Springens bekommt der Schüler einen Ball zugeworfen, mit dem er die auf dem Kasten stehenden Gegenstände abwerfen soll. Jeder Schüler hat 3 Versuche.

Wertung: Jeder abgeworfene Gegenstand zählt einen Punkt.

Stabschnappen

Gerätebedarf: 1 Gymnastikstab

Ein Schüler hält einen Gymnastikstab mit gestreckten Armen waagerecht vor dem Körper, die Hände greifen von oben. Der andere Partner legt seine Hände flach auf den Stab. Ohne Ankündigung lässt der eine Partner den Stab fallen, der andere soll ihn, bevor er den Boden erreicht, „schnappen". Jeder Schüler hat 3 Versuche.

Wertung: Jeder „geschnappte" Stab zählt einen Punkt.

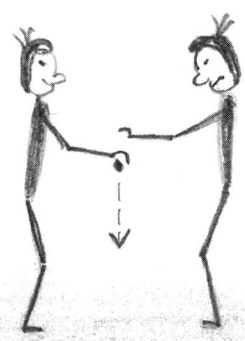

Reifenzielwurf

Gerätebedarf: 3 Fahrradmäntel oder Gymnastikreifen, 1 Hochsprungständer

Ein Schüler soll einen Reifen aus ca. 4 m Entfernung über den Hochsprungständer werfen. Jeder Schüler hat 3 Versuche.

Wertung: Jeder erfolgreiche Wurf zählt einen Punkt.

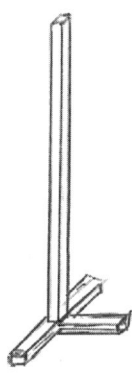

Tunnelfrisbee

Gerätebedarf: 3 Kastenteile, 1 Frisbeescheibe

Die 3 Kastenteile werden hochkant im Abstand von ca. 1 m aufgestellt. Ein Schüler soll aus ca. 2 m Entfernung die Frisbeescheibe durch den Tunnel werfen. Jeder Schüler hat 3 Versuche.
Wertung: Jeder erfolgreiche Wurf zählt einen Punkt.

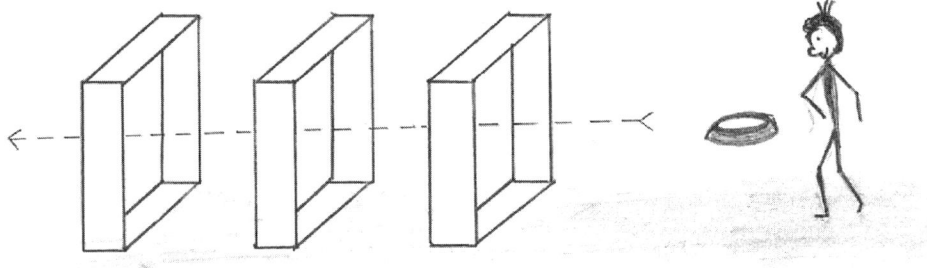

Kübelball

Gerätebedarf: 1 Papierkorb oder Eimer, 2 Gymnastikseile, 1 Hand- oder Volleyball, Sprossenwand oder Barren

Zwei Gymnastikseile werden in Brusthöhe an der Sprossenwand oder einem Barrenholm in Schulterbreite befestigt. Ein Eimer wird vor die Sprossenwand unter die Seile gestellt. Ein Schüler nimmt die beiden Seilenden in die Hände, spannt sie und versucht, einen Ball, der ihm auf die Seile gelegt wird, so vor sich auf den Seilen herlaufen zu lassen, dass er in den Eimer fällt. Jeder Schüler hat 3 Versuche.
Wertung: Jeder Treffer in den Eimer zählt einen Punkt.

Doppelstabballfangen

Gerätebedarf: 2 Gymnastikstäbe, 3 unterschiedlich große Bälle

Ein Schüler bekommt von einem Partner auf zwei Gymnastikstäbe, die er waagerecht hält, einen Ball gelegt. Durch Öffnen der Stäbe soll der Ball auf den Boden prellen und mit den Stäben wieder gefangen werden. Jeder Schüler hat mit jedem Ball 3 Versuche.
Wertung: Jeder gefangene Ball zählt einen Punkt.

Spiegelgemälde

Gerätebedarf: 1 Spiegel, 2 kleine Kästen, Vorlagen zum Nachzeichnen nach Anzahl der teilnehmenden Schüler, 1 Filzstift, 2 Konservendosen, 1 Zeitung

Ein Spiegel wird auf einen Kasten gestellt und mit der Oberkante gegen eine Wand gelehnt. Vor dem Spiegel liegt ein Blatt Papier, auf das Figuren, wie z. B. Schlangenlinien, Rechtecke, Dreiecke usw., gezeichnet sind. Ein Schüler sitzt davor auf einem kleinen Kasten und versucht, die Linien nachzuziehen, indem er nur in den Spiegel schaut. Um die direkte Sicht auf das Blatt Papier zu verhindern, stellt man 2 Konservendosen auf den Kasten und bedeckt sie mit einer Zeitung. Durch dieses Tor kann der Schüler ohne Probleme malen. Jeder Schüler soll 3 Figuren nachmalen.
Wertung: Jedes erfolgreiche Nachmalen einer Figur, ohne von den Linien abzuweichen, zählt einen Punkt.

Einhorn

Gerätebedarf: 1 Einhorn (siehe Kapitel „Bastelecke" S. 208 ff.), 1 Badmintonschläger oder 1 Speckbrett, 1 Federball, 1 Markierung für den Abwurf

Ein Schüler wirft oder spielt von einer Markierung mit einem Badmintonschläger oder einem Speckbrett einen Federball in hohem Bogen seinem Partner zu. Dieser versucht, mit dem Einhorn den Federball aufzufangen. Wichtig ist, dass der Schüler, der das Einhorn trägt, beim Fangen den unteren Rand des Bechers ansieht und in die Knie geht. Er darf nicht mit dem Kopf dem Federball entgegengehen.
Wenn kein Badmintonschläger vorhanden ist, kann der Federball auch mit der flachen Hand gespielt oder auch geworfen werden. Jeder Schüler hat 3 Versuche.
Wertung: Jeder gefangene Ball zählt einen Punkt.

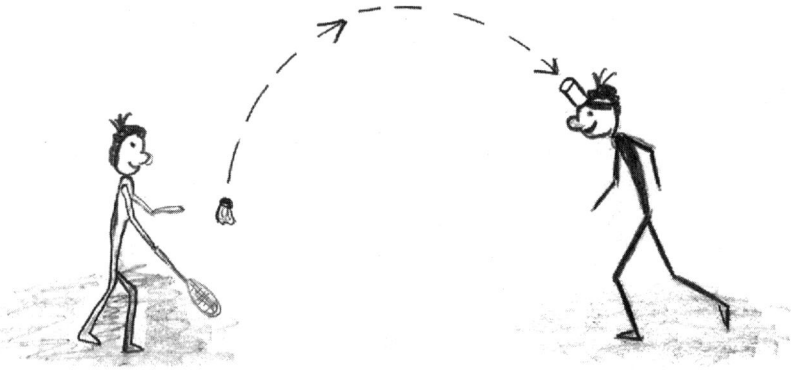

Balancier- oder Wackelbrett

Gerätebedarf: 1 Balancierbrett (siehe Kapitel „Bastelecke" S. 208 ff.)

Ein Schüler versucht, 10 Sekunden lang mit dem rechten und dem linken Fuß auf dem Balancierbrett zu stehen. Je Bein hat er 3 Versuche.
Wertung: Jeder gelungene Versuch zählt einen Punkt.

b Übungen mit dem Schwungball

Eine gute Körperkoordination ist die Grundlage für den „Bewegungs-schatz", den sich Kinder und Jugendliche erwerben können. Der Schwung-ball ermöglicht mit seinen vielseitigen Einsatzmöglichkeiten ein varian-tenreiches und spaßbetontes Koordinationstraining.

Schwungballkreisen mit einem Arm

Alter: ab Klasse 4
Anzahl: ganze Klasse
Gerätebedarf: pro Schüler 1 Schwungball (siehe Kapitel „Bastelecke"
S. 208 ff.).

Die Schüler fassen den Schwungball
mit dem Zeige- und Mittelfinger in der
Schlaufe und kreisen ihn seitlich am
Körper. Der Ball kann vorwärts sowie
rückwärts, in großen und kleinen
Kreisen, schnell bzw. langsam gekreist
werden. Natürlich kann der Schwung-ball auch vor und hinter dem Körper
zum Kreisen gebracht werden.

Schwungballkreisen mit beiden Armen

Alter: ab Klasse 4
Anzahl: ganze Klasse
Gerätebedarf: pro Schüler 2 Schwungbälle

Die Schüler fassen die Schwungbälle
jeweils mit den Zeige- und Mittelfin-gern in den Schlaufen und kreisen sie
in gleicher Richtung seitlich am Kör-per. Die Bälle können wieder in
großen und in kleinen Bögen, schnell
bzw. langsam kreisen.
Variation: Die Schüler bewegen sich
beim Schwungballkreisen mit Hopser-schritten vor- und rückwärts sowie mit
kleinen Seitgaloppschritten seitwärts.

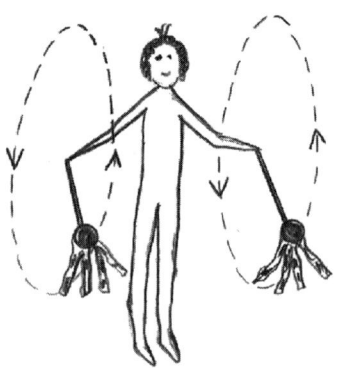

Mühlkreisen mit den Schwungbällen

Alter: ab Klasse 4
Anzahl: ganze Klasse
Gerätebedarf: pro Schüler 2 Schwungbälle

Die Schüler fassen die Schwungbälle jeweils mit den Zeige- und Mittelfingern in den Schlaufen und kreisen sie mit großen Bögen seitlich am Körper. Die Kreisbewegungen erfolgen jetzt mit geraden Armen aus den Schultern heraus. Wenn der eine Ball oben schwingt, ist der andere unten.

Variation: Änderung der Bogenrichtung

Kleine Tricks mit zwei Schwungbällen

Alter: ab Klasse 4
Anzahl: ganze Klasse
Gerätebedarf: pro Schüler 2 Schwungbälle

1. Die Schüler fassen die Schwungbälle jeweils mit den Zeige- und Mittelfingern in den Schlaufen und kreisen sie seitlich am Körper. Der eine Ball kreist vorwärts, der andere Ball rückwärts. Die Bälle können wieder in großen und in kleinen Bögen, schnell bzw. langsam kreisen.

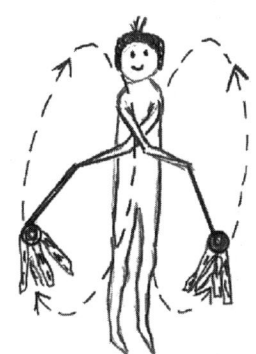

2. Die Schüler kreisen mit großen Kreisbewegungen die Schwungbälle. Vor der Brust werden die kreisenden Arme gekreuzt und beide Bälle auf der jeweils entgegengesetzten Körperseite mit kleinen Kreisen aus dem Handgelenk weiter gedreht.

3. Die Schüler führen mit beiden Schwungbällen nebeneinander Achterschwünge aus (dabei werden die Fuß-, Knie- und Hüftgelenke gebeugt und gestreckt).

4. Ob nun mit einem oder mit zwei Schwungbällen, die Fantasie der Schüler ermöglicht viele reizvolle Bewegungsmotive, die sich auch in einer nett anzusehenden Choreografie einbinden lassen.

Akrobatik

Alter: ab Klasse 5
Anzahl: Minimum 3, Maximum 40 Schüler
Gerätebedarf: 1 Matte für 5 bis 6 Schüler
Hinweis: Die Schüler sollten auf Socken oder mit leichten Hallenturnschuhen üben. Jeans haben sich wegen der Gürtelschlaufen zum Festhalten und des nicht rutschenden Stoffes in der Praxis sehr gut bewährt.

Vertrauen zu Partnern und Mitschülern sowie Körperspannung sind die Voraussetzung für das Gelingen akrobatischer Figuren. Nur ein gespannter Körper kann genau gesteuert und in der Bewegung kurzfristig korrigiert werden. Einem entspannten Körper kann man schwer helfen. Aus diesem Grund werden erst Übungen zur Vertrauensbildung und zur Körperspannung angeboten.

a Übungen zur Vertrauensbildung

Partnerübungen
Bei den Übungen 1–4 schließt immer ein Partner die Augen.
1. A schließt die Augen. B führt ihn an der Hand kreuz und quer durch die Halle.
2. Geschwindigkeit verändern, auch rückwärts führen.

3. Im Slalom um aufgebaute Geräte führen.

4. Vorsichtig über Hindernisse führen.

5. A geht mit geschlossenen Augen, B führt ihn ohne Berührung verbal kreuz und quer durch die Halle oder zu einem Ziel.

6. A ist das Auto. B steuert das Auto kreuz und quer durch die Halle, indem er zum Geradeausfahren A zwischen die Schulterblätter tippt. Für die Rechtskurve wird die rechte Schulter, für die Linkskurve die linke Schulter, zum Rückwärtsfahren das Becken und zum Anhalten der Kopf angetippt. Danach soll B als Auto auch die Augen schließen.

7. A und B setzen sich ein Ziel, das sie nacheinander mit geschlossenen Augen durch Laufen möglichst dicht erreichen wollen. A bleibt stehen, wenn er meint, das Ziel erreicht zu haben. B begleitet A, um ihn vor eventuellen Hindernissen zu warnen. Wer dem Ziel möglichst nahe gekommen ist, ist Sieger.

Alle Schüler bilden je nach Gruppengröße eine oder zwei Gassen. Der Zwischenraum in der Gasse beträgt ca. 3 m. Alle Schüler der Gasse klatschen in die Hände, während immer ein Schüler im Wechsel von der rechten und der linken Seite von der Mitte der Gasse aus mit geschlossenen Augen je nach Zutrauen schnell oder langsamer durch die Gasse läuft. Immer der letzte Schüler auf der rechten Seite der Gasse ruft laut „stopp". Die gelaufenen Schüler reihen sich hinten wieder auf der Seite an, von der sie vorn weggegangen sind. Nachrücken.

b Übungen zur Körperspannung

1. A und B sehen sich an und halten sich an den Händen oder Handgelenken. Die Fußspitzen der beiden Partner berühren sich. A und B machen sich ganz „steif" und lehnen sich langsam nach hinten, bis die Arme gestreckt sind.

Wichtig: Kein Hohlkreuz machen, nicht den Po herausstrecken.

2. Gleiche Aufgabe wie 1., nun wird jedoch in der Endphase auf der gleichen Seite jeweils ein Arm gelöst und zur Seite gestreckt.

3. A und B stehen Rücken an Rücken, Hacken aneinander. Sie halten sich an den Händen oder Unterarmen und lassen sich völlig gestreckt langsam nach vorn fallen.

4. „Vase"

A und B stehen nebeneinander und halten sich an den Händen oder an den Unterarmen. Sie lassen sich ganz „steif" langsam gleichmäßig nach außen fallen. Der Abstand der Füße wird immer geringer, bis die Füße direkt nebeneinander stehen.

5. „Vase" zu dritt

C hält A und B an den Händen oder den Unterarmen. A und B lassen sich völlig gestreckt langsam gleichmäßig zur Seite fallen, die Füße wandern dabei zueinander.

6. „Toter Mann" – vorwärts und rückwärts pendeln
   A und B stehen im Abstand von ca. 1 1/2 m auseinander und sehen sich an. C steht zwischen A und B mit dem Blick zu B. C lässt sich völlig gestreckt langsam nach vorn zu B fallen. Dieser erwartet C mit gestreckten Armen und in Schrittstellung und nimmt ihn an den Schultern an. B schiebt dann C langsam zu A. Dieser nimmt C an den Schulterblättern in Empfang. So pendelt C ganz steif zwischen A und B.

7. „Toter Mann" – seitwärts pendeln
   Gleiche Aufgabe wie 6., C steht jedoch seitlich zwischen A und B.
   Wichtig: Völlig „steif" machen, kein Hohlkreuz, nicht den Po herausstrecken.

8. „Toter Mann" – vorwärts und rückwärts ablegen
   A und B fassen C im Klammergriff an den Oberarmen. Sie stehen ganz dicht an C. C macht sich „steif" und wird dann langsam nach hinten auf den Boden gelegt. A und B gehen in die Hocke, um C weich abzulegen. C wird wieder aufgerichtet und genauso weich nach vorn abgelegt.
   Wichtig: Partner bis zur Endposition ablegen, nie fallen lassen! Aus der Hocke ablegen und anheben!

c Partnerakrobatik, Dreier- und Fünferpyramiden

Partnerakrobatik

Bei der Partnerakrobatik bildet die untere Person die Basis, auf der der obere Partner Figuren ausführt.
Die leichteste Grundstellung ist die „Bank", da das Gewicht des oberen Partners auf vier Stützpunkte verteilt werden kann. Als Stütz- und Auflagefläche können entweder der gesamte Rücken oder nur der Schultergürtel und/oder das Becken dienen. Besonders wichtig ist es, dass nie die schwache und labile Wirbelsäule, speziell die Lendenwirbelsäule, als Stützfläche benutzt wird. Dieser Teil kann durch ein rotes Tuch als Verbotszone gekennzeichnet werden.

Auf folgende Ausführungsmerkmale sollte der Lehrer besonders hinweisen:

- Handflächen setzen schulterbreit auf, Fingerspitzen zeigen nach vorn!
- Auf hüftbreite Kniestellung achten!
- Arme und Oberschenkel befinden sich im rechten Winkel zum Rumpf, Arme sind durchgedrückt!
- Rücken muss gerade, angespannt sein. Kein Hohlkreuz, keinen Katzenbuckel machen!

Bei allen Übungen sollten ein bis zwei Schüler helfen.

Basis Bank

1. Kerze   2. Bank

Der Obermann hält sich mit seinen
Armen an den Armen des Untermannes fest.

3. Kerze mit angewinkelten Beinen   4. Grätschstand

5. Schlussstellung   6. Kniewaage

7. Standwaage   8. Schwebesitz

Einige Sicherheitsregeln beim Bau der Pyramiden:

1. Vor dem Bau einer Pyramide muss erst die Hilfe- und Sicherheitsleistung geklärt sein.
2. Die Reihenfolge des Auf- und Absteigens in der Gruppe muss besprochen werden.
3. Langsam aufsteigen und langsam absteigen, nie nach hinten abspringen!
4. Grundsätzlich in Körpernähe, also ganz dicht am Partner stehend, aufsteigen.
5. Die Pyramiden höchstens 3 bis 4 Sekunden präsentieren.
6. Bei Schmerzen, Instabilität oder nachlassenden Kräften sofort „Abbau" rufen.
7. Pyramiden werden in umgekehrter Reihenfolge abgebaut, wie sie aufgebaut wurden. Der Letzte steigt zuerst ab.
8. Kleine Kästen zum Aufsteigen benutzen.
9. Mit entsprechenden Matten absichern.
10. Auf rutschfeste Kleidung achten.

Dreierpyramiden

1. A und B gehen in die Bankposition nebeneinander, C macht auf ihnen mit gleicher Blickrichtung eine Bank.

2. A und B gehen in die Bankposition nebeneinander, C steht im Grätschstand auf den Becken der beiden Untermänner.

3. A und B gehen mit den Füßen aneinander in die Bankposition, C macht eine Bank, indem er Hände und Knie auf die Becken der beiden Untermänner aufsetzt.

4. A und B gehen mit den Füßen aneinander in die Bankposition, C steht im Grätschstand auf den Becken von A und B.

5. A und B gehen mit Blickrichtung zueinander in die Bankposition. C macht eine Bank, indem er Hände und Knie auf die Schultern der Untermänner setzt.

6. A macht eine Bank, B stützt sich mit
   Blickrichtung zu den Füßen von A auf
   seinen Schultern ab. C steigt auf das
   Becken von A und stützt sich auf den
   Schultern von B ab.

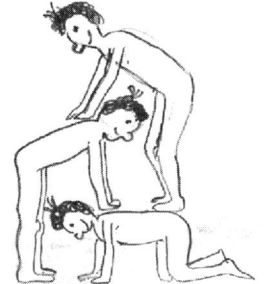

7. A macht eine Bank, B stützt sich mit den Händen in gleicher Blickrichtung wie A auf dem Becken ab. C steht vor A und stützt sich mit den
   Händen auf den Schultern von B ab.

8. Lassen Sie die Schüler eigene Pyramiden finden!

Fünferpyramiden

1. A sitzt auf den Knien von
   B, C sitzt auf den Knien
   von D. E steht im Grätschstand auf den Knien von A
   und C.

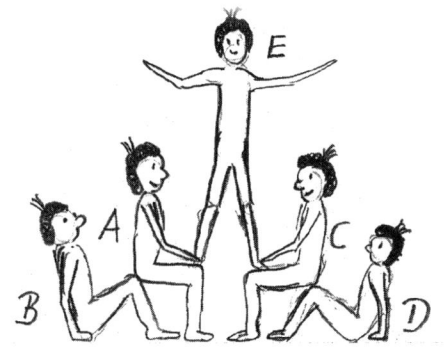

2. C und D stehen dicht
   mit dem Rücken anein-
   ander und stützen sich
   mit den Händen auf den
   Schultern von A und B
   ab, die sich in der
   Bankposition mit Blickrichtung zu C und D befinden. E steigt mit Hilfe
   eines kleinen Kastens
   und der Helfer auf die
   Becken von C und D.

3. A und B gehen mit Blickrichtung zueinander so dicht in die Bankposition, dass sich die Köpfe fast berühren. C steigt mit Hilfe von D und E auf die Schultern von A und B. D steigt auf das Becken von A und E steigt auf das Becken von B.

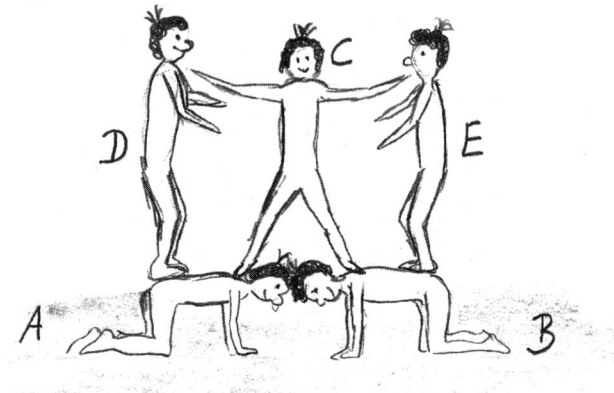

4. A und B stehen im Grätschstand nebeneinander, etwa eine Fußbreite auseinander. Sie beugen beide das Innenbein. C und D befinden sich in der Bankposition, wobei ihre Füße die Außenfüße von A und B fast berühren. E steigt mit Hilfe eines kleinen Kastens auf die Oberschenkel von A und B, möglichst nahe an die Hüfte, indem er sich an den Schultern festhält. A und B halten E an der Hüfte. C und D machen eine Kniewaage und heben die Beine so hoch, dass die Füße von A und B gefasst werden können.

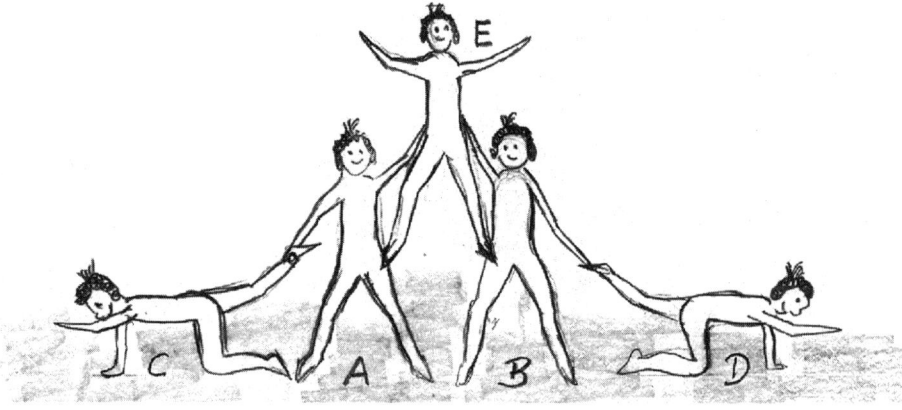

5. A, B und C stehen in Grätschstellung nebeneinander, jeweils etwa eine Fußbreite auseinander. D und E stehen hinter der Reihe. Sie fassen auf die Schultern und setzen gleichzeitig auf Kommando jeweils den äußeren Fuß auf die Oberschenkel von A und C. Danach steigen sie mit ihrem anderen Fuß gleichzeitig auf die Oberschenkel von B. Möglichst nahe an die Hüften steigen. A, B und C umfassen die Oberschenkel von D und E. Auch hier können kleine Kästen oder Helfer das Auf- und Absteigen am Anfang erleichtern.

6. Lassen Sie weitere Pyramiden von den Schülern finden!

Jonglieren mit Tüchern

a Spielerei mit dem Jongliertuch

Alter: ab Klasse 4
Anzahl: Minimum 4 Schüler, Maximum nach Anzahl der Jongliertücher. Es können sich auch zwei Schüler ständig abwechseln
Gerätebedarf: Möglichst ein Jongliertuch pro Schüler. Die Tücher sollten unterschiedliche Farben haben. Ein Jongliertuch kostet im Fachhandel ca. 1,90 €.

Jeder Schüler kann sich 1 Tuch aussuchen:
1. Freies Beschäftigen mit dem Tuch.
Hinweis: Nicht reißen oder anderweitig kaputtmachen!
2. Übungen der Kinder aufgreifen: Vorstellen und nachmachen lassen.

Laufen

1. Die Schüler laufen durcheinander, werfen dabei ihre Tücher in die Luft und fangen sie wieder.
2. Die Schüler laufen durcheinander, werfen auf Zuruf ihr Tuch in die Luft und fangen ein fremdes Tuch.
3. Die Schüler laufen durcheinander, werfen auf Zuruf ihr Tuch in die Luft und fangen ein anders farbiges Tuch.
4. Die Schüler laufen durcheinander. Es finden sich auf Zuruf die Schüler, die die gleichen Farben der Tücher haben, z. B. alle roten, alle grünen oder alle gelben Tücher.
5. Beide Hände fassen das Tuch an je einer Ecke, hochhalten und vorwärts laufen, danach rückwärts laufen.
6. Zwei Schüler finden sich zusammen, von denen einer nur sein Tuch braucht. Sie laufen hintereinander, wobei der vordere Schüler sein Tuch mit beiden Händen und gestreckten Armen über dem Kopf hält. Wenn er es loslässt, soll es der hintere Schüler fangen. Der Schüler, der jetzt ohne Tuch ist, läuft nun hinterher und fängt das fallende Tuch.
7. Das Tuch mit einer Hand an einer Ecke halten, Arm hoch: vorwärts, rückwärts laufen, Arm kreist an der Seite, über dem Kopf.
8. Tuch durch Pusten in der Luft halten. Dabei hinsetzen und aufstehen. Dem Partner 1 Tuch zupusten, beide Tücher hin- und herpusten.
   Hinweis: Nicht zu lange pusten lassen, Hyperventilation!
9. Tuch vor dem Gesicht, vor dem Oberkörper ausbreiten und laufen, ohne das Tuch festzuhalten.

Am Ort

1. Tuch an einer Ecke fassen und mit der rechten, danach mit der linken Hand schütteln.
2. Tuch hochwerfen und mit dem Kopf, dem Arm, dem Fuß usw. auffangen.
3. Tuch nur mit dem Fuß spielen und das Tuch dabei hochhalten.
4. Tuch hochwerfen und mit rechter, danach mit linker Hand fangen.
Hinweis: Kralle das Tuch wie ein Löwe!

Laufen (2 Schüler, 1 Tuch)

1. 2 Schüler halten an je einer Ecke ein Tuch hoch: vorwärts- und rückwärtslaufen.
2. Zwei entgegenkommende Schüler laufen unter dem hochgehaltenen Tuch durch, springen über das tiefgehaltene Tuch oder kriechen durch.

Am Ort

Zwei Schüler stehen sich mit **einem Tuch** (Abstand: ca. 2 m) gegenüber.

1. A wirft das Tuch hoch, B fängt das fallende Tuch und umgekehrt.
2. Gleiche Aufgabe wie bei 1. Der Partner erhält aber vor dem Fangen folgende Aufgaben: Vorher 2-mal (3-mal usw.) in die eigenen Hände klatschen, gegen die Hände des Partners klatschen, unter einem Bein klatschen, Bauch und Po mit einer Hand berühren, mit den Händen den Boden berühren, eine ganze Drehung ausführen, möglichst lange warten und das Tuch ganz kurz über dem Boden auffangen, Tuch mit dem Kopf und anderen vom Partner angesagten Körperteilen auffangen usw.

1. A hat **zwei verschiedenfarbige Tücher** und wirft gleichzeitig mit beiden Händen beide Tücher hoch, B fängt ein Tuch mit der rechten und ein Tuch mit linken Hand.
2. A wirft beide Tücher hoch und nennt die Farbe, die zuerst gefangen werden soll.
3. A wirft beide Tücher hoch und nennt die Farbe, die zuerst mit der Hand gefangen werden soll, das 2. Tuch wird mit dem Fuß, dem Kopf, dem Knie usw. gefangen.
4. A wirft beide Tücher hoch und nennt die Farbe, die zuletzt gefangen werden soll.
5. A wirft beide Tücher hoch und nennt die Körperteile, mit denen die Tücher gefangen werden sollen: rot mit dem Kopf, grün mit dem Knie.
6. A steht mit dem Rücken zu B. B ruft die Farbe, die zuerst gefangen werden soll. A dreht sich ganz schnell um und fängt die Tücher.

Drei Schüler stehen sich in Form eines Dreiecks gegenüber. A hat 2 Tücher:

1. A wirft gleichzeitig beide Tücher hoch, B und C fangen jeweils ein Tuch.
2. A ruft den Namen des Schülers, der das grüne Tuch fangen soll, der andere fängt das rote.
3. Die Tücher wandern im Kreis: A und B haben jeweils ein Tuch. Auf Zuruf wirft A das Tuch zu B, B wirft gleichzeitig sein Tuch zu C. Danach wirft C zu A und B zu C usw.

Alle Schüler stehen im Kreis, jeder Schüler hat ein Tuch. Sie erzeugen eine La-Ola-Welle, indem sie die mit beiden Händen an je einer Ecke gefassten Tücher nacheinander heben und senken.

b Jonglieren mit 3 Tüchern

Alter: ab Klasse 5
Anzahl: Minimum 2, Maximum nach Anzahl der zur Verfügung stehenden Tücher. Es kann auch paarweise geübt werden.
Gerätebedarf: möglichst 3 unterschiedlich farbige Tücher für jeden Schüler, Musik zur Rhythmusunterstützung (3 Tücher kosten im Fachhandel ca. 5,50 €.)
Musikvorschläge:
• Mike Batt: Caravans, CBS 4670302
• Vengaboys: We're Goin' To Ibiza
• 'N Sync: Tearin' Up My Heart

Alle Schüler stehen im Kreis, Abstand ca. 1 m. **Jeder 2. Schüler** hat ein Tuch.
Auf Zuruf werfen die Schüler das Tuch nach rechts, dem rechts stehenden Partner oder nach links, dem links stehenden Partner zu. Je schneller der Zuruf, desto schneller der Wechsel.

Alle Schüler stehen im Kreis. **Jeder Schüler** hat ein Tuch.
1. Auf Ansage werden alle Tücher entweder nach rechts oder nach links geworfen, und jeweils der rechte oder linke Partner fängt das Tuch.
2. Auf Ansage rechts oder links werden alle Tücher vor dem Körper hoch geworfen, sofortiger Platzwechsel nach rechts oder links, um das fallende Tuch des rechten oder linken Partners zu fangen.
   Zuruf: 1 Platz nach rechts, alle laufen auf den Platz des rechten Partners und fangen sein fallendes Tuch.
   Zuruf: 2 Plätze nach links, alle laufen 2 Plätze nach links, um das fallende Tuch zu fangen.
   Zuruf: 3 Plätze nach rechts, alle laufen 3 Plätze nach rechts, um das fallende Tuch zu fangen, usw.

Einzelübung: Jeder Schüler hat ein Tuch, er hält das Tuch mit dem Zeigefinger und dem Daumen der rechten Hand in der Mitte fest.
1. Tuch quer über die Brust hoch zur linken Seite werfen, mit der linken Hand fangen. In das Tuch krallen.
   Mit der linken Hand quer über die Brust hoch zur rechten Seite werfen, mit der rechten Hand das Tuch krallen.

2. Ohne Pause üben, so dass vor dem Oberkörper ein X geschrieben wird. Im Rhythmus der Musik werfen.

Jeder Schüler hat **zwei verschiedenfarbige Tücher.** Er hält ein Tuch in der rechten und ein Tuch in der linken Hand mit dem Daumen und Zeigefinger.
Das Tuch mit der rechten Hand nach links oben werfen. Wenn es seinen höchsten Punkt erreicht hat, mit der linken Hand das Tuch nach rechts oben werfen. Die Tücher haben die Seiten gewechselt und wiederum ein X vor der Brust beschrieben. Das erste Tuch mit der linken Hand fangen, das zweite Tuch mit der rechten Hand fangen.
Rhythmus: Werfen, werfen, fangen, fangen. Auch mit der linken Hand beginnen! Nach Musik üben.
Dann immer im Wechsel rechts, links, links, rechts.

Kaskade

Jeder Schüler hat **drei verschiedenfarbige Tücher.** Er hält 2 Tücher in der rechten Hand: Das vordere Tuch mit dem Daumen und Zeigefinger, das andere zwischen Handfläche, dem kleinen Finger und dem Ringfinger. Das 3. Tuch hält er wie gewohnt in der linken Hand. Die Hand, die 2 Tücher hält, wirft **immer** zuerst!

1. Das 1. Tuch mit der rechten Hand nach links oben werfen. Wenn es oben ist, mit der linken Hand das 2. Tuch nach rechts oben werfen. Wenn die rechte Hand vom Werfen nach unten kommt, Tuch 3 aus der rechten Hand nach links oben werfen. Immer wenn ein Tuch die Hand verlassen hat, wird das nächste geworfen. Alle Tücher fallen lassen.

2. Das 1. Tuch mit der rechten Hand nach links oben werfen. Sobald es oben ist, mit der linken Hand das 2. Tuch nach rechts oben werfen. Sobald die rechte Hand vom Werfen nach unten kommt, Tuch 3 nach links oben werfen. Sobald die linke Hand vom Werfen nach unten kommt, fängt sie das 1. Tuch. Die anderen beiden Tücher fallen lassen (Tuch 1 werfen, Tuch 2 werfen, Tuch 1 fangen, Tuch 3 werfen, Tücher 2 und 3 fallen lassen).

3. Wie bei Nr. 2. Wenn die linke Hand vom Werfen nach unten kommt, fängt sie das 1. Tuch. Sobald die rechte Hand vom Werfen des 3. Tuches herunterkommt, fängt sie das 2. Tuch. Das 3. Tuch fallen lassen (Tuch 1 werfen, Tuch 2 werfen, Tuch 1 fangen, Tuch 3 werfen, Tuch 2 fangen, Tuch 3 fallen lassen).

4. Wie bei Nr. 2. Sobald die linke Hand vom Werfen nach unten kommt, fängt sie das 1. Tuch. Sobald die rechte Hand vom Werfen des 3. Tuches herunterkommt, fängt sie das 2. Tuch. Die linke Hand wirft das 1. Tuch und fängt Tuch 3 (Tuch 1 werfen, Tuch 2 werfen, Tuch 1 fangen, Tuch 3 werfen, Tuch 2 und 3 fangen). Ein Tuch ist immer in der Luft. Die Tücher 1 und 2 sind nun in der linken Hand, Tuch 3 in der rechten. Im Rhythmus der Musik werfen.

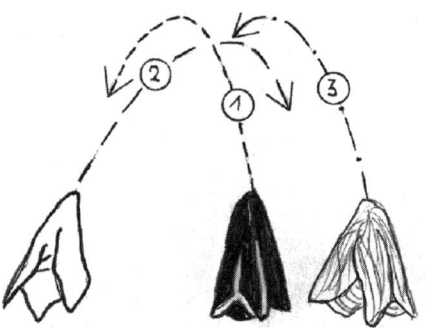   

Säulen, ein einfacher Trick

Jeder Schüler hat 3 Tücher. Er hält 2 Tücher in der rechten Hand und 1 Tuch in der linken Hand.

1. Ein Tuch aus der rechten Hand wird hochgeworfen. Sobald es oben ist, werden beide Tücher gleichzeitig aus der rechten und linken Hand an den Seiten hochgeworfen. Das 1. herunterkommende Tuch wird mit einer Hand gefangen. Es wird sofort wieder in der Mitte hochgeworfen und die beiden herunterkommenden Tücher mit beiden Händen gefangen. Beide Tücher wieder an der rechten und linken Seite hochwerfen usw. Mit Musik rhythmisch üben.

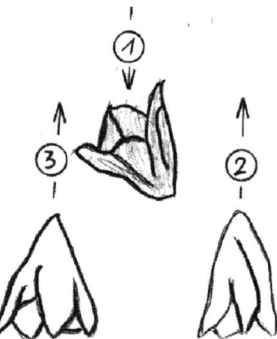 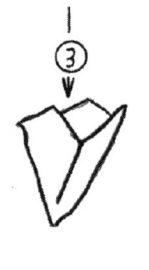  

2. Wenn das mittlere Tuch wieder herunterkommt, werden beide Tücher aus der rechten und linken Hand zur *rechten* Seite hochgeworfen. Wenn die beiden Tücher wieder herunterkommen, wird das einzelne Tuch wieder hochgeworfen und die beiden herunterkommenden Tücher mit der rechten und linken Hand gefangen. Danach werden beide Tücher zur *linken* Seite hochgeworfen usw.

3. Beide Wurfmuster kombinieren.

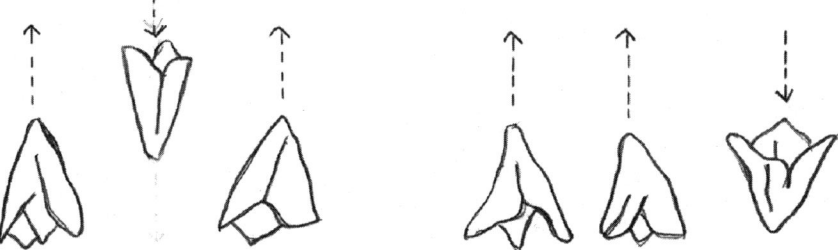

4. Kaskade und beide Säulenmuster verbinden, ohne abzusetzen.

Jonglieren mit 3 Bällen

Alter: ab Klasse 5
Anzahl: Minimum 2 Schüler, Maximum je nach Anzahl der zur Verfügung stehenden Bälle. Es kann auch paarweise geübt werden, so dass nur die Hälfte der Bälle benötigt wird.
Gerätebedarf: für jeden Schüler je 3 Jonglierbälle oder 3 selbst gebastelte Jonglierbälle (siehe Kapitel „Bastelecke" S. 208 ff.) oder 3 Schlagbälle oder 3 abgespielte Tennisbälle, Musik zur Rhythmusunterstützung
Ein Beanbag Soft, 130 g, Standardball aus elastischem Kunststoff, kostet im Fachhandel ca. 5,00 €.
Musikvorschläge:
- Mike Batt, Caravans, CBS 4670302
- Blacknuss: Last Night A DJ Saved My Life
- Dario G: Carneval de Paris
- Modern Talking: You 're My Heart, You 're My Soul
- Vengaboys: Up & Down.

Spielerisches Üben mit einem Ball

Alle Teilnehmer stehen im Kreis, jeder hat einen Ball. Die Schüler probieren aus, was man mit dem Ball alles machen kann. Möglichkeiten werden nacheinander vorgezeigt und von den anderen Schülern nachgemacht.

– Den Ball hochwerfen und beliebig fangen.
– Den Ball hochwerfen und vor dem Fangen mehrmals in die Hände klatschen.
– Den Ball unter dem Bein, hinter dem Rücken, durch die gegrätschten Beine in die andere Hand werfen.
– Den Ball rechts hochwerfen und rechts fangen.
– Den Ball links hochwerfen und links fangen.
– Den Ball in einem Bogen von der rechten in die linke Hand werfen. Der Ball sollte in Kopfhöhe geworfen werden. Warten, bis der Ball in die Hand fällt, nicht danach greifen.
– Den Ball im Bogen von der linken in die rechte Hand werfen.
  Diese Aufgabe muss so lange geübt werden, bis der Ball ohne Pause eine 8 in die Luft „zeichnet".

Zur Rhythmusfindung nach Musik üben. Dabei sind die Füße hüftbreit auseinander gestellt, die Oberarme liegen am Oberkörper an, und die Unterarme sind ungefähr 90° angewinkelt. Die Handflächen zeigen nach oben.

Aus den Handgelenken werfen, nicht mit den Armen! Nicht auf die Hände schauen. Immer nach oben zu den Bällen sehen.

Ein Schüler, zwei Bälle

Einen Ball in die rechte und einen Ball in die linke Hand nehmen. Mit der rechten Hand den 1. Ball **im Bogen** bis etwas über Kopfhöhe zur linken Hand werfen. Wenn er im höchsten Punkt ist, mit der linken Hand den 2. Ball im Bogen zur rechten Hand werfen. Der 2. Ball fliegt unter dem ersten durch, die Bälle kreuzen in der Luft und wechseln die Hände. Den 1. Ball fangen, den 2. Ball fangen.

Rhythmus: Werfen, werfen, fangen, fangen. Mit rechts und links beginnen, immer im Wechsel, bis keine Pausen mehr entstehen! Rechts, links, fangen, fangen, links, rechts, fangen, fangen. Zur Rhythmusfindung nach Musik üben.

Ein Schüler, drei Bälle: Die „Kaskade"

Eine Matte längs über eine Bank legen, und das Jonglierbild mit Kreide vorzeichnen. Die Bälle im Kaskadenmuster hoch- und hinunterrollen lassen. So bekommen die Schüler einen ersten Einblick in das Jonglieren. Das Gleiche danach auf dem Boden vor einer glatten Wand üben lassen.

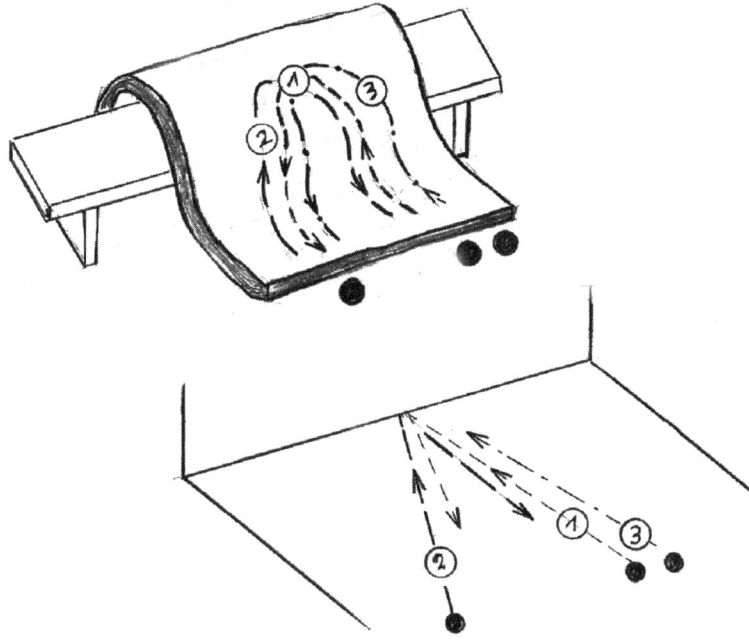

Zwei Bälle in der rechten Hand halten, einen in der linken. Es wirft immer die Hand zuerst, die die beiden Bälle hält. Dabei liegt der vordere Ball auf dem Zeige- und Mittelfinger und wird vom Daumen gehalten, der linke liegt auf der Handinnenfläche und wird vom Ringfinger und dem kleinen Finger gehalten.

Den vorderen 1. Ball aus der rechten Hand im Bogen zur linken Hand werfen. An seinem höchsten Punkt wirft die linke Hand den 2. Ball ab, damit Platz für den 1. Ball ist. Bevor der 2. Ball in die rechte Hand fällt, muss der hintere 3. Ball weggeworfen werden.

Rhythmus: grün, gelb, rot oder rechts, links, rechts.

Unbedingt auch mit der linken Hand anfangen. Die Pausen zwischen den 3 Würfen verkürzen, Übergang finden. Nach Musik üben.

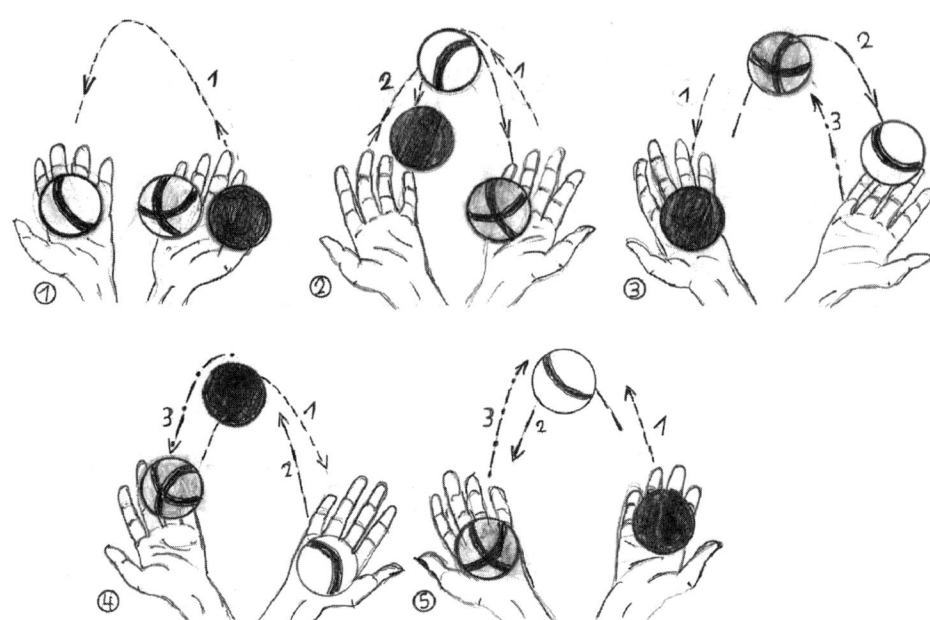

Wenn die Bälle zu weit nach vorn geworfen werden, vor eine Wand stellen. Ein langsameres Vorgehen ist im Kapitel: „Jonglieren mit 3 Tüchern" (S. 52 ff.) zu finden.

Sprung- und Stützübungen mit Teppichfliesen

Alter: ab Klasse 4
Anzahl: Minimum zwei Schüler, Maximum je nach Anzahl der zur Verfügung stehenden Fliesen. Die Schüler können auch zu zweit nacheinander an einer Fliese üben.
Gerätebedarf: für jeden Schüler eine Teppichfliese (im Ausverkauf als Einzelstück preiswert zu erhalten – siehe Kapitel „Alternative Arbeitsmaterialien" S. 219 ff.).
Musikvorschläge:
• Lou Bega: Mambo Nr. 5
• Mach 1: Race King
• Q-Connection: JaJava (All Da Ladies Come Around)

Einzelübungen

Die Fliesen werden so auf den Hallenboden gelegt, dass die *Gummiseite* nach unten zeigt. Die Schüler laufen nach Musik kreuz und quer um die Fliesen. Bei den Musikstopps suchen sie sich eine Fliese und führen immer eine der folgenden Übungen aus:

1. Der Schüler steht vor seiner Fliese, im Schlusssprung auf die Fliese springen, im Schlusssprung vorwärts von der Fliese hinunterspringen, eine halbe Drehung ausführen und wieder im Schlusssprung auf die Fliese springen usw.

2. Der Schüler steht vor seiner Fliese, im Schlusssprung auf die Fliese springen, im Schlusssprung vorwärts hinunterspringen, rückwärts auf die Fliese springen, rückwärts wieder hinunterspringen usw.

3. Der Schüler steht vor seiner Fliese, im Schlusssprung auf die Fliese springen, im Schlusssprung rückwärts hinunterspringen.

4. Alle Übungen auch einbeinig rechts und links im Wechsel ausführen.

5. Der Schüler steht vor seiner Fliese, im Schlusssprung über die Fliese springen, eine halbe Drehung, im Schlusssprung über die Fliese springen usw.

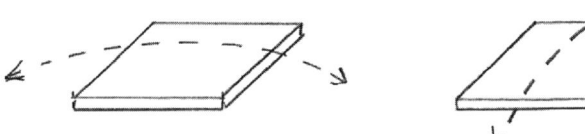

6. Der Schüler steht vor seiner Fliese, im Schlusssprung über die Fliese springen, im Schlusssprung rückwärts über die Fliese springen usw.

7. Wie oben, nur mit einem Bein rechts und links im Wechsel.

8. Der Schüler steht seitwärts zu seiner Fliese, mit geschlossenen Füßen seitwärts über die Fliese springen.

9. Der Schüler steht auf seiner Fliese, Füße über der Fliese grätschen, auf der Fliese schließen.

10. Der Schüler steht auf seiner Fliese, Füße grätschen und auf der Fliese kreuzen, grätschen, kreuzen usw.

11. Der Schüler steht auf seiner Fliese, Füße rechts vor links kreuzen, links vor rechts kreuzen usw.

12. Der Schüler steht auf seiner Fliese, Füße im Sprung anhocken, anfersen, scheren.

13. Der Schüler liegt mit gestreckten Beinen vor seiner Fliese im Liegestütz, rechte Hand auf die Fliese stützen, zurücknehmen, linke Hand auf die Fliese stützen, zurücknehmen usw.

14. Liegestütz wie oben vor der Fliese, mit den Händen nacheinander auf die Fliese fassen und wieder zurückgehen.

15. Liegestütz wie oben vor der Fliese, rechte Hand rechts neben die Fliese stützen, zurücksetzen, linke Hand links neben die Fliese stützen, zurücksetzen usw.

16. Liegestütz mit den Händen auf der Fliese, im Stütz mit den Füßen einmal um die Fliese laufen.

17. Liegestütz, die Füße stehen auf der Fliese, einmal mit den Händen um die Fliese laufen. Füße bleiben dabei auf der Fliese.

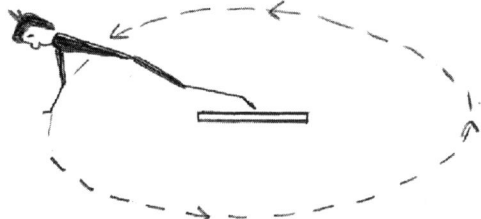

Jetzt: Gummiseite der Fliese nach oben legen und ohne Musik üben.

1. Der Schüler setzt ein Bein auf die Fliese und „rollert", indem er sich mit dem anderen Bein vom Hallenboden abstößt.

2. Beide Hände auf die Fliese stützen und durch die Halle schieben. Zu zweit, zu viert nebeneinander die Fliesen schieben, wobei eine Hand immer auf der Fliese des Partners aufgestützt ist.

3. Der Schüler stellt ein Bein auf die Fliese. Der Körper wird mit dem anderen Bein seitlich gezogen.

4. Der Schüler stellt ein Bein auf die Fliese. Der Körper wird in alle Richtungen gezogen oder geschoben.

5. Die Liegestützposition einnehmen und die Füße auf die Fliese stellen. Mit den Händen vorwärts laufen und den Körper ziehen.

6. Die Liegestützposition einnehmen, die Füße auf die Fliese stellen. Blick zum Boden richten, Füße voran den Körper mit den Händen schieben.

7. Die Liegestützposition rückwärts einnehmen, die Füße auf die Fliese stellen und mit den Händen den Körper in Fußrichtung schieben.

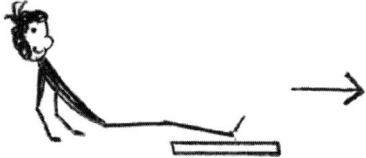

8. Die Liegestützposition rückwärts einnehmen, die Füße auf die Fliese stellen und mit den Händen den Körper ziehen.

9. Der Schüler sitzt auf seiner Fliese und zieht sich mit den Hacken vorwärts.

Partnerübungen

1. Ein Schüler sitzt auf der Fliese. Der Partner schiebt ihn am Rücken bzw. an den Schultern vorwärts.

2. Ein Schüler hockt auf der Fliese. Der Partner zieht ihn rückwärts laufend an den Händen.

3. Ein Schüler hockt auf der Fliese. Der Partner schiebt ihn am Rücken bzw. an den Schultern vorwärts.

4. Ein Schüler kniet auf der Fliese. Der Partner schiebt ihn an den Schultern vorwärts.

5. Ein Schüler steht auf der Fliese. Der Partner zieht ihn rückwärts laufend an den Händen.

6. Ein Schüler steht auf seiner Fliese. Der Partner steht hinter ihm und schiebt ihn am Rücken bzw. an den Hüften vorwärts.

7. Ein Schüler sitzt auf seiner Fliese. Der Partner zieht ihn, indem er ihn an den Füßen fasst und rückwärts läuft.

8. Ein Schüler hat die Hände auf der Fliese aufgestützt und macht eine Brücke. Der Partner schiebt sich mit seiner Fliese unter der Brücke des Partners durch und bildet danach erneut eine Brücke.

Zwei Partner, eine Fliese

1. Ein Schüler geht in die Liegestützposition und stellt seine Füße auf die Fliese. Der Partner nimmt ebenfalls eine Liegestützposition ein, indem er seine Hände auf dieselbe Fliese setzt. Beide Schüler bewegen sich vorwärts.

2. Beide Schüler gehen in die Liegestützposition, indem sie ihre Füße gegeneinander auf die Fliese stellen. Der eine Partner zieht die Fliese, indem er mit den Händen vorwärts läuft, der andere Schüler schiebt die Fliese.

3. Ein Schüler stellt einen Fuß auf die Fliese und versucht den Weg des Partners nachzuvollziehen (Schattenlaufen).

Zwei Partner, zwei Fliesen

1. Schattenlaufen mit zwei Fliesen (vgl. Übung Nr. 3, S. 65).

2. Zwei Schüler stehen sich gegenüber, indem sie jeweils einen Fuß auf die Fliese stellen. Der eine Partner bewegt sich vorwärts, seitwärts oder rückwärts. Der andere ahmt die Bewegungen spiegelbildlich nach (Spiegellaufen).

Koordinationsübungen mit der Fliese und dem Ball
Gerätebedarf: für jeden Schüler eine Fliese und ein Ball
1. Ein Schüler stellt einen Fuß auf die Fliese. Er dribbelt mit der Hand einen Ball und zieht gleichzeitig mit dem Fuß die Fliese.

2. Ein Schüler stellt einen Fuß auf die Fliese. Er bewegt sich vorwärts, indem er einen Ball mit der Hand dribbelt und dem Weg seines ebenfalls dribbelnden Partners folgt (Schattendribbeln).

3. Schattendribbeln mit zwei Fliesen (vgl. Übung Nr. 2).

4. Zwei Schüler stehen sich gegenüber, indem sie jeweils einen Fuß auf die Fliese stellen und einen Ball dribbeln. Der eine Partner bewegt sich dribbelnd vorwärts, seitwärts oder rückwärts. Der andere ahmt dribbelnd die Bewegungen spiegelbildlich nach (Spiegeldribbeln).

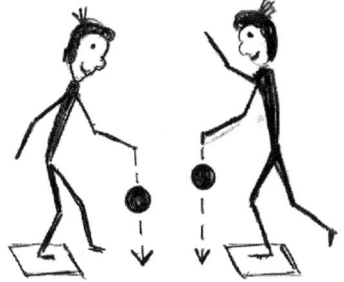

5. Wie Übung 4, nur dass nun auch ständig die Hand beim Dribbeln gewechselt wird.

Dreiergruppen

Gerätebedarf: für 3 Schüler 1 Teppichfliese und 1 Gymnastikstab

1. Zwei Schüler laufen möglichst
   schnell vorwärts und ziehen
   mit einem Stab einen dritten,
   der auf einer Fliese sitzt und
   sich am Stab festhält. Danach
   Partnerwechsel.

Achtung: Alle Schüler dürfen
immer nur in eine Richtung
ziehen.

2. Wie oben, der dritte Schüler
   hockt auf der Fliese.

3. Wie oben, der dritte Schüler
   steht auf der Fliese. Hinweis:
   Der stehende Schüler muss
   die Arme strecken.

4. Wie oben, den dritten
   Schüler in Bauchlage
   ziehen, auf Körperspannung achten, Stab tief
   halten, um eine Hohlkreuz-
   haltung zu vermeiden.

5. Wie oben, den dritten
   Schüler in Rückenlage
   ziehen, Füße dicht über
   dem Boden halten.

6. Wie oben, den dritten
   Schüler in der Seitenlage
   ziehen, im Wechsel rechts
   und links.

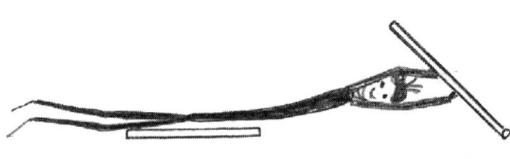

7. Wie oben, der dritte
   Schüler sitzt auf der Fliese,
   hält sich mit den Füßen
   (Zehen) am Stab fest und
   lässt sich ziehen.

8. Wie oben, der dritte Schüler
   sitzt im Schwebesitz auf
   der Fliese, die Beine sind
   zwischen Körper und Stab.
   Er hält sich am Stab fest
   und lässt sich ziehen.

Riegenarbeit

Gerätebedarf: 16 Markierungskegel, für jeden Schüler 1 Fliese
Es werden vier Riegen gebildet:
1. Die Schüler schieben im Slalom ihre Fliesen um die Markierungskegel.

2. 4 Schüler schieben synchron ihre Fliesen um die Markierungskegel.
3. Wie Übung 2, nur von beiden Seiten anfangen.

Stützen und Springen an Langbänken

Alter: ab Klasse 5
Anzahl: Minimum 4, Maximum 40 Schüler
Gerätebedarf: 3 Langbänke
Musikvorschläge:

- Jive Bunny and the Mastermixers: That's What I Like
- Jive Bunny and the Mastermixers: Can Can You Party
- Tina Turner: What You Get Is What You See

Drei Langbänke werden im Abstand von ca. 1 m nebeneinander aufgestellt. Die Schüler stehen auf der linken Seite der Bänke und turnen in Längsrichtung.

1. Die Schüler turnen 3 Hockwenden mit Zwischenfedern und Raumgewinn in Längsrichtung der Bänke – rechts Zwischenfedern in die Vorwärtsrichtung, links Zwischenfedern in die Vorwärtsrichtung (Raumgewinn), rechts Zwischenfedern und gegenüber wieder aufstellen.

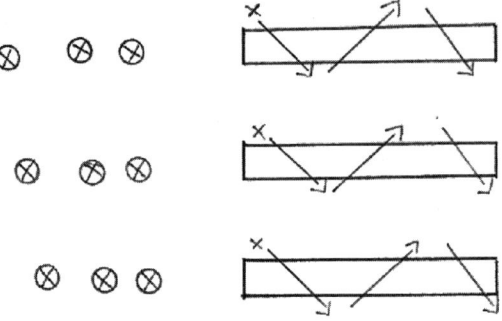

2. Die drei nebeneinander stehenden Partner turnen die drei Hockwenden mit Zwischenfedern synchron, indem sie alle auf der linken Seite der Bänke beginnen.

3. Die drei nebeneinander stehenden Partner turnen die drei Hockwenden wie bei 2. synchron. Die drei dahinter stehenden Schüler beginnen, wenn die Vordermänner die Hockwenden wieder nach rechts turnen, so dass immer sechs Schüler gleichzeitig die Hockwenden ausführen.

4. Die Schüler stehen in drei Gruppen in Querrichtung zu den Bänken. Sie turnen drei Hockwenden mit Zwischenfedern und Raumgewinn.

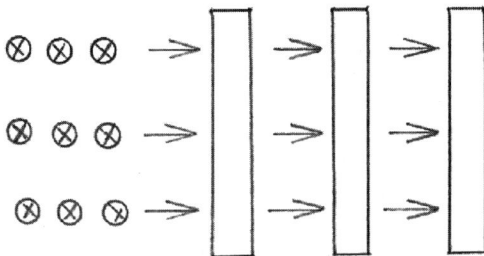

5. Die Schüler stützen alle zuerst nach rechts, beim nächsten Durchgang alle nach links.

6. Die Hockwenden werden im Wechsel mit Stütz der Hände nach links, einer halben Drehung beim Zwischenfedern nach rechts, einer halben Drehung beim Zwischenfedern nach links geturnt.

7. Die drei nebeneinander stehenden Schüler turnen die drei Hockwenden synchron in eine vorher festgelegte Richtung (entweder alle nach rechts oder alle nach links).

8. Die drei nebeneinander stehenden Schüler turnen die drei Hockwenden synchron, die nächsten Schüler setzen ein, wenn die Vordermänner an der 2. Bank die Hockwenden turnen.

9. Kombination von 8 und 3. Die Schüler turnen die Hockwenden in Querrichtung und stellen sich dann sofort in Längsrichtung der Bänke an. Jede Gruppe muss wissen, an welcher Bank sie in Längsrichtung beginnen soll. Es turnen alle erst in Querrichtung, dann in Längsrichtung, dann in Querrichtung usw.

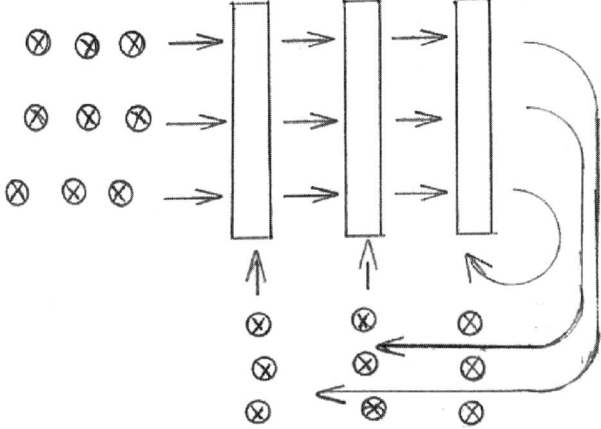

10. 3 Gruppen stehen in Längsrichtung zu den Bänken, 3 Gruppen in Quer-
    richtung. Die ersten Schüler jeder Gruppe springen 3 Hockwenden in
    Querrichtung, dann erfolgt das Springen der ersten 3 Turner in Längs-
    richtung. Sind die ersten Schüler fertig, beginnen die zweiten in Quer-
    richtung usw. Die Schüler, die die Hockwenden in Querrichtung geturnt
    haben, stellen sich in Längsrichtung an, die Schüler, die die Hockwen-
    den in Längsrichtung geturnt haben, stellen sich in Querrichtung an.

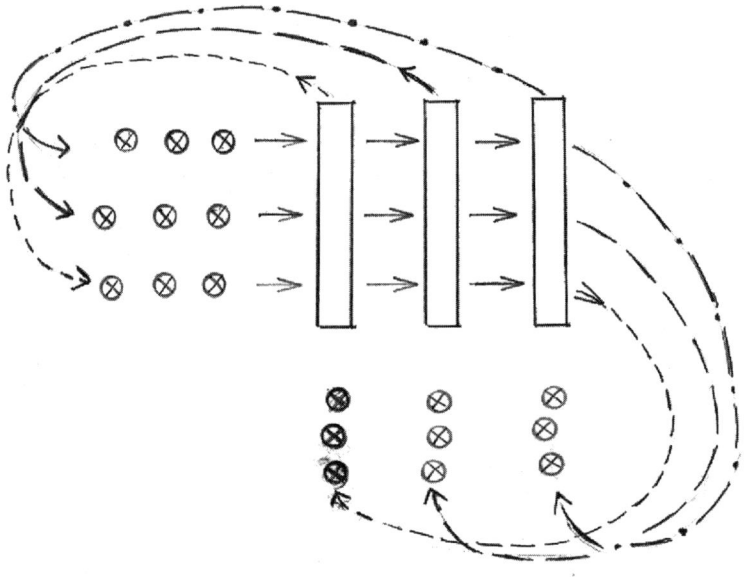

Gerätebedarf: 4 Bänke
Vier Langbänke werden ca. 1 m nebeneinander aufgestellt.
1. Die Schüler turnen die Hockwenden schräg diagonal von Bank zu Bank.
   Die Bewegungskette soll nicht abreißen.

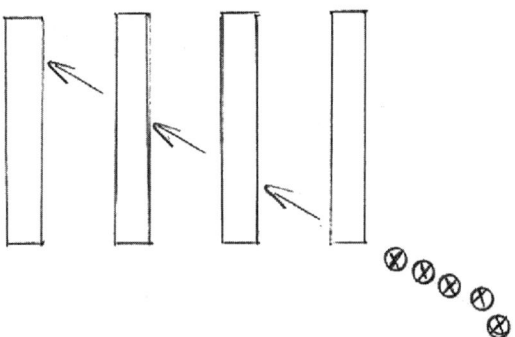

2. Aus 2 Richtungen werden die Hockwenden diagonal geturnt. Die Schüler setzen im Wechsel von der linken und von der rechten Seite ein.

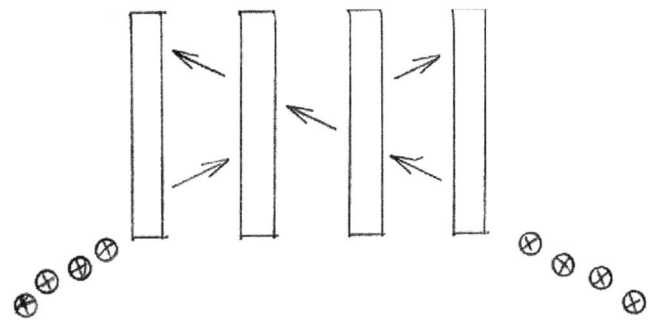

3. An jedem Ende der Bank steht die gleiche Anzahl Schüler. Sie sollen Hockwenden in Längsrichtung über die Bänke turnen, wobei von beiden Enden begonnen wird. Wichtig ist, dass beide Schüler mit der Hockwende nach rechts oder nach links beginnen, um, ohne sich zu behindern, aneinander vorbei zu kommen. Es muss raumgreifend mit Zwischenfedern und im Rhythmus des entgegenkommenden Partners gesprungen werden.

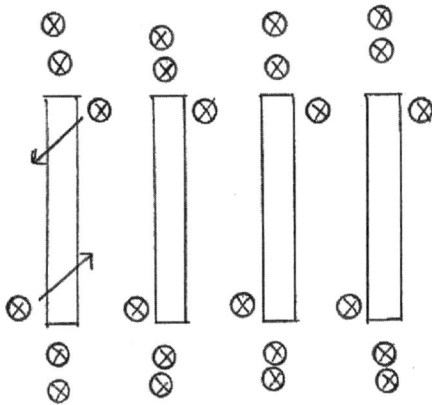

4. Zwei Langbänke werden hintereinander gestellt. Am Ende jeder Bank steht die gleiche Anzahl Schüler. Sie erhalten die gleiche Aufgabe wie bei Nr. 3, nur können jetzt 4 bis 6 Schüler turnen, wenn sie entsprechend einsetzen und die Bewegungskette nicht abreißt.

Stützen und Springen an großen Kästen

Alter: ab Klasse 5
Anzahl: Minimum 16, Maximum 40 Schüler
Gerätebedarf: 4 große Kästen, 8 Markierungskegel oder Parteibänder zum Markieren
Musikvorschläge:

* Vanille Ice: Hooked
* Aus dem Film Rain Man: Iko, Iko

Vier große hüfthohe Kästen (3 Teile) werden im Abstand von vier Seitgalopphüpfern aufgestellt. An der linken Seite von jedem Kasten wird auf dem Boden eine Markierung (z. B. Markierungskegel) angebracht, damit die Schüler erinnert werden, dass sie immer zu dieser, d. h. der linken Seite mit dem Springen beginnen müssen.

Die Schüler bilden 8 Gruppen (an jedem Kastenende 1 Gruppe) und stehen so weit von den Kästen entfernt, dass sie mit 3 Vorwärtshüpfern und einem Schlusssprung den Kasten erreichen. Bei den Übungen 1 bis 3 setzt der nächste ein, wenn der Vordermann den Kasten durch Vorwärtshüpfen verlässt.

1. Drei Vorwärtshüpfer, Schlusssprung, Stütz der Hände am Kastenende. 4 Sprünge mit geschlossenen Füßen nach links, nach rechts, nach links, nach rechts. Danach hüpfen die Schüler vorwärts rechts am Kasten vorbei zur gegenüberstehenden Gruppe und schließen sich hinten an. Der nächste Turner beginnt, wenn der Vordermann den Kasten durch Vorwärtshüpfen zur gegenüberstehenden Gruppe verlässt.

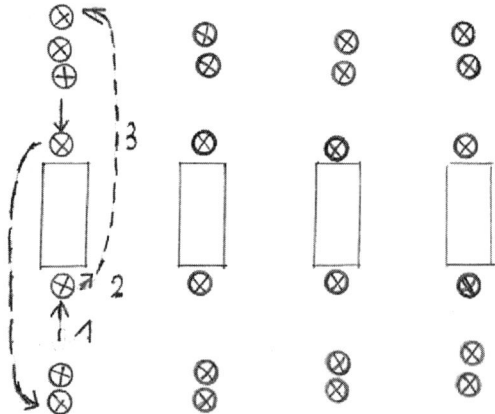

2. Wie Übung 1 einschließlich der 4 Sprünge mit geschlossenen Füßen. Danach 3 Vorwärtshüpfer und 1 Schlusssprung zum gegenüberstehenden Kastenende. Stütz der Hände und 4 Sprünge mit geschlossenen Füßen nach links, rechts, links, rechts. Danach hüpfen die Schüler vorwärts rechts am Kasten vorbei und schließen sich der eigenen Gruppe an. Der nächste Schüler beginnt, wenn der Vordermann mit Vorwärtshüpfern den Kasten verlässt.

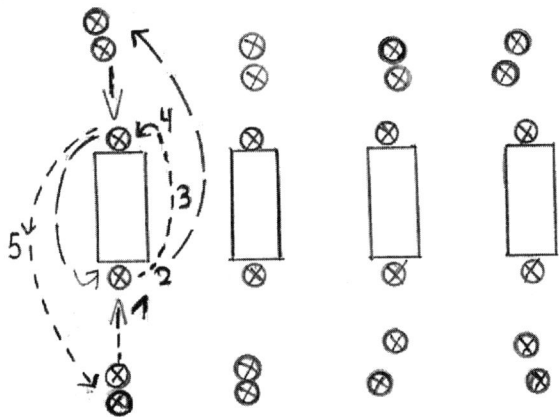

3. Wie Übung 1 einschließlich der 4 Sprünge mit geschlossenen Füßen. Danach wechseln die beiden Nachbarn durch 3 Seitgalopphüpfer und einen Schlusssprung seitwärts die Plätze. 4 Sprünge mit geschlossenen Füßen nach links, rechts, links, rechts am Kastenende. Vorwärtshüpfen zur gegenüberstehenden Gruppe rechts am Kasten vorbei.

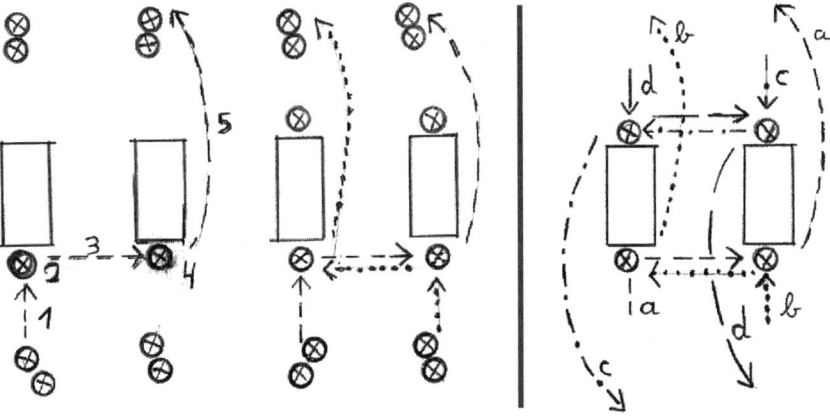

4. Aus den 8 Gruppen werden 4 Gruppen gebildet. Vor jedem zweiten Kasten stehen keine Schüler.
Drei Vorwärtshüpfer, Schlusssprung, Stütz der Hände am Kastenende.
4 Sprünge mit geschlossenen Füßen nach links, rechts, links, rechts. Mit 3 Seitgalopphüpfern und einem Schlusssprung seitwärts zum nebenstehenden Kasten hüpfen. 4 Sprünge mit geschlossenen Füßen nach links, rechts, links, rechts am Kastenende. Vorwärtshüpfen zur gegenüberstehenden Gruppe rechts am Kasten vorbei. Der nächste Schüler beginnt, wenn der Vordermann mit dem Seitgalopp den Kasten verlässt.

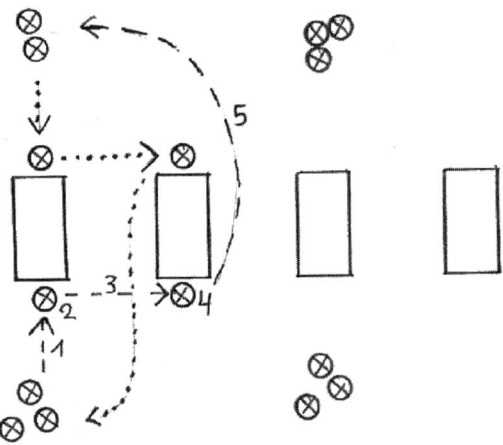

5. Alle Schüler stehen sich an 2 Kästen gegenüber, es werden also 2 Gruppen gebildet.
3 Vorwärtshüpfer, Schlusssprung, Stütz der Hände am Kastenende. 4 Sprünge mit geschlossenen Füßen nach links, rechts, links, rechts. Mit 3 Seitgalopphüpfern und einem Schlusssprung seitwärts zum nebenstehenden Kasten hüpfen. 4 Sprünge mit geschlossenen Füßen nach links, rechts, links, rechts am Kastenende. Danach mit 3 Seitgalopphüpfern und einem Schlusssprung seitwärts zum nebenstehenden Kasten hüpfen. 4 Sprünge mit geschlossenen Füßen nach links, rechts, links, rechts am Kastenende usw. bis zum letzten Kasten und von dort mit Vorwärtshüpfern zur eigenen Gruppe zurück hüpfen. Der nächste Schüler beginnt, wenn der Vordermann mit dem ersten Seitgalopp den Kasten verlässt.

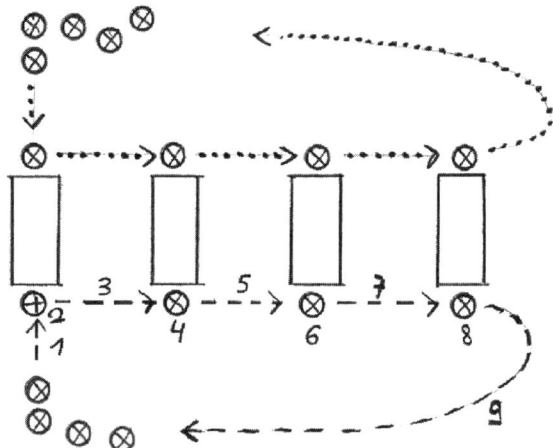

Übungen am Reck

a Stützen und Springen

Alter: ab Klasse 5
Anzahl: Minimum 3, Maximum 40 Schüler
Gerätebedarf: 4 Reckanlagen, Laufmusik (160 bpm)
Musikvorschläge:
• Jive Bunny and the Mastermixers: Can Can You Party
• Jive Bunny and the Mastermixers: That's What I Like
• Q-Connection: Java (All Da Ladies Come Around)
• DJ Hoologan: Rave Nation
• The Beach Boys: Barbara-Ann
• Johnny And The Hurricanes: Red River Rock
• Lou Bega: Mambo Nr. 5

Die Reckanlagen werden **hüfthoch** eingestellt, so dass jeder Schüler problemlos in den Stütz springen kann.
Alle Schüler laufen nach Musik durcheinander um die Reckanlagen herum. Bei Musikstopp springen sie in den Stütz (Arme durchdrücken!). Wenn die Musik wieder beginnt, laufen alle wieder bis zum nächsten Musikstopp durcheinander usw.

Laufen

1. Die Schüler bilden 4 Riegen und stehen jeweils ca. 5 m entfernt an der linken Seite des Recks. Sie laufen nach Musik auf das Reck zu, springen in den Stütz, springen hinunter, mit einem Zwischenfedern wandern sie einen Platz nach rechts. Wieder in den Stütz springen, hinunterspringen, zwischenfedern, um dabei einen Platz nach rechts zu rücken. Die ganze Übung wird von jedem Schüler dreimal ausgeführt, bevor er zu seiner Gruppe zurückläuft.

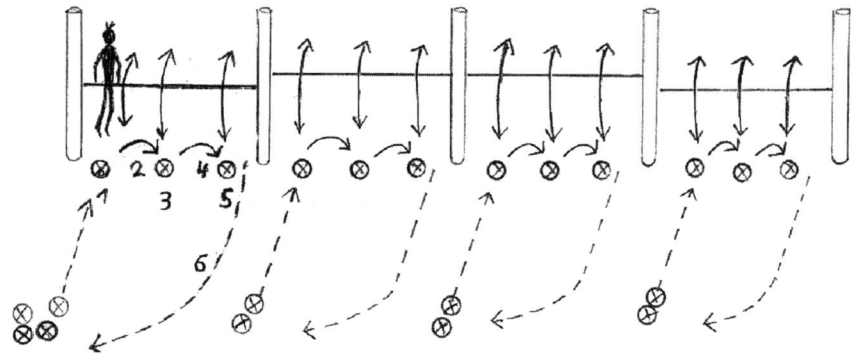

2. Es sollen immer 3 Schüler gleichzeitig in den Stütz springen, hinunterspringen, Zwischenfedern und nach rechts rücken usw., d. h., sie müssen ihren Lauf so einrichten, dass sie am Reck sind, um zur gleichen Zeit wie der Vordermann in den Stütz zu springen.

3. Die Schüler laufen wieder nach Musik auf der linken Seite auf die Reckanlage zu, springen in den Stütz, springen hinunter und laufen durch die Spannbeuge (Hangstandlaufen) unter der Reckstange durch bis zu

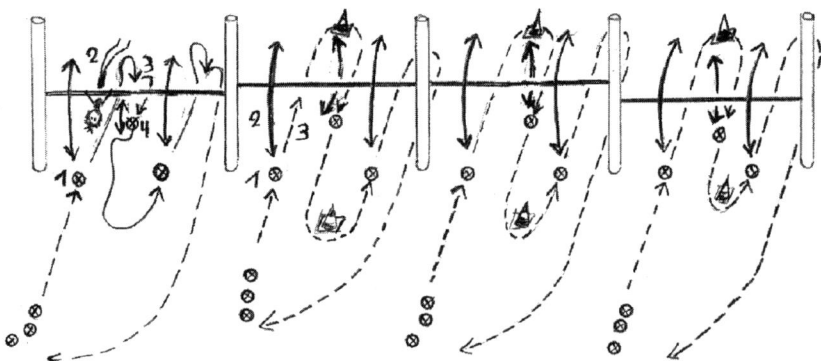

einem vorgegebenen Punkt (Markierung, Linie, Hütchen usw.), machen eine halbe Drehung, laufen auf das Reck zu, springen einen Platz weiter in den Stütz, springen hinunter und laufen durch die Spannbeuge wieder bis zu dem vorgegebenen Punkt, machen eine halbe Drehung usw. Jeder Schüler sollte diese Übung dreimal mit Raumgewinn hintereinander ausführen und dann zu seiner Gruppe zurücklaufen.

4. Wenn die Übung beherrscht wird, laufen immer 3 Schüler gleichzeitig durch die Spannbeuge.

5. Die Schüler laufen wieder nach Musik auf der linken Seite auf das Reck zu, springen in den Stütz, springen hinunter, laufen durch die Spannbeuge (Hangstandlaufen), machen eine halbe Drehung um die grifffeste Hand (hier rechte Hand), springen in den Stütz, Niedersprung, laufen durch die Spannbeuge, $\frac{1}{2}$ Drehung um die grifffeste Hand (linke Hand), springen in den Stütz usw. Diese Übung soll dreimal durchgeführt werden, bevor der Schüler zu seiner Gruppe zurückläuft. Das Übungsmuster entspricht der Übung 3. Anstatt zu einer Markierung zu laufen, bleiben die Schüler bei der halben Drehung am Reck.

6. Wenn die Übung beherrscht wird, sollen immer 3 Schüler gleichzeitig in den Stütz springen, niederspringen und gleichzeitig durch die Spannbeuge laufen, $\frac{1}{2}$ Drehung ausführen usw. Die auf das Reck zulaufenden Schüler müssen ihr Lauftempo so einteilen, dass sie am Reck sind, wenn die davorlaufenden Schüler in den Stütz springen.

Am Ort nach Musik turnen lassen

Musikvorschläge:

- Heath Hunter: Revolution in Paradise
- Paula Abdul: Straight Up
- Karel Fialka: Hey Matthew

1. Drei Schüler stehen jeweils nebeneinander vor einer Reckanlage und sollen nach der Musik 2 Takte stützen, 2 Takte federn.
   In den Stütz springen, Niedersprung, federn, in den Stütz springen, Niedersprung, federn usw. Die Gruppe findet einen eigenen Rhythmus.

2. Der mittlere Schüler turnt auf der anderen Seite der Reckanlage. Alle gleichzeitig in den Stütz springen, Niedersprung, federn, in den Stütz springen usw.

3. Der mittlere Schüler springt in den Stütz, wenn die beiden äußeren am Boden federn, usw.

4. Alle 3 Schüler turnen gleichzeitig mehrmals hintereinander das Hang- standlaufen und zurück, ohne die Hände dabei zu lösen.
5. Der mittlere Schüler turnt das Hangstandlaufen gegengleich, d. h., wenn die beiden äußeren Schüler zurückkommen, läuft der mittlere vorwärts.
6. Der mittlere Schüler turnt auf der anderen Seite der Reckanlage, gleich- zeitig und gegengleich das Hangstandlaufen ausführen.
7. Stützen und Hangstandlaufen miteinander verbinden: 2 Takte stützen, Niedersprung, 2 Takte am Boden federn, Hangstandlaufen vorwärts und zurück, 2 Takte stützen, Niedersprung, 2 Takte federn usw.
8. Weitere Übungskombinationen von den Schülern finden lassen.

b Hängen und Hangeln

Alter: ab Klasse 5
Anzahl: Minimum 2, Maximum 40 Schüler
Gerätebedarf: 4 sprunghohe Reckanlagen, 4 Bälle (z. B. Volleybälle), 4 Fahrradmäntel oder Gymnastikreifen, 8 Matten

Zwei Matten werden hintereinander *längs* unter jede Reckanlage gelegt.
1. An das Reck im Ristgriff springen, vorschwingen, rückschwingen, vor- schwingen, abspringen.

Zwei Matten werden *quer* unter jede Reckanlage gelegt.
2. An der linken Seite an das Reck springen und entlanghangeln: In Bewe- gungsrichtung vorwärts, seitwärts, rückwärts hangeln.
3. Hangeln und dabei Drehungen um die Längsachse ausführen.
4. Ein Schüler hängt am Reck, der stehende Partner versucht, ihn vor- sichtig vom Reck herunterzuziehen.

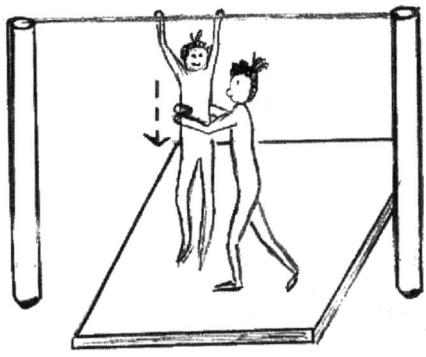

5. Wie oben, er nimmt den vom Partner gereichten Ball vorn mit den Füßen an und gibt ihn nach hinten an den Partner wieder ab.

6. Wie oben, er pritscht dem Partner den zugeworfenen Ball mit der rechten oder linken Hand zurück.

7. Wie oben, er spielt den zugeworfenen Ball mit dem Kopf zurück.

8. Wie oben, er spielt den zugeworfenen Ball mit dem rechten oder linken Fuß zurück.

9. Wie oben, er spielt den zugeworfenen Ball mit dem rechten oder linken Fuß oder auch mit beiden Füßen zurück und versucht, einen Reifen zu treffen.

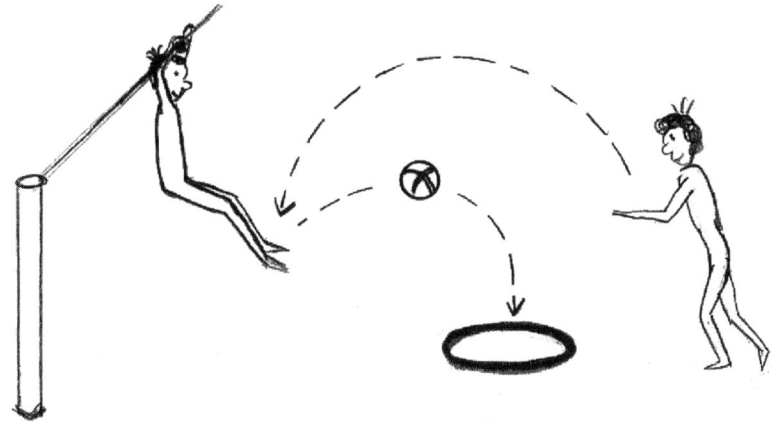

10. Wie oben, er reicht dem Partner einen mit den Füßen gehaltenen Ball über die Reckstange.

11. Drei Schüler hängen sich nebeneinander an das Reck: Der äußere Schüler hält mit den Füßen einen Ball. Diesen reicht er dem mittleren Partner mit den Füßen weiter. Dieser nimmt den Ball mit den Füßen ab und reicht ihn an den neben ihm hängenden Partner mit den Füßen weiter, danach wird der Ball auf die gleiche Weise wieder zurückgegeben.

12. Ein Schüler hängt am Reck, einer (A) steht davor und einer (B) dahinter. A reicht dem hängenden Partner einen Ball. Dieser wird von dem hängenden Schüler mit den Füßen nach hinten an B abgegeben. B wirft den Ball über die Reckstange A zu, der ihn wiederum dem hängenden Schüler zureicht.

„Kopf-unten-Position"

Gerätebedarf: 4 Reckanlagen, 8 Matten, 4 Tennisbälle oder 4 Schweifbälle (siehe Kapitel „Bastelecke" S. 208 ff.)

Zwei Matten werden quer unter jede Reckanlage gelegt. Die Reckanlagen werden so hoch eingestellt, dass man kniend mit gestreckten Armen die Stange fassen kann:
Erst ein Knie, dann das zweite Knie an der Reckstange einhängen. Danach wird der Griff der Hände gelöst. Über die Reckstange kann eine Teppichfliese gelegt werden, damit die Stange in den Kniekehlen nicht so schmerzt.

1. Die Schüler sollen im Kniehang mit einem Tennisball Markierungen an einer Wand treffen. Anstelle der Wandmarkierungen können auch aufgezeichnete Symbole auf an Kästen gestellte Matten gewählt werden.

2. Wie oben, vom Partner vorher angesagte Markierungen oder Symbole treffen.

3. Im Kniehang einen am Boden zugerollten Ball annehmen.

4. Im Kniehang einen zugeworfenen Ball fangen.

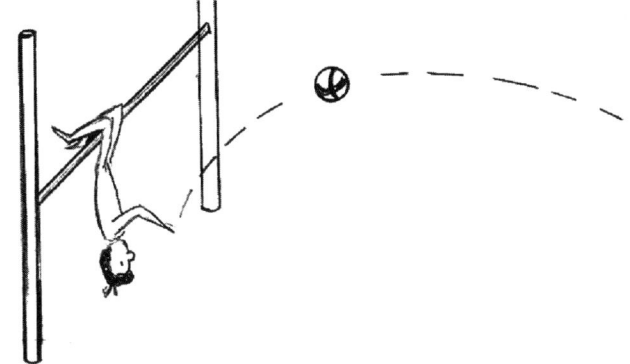

5. Wie oben, einen zugeworfenen Ball nach dem Fangen dem Partner zurückwerfen.

Stützen und Balancieren am Barren

Alter: ab Klasse 5
Anzahl: Minimum 4, Maximum 40 Schüler
Gerätebedarf: 4 Stützbarren, 8 Matten

Unter den Barren werden 2 Matten gelegt. 4 Riegen stehen quer vor den Stützbarren. Die beiden gleichhohen Holme sind so eingestellt, dass die Schüler stützen können, ohne dass die Füße den Boden berühren.

1. Unter beiden Barrenholmen durchklettern, ohne den Boden zu berühren.

2. Den vorderen Holm unter- und den hinteren Holm überwinden, ohne den Boden zu berühren.

3. Den vorderen Holm über- und den hinteren Holm unterwinden, ohne den Boden zu berühren.

4. Beide Holme überklettern, ohne den Boden zu berühren.

5. Beide Holme überklettern, den hinteren Holm unterwinden, den vorderen Holm überklettern, ohne den Boden zu berühren.

6. Den vorderen Holm unterwinden, den hinteren Holm überklettern und unterwinden, den vorderen Holm überklettern, ohne den Boden zu berühren.

7. Den vorderen Holm überklettern, den hinteren unterwinden, dann beide Holme überklettern, ohne den Boden zu berühren.

8. Beide Holme überklettern, beide unterwinden und nochmals überklettern und unterwinden, ohne den Boden zu berühren.

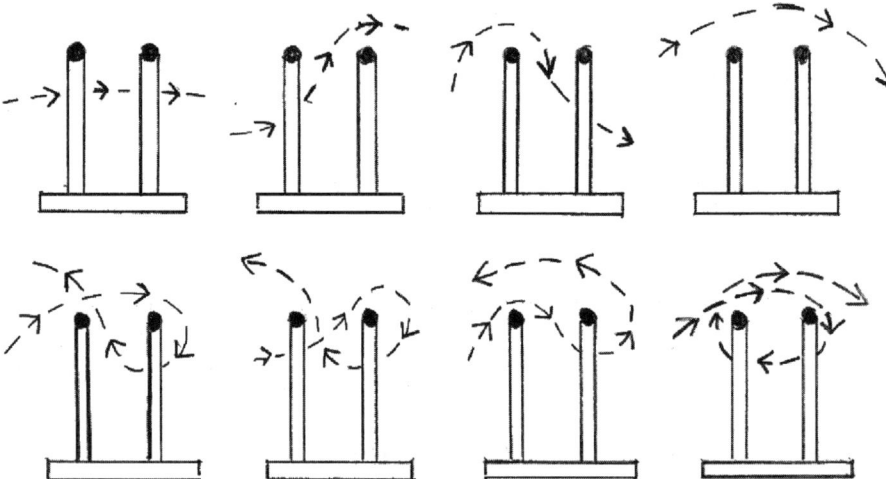

Unter und hinter (zum Abspringen) jeden Barren wird eine Matte gelegt. Es werden 4 Riegen gebildet, die vor der Holmengasse stehen.

a) Beide Barrenholme sind parallel.

1. Auf „allen vieren" vorwärts mit Blickrichtung zum Barrenende über die Holmengasse balancieren (Bauch zeigt zum Barren).

2. Auf „allen vieren" mit Blickrichtung zum Barrenanfang (Füßen zuerst) rückwärts über die Holmengasse balancieren (Bauch zeigt zum Barren).

3. Auf „allen vieren" vorwärts (Rücken zeigt zum Barren) mit Blickrichtung zum Barrenende über die Holmengasse balancieren.

4. Auf „allen vieren" rückwärts mit Blickrichtung zum Barrenanfang über die Holmengasse balancieren (Rücken zeigt zum Barren).

5. Mit beiden Füßen aufrecht vorwärts über die Holmengasse balancieren, mit und ohne Hilfe eines Partners.

6. Mit beiden Füßen aufrecht rückwärts über die Holmengasse balancieren, mit und ohne Hilfe eines Partners.

7. Mit beiden Füßen aufrecht auf einem Barrenholm vorwärts, seitwärts, rückwärts balancieren, mit und ohne Hilfe eines Partners.

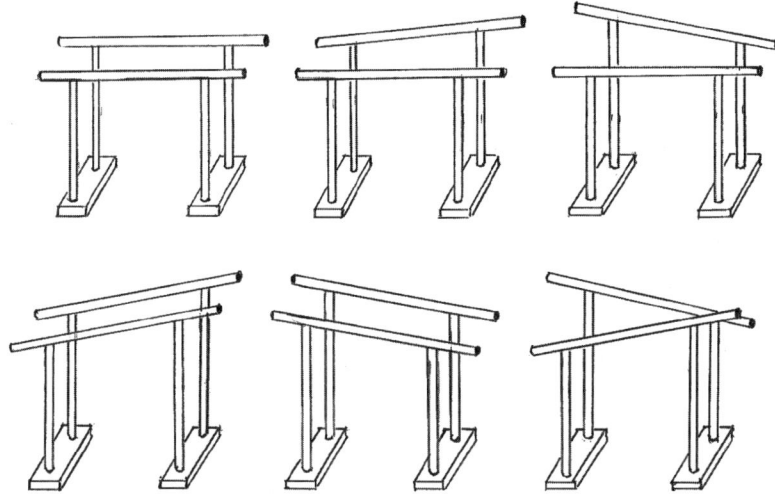

b) Ein Barrenholm wird auf einer Seite in Bewegungsrichtung hinten hochgestellt. Aufgaben wie bei a).

c) Ein Barrenholm wird auf einer Seite in Bewegungsrichtung vorn hochgestellt. Aufgaben wie bei a).

d) Beide Barrenholme werden in Bewegungsrichtung hinten hochgestellt. Aufgaben wie bei a).

e) Beide Barrenholme werden in Bewegungsrichtung vorn hochgestellt. Aufgaben wie bei a).

f) Der eine Barrenholm wird in Bewegungsrichtung vorn hochgestellt, der andere hinten. Aufgaben wie bei a).

Beide Barrenholme werden so eingestellt, dass die Schüler stützen können, ohne den Boden zu berühren. Sie stehen vor der Holmengasse, die mit Matten abgesichert ist.

1. Durch die Holmengasse vorwärts stützen.
2. Durch die Holmengasse rückwärts stützen.
3. An einem Holm seitwärts durch die Gasse stützen.
4. An einem Holm seitwärts bis zur Mitte stützen, danach mit der einen Hand auf den anderen Holm greifen und vorwärts bis zum Ende der Gasse stützen.
5. An einem Holm seitwärts bis zu Mitte stützen, danach mit der einen Hand auf den anderen Holm greifen und rückwärts bis zum Ende der Gasse stützen.

Zusätzlicher Gerätebedarf: pro Riege 1 Ball, 4 Fahrradmäntel/Reifen

1. Drei Schüler stützen im Barren. Der hintere Schüler bekommt einen Ball zwischen die Füße geklemmt, den er an den mittleren Schüler weitergibt. Dieser nimmt den Ball mit den Füßen ab und reicht ihn an den vorderen Partner. Dieser wiederum nimmt den Ball mit den Füßen ab und gibt ihn einem Mitschüler, der den Ball mit den Händen annimmt und sich seiner Riege anschließt. Alle Schüler rutschen stützend einen Platz auf, der vorderste wird zum Ballannehmer.

2. Ein Schüler stützt am Barrenende mit Blickrichtung zur Riege. In einer Entfernung von 2–3 m steht ein Partner, der dem stützenden Schüler einen Ball zuwirft, den dieser mit den Füßen so zurückspielen soll, dass er möglichst wieder gefangen werden kann.
3. Am Ende des Barrens liegt ein Fahrradmantel oder Reifen auf den Holmen. Der stützende Schüler versucht, den Ball, den er mit den Füßen hält, durch den Reifen zu spielen.
4. Vor jeden Barren werden 4 Fahrradmäntel oder Reifen gelegt. Ein Schüler stützt im Barren und erhält von einem Partner einen Ball zugespielt. Er versucht, den Ball in einen beliebigen Reifen zu spielen.

5. Aufgabe wie bei 4. Der stützende Schüler versucht, den Ball in einen vorher bestimmten Reifen zu spielen.

Für leistungsschwächere Schüler kann an das Barrenende ein Kastenoberteil gestellt werden, so dass diese Schüler nur zum Zurückspielen des Balles kurz in den Stütz gehen müssen.

Übungen am Trapez

a Stützschwingen

Alter: ab Klasse 5, Schüler müssen stützen können!
Anzahl: Minimum 2, Maximum bei 4 Paar Ringen und 4 Trapezen 40 Schüler. Die Schüler nach Körpergröße einteilen.
Gerätebedarf: Möglichst 4 Paar Ringe, in die 4 Trapeze eingehängt werden können. 16 Matten, 4 Weichböden oder 4 Niedersprungmatten, 4 kleine Kästen, 4 große Sprungkästen, Kassettenrekorder.
Alle Übungen können auch an 2 Geräten durchgeführt werden, der Gerätebedarf reduziert sich dann entsprechend.
Musikvorschlag:
• Wiener Walzer: Donauwalzer, Kaiserwalzer

Vier Matten längs in Bewegungsrichtung unter das Trapez legen, Trapez bauchhoch einstellen, die Füße dürfen im Stütz **nicht** den Boden berühren.

1. Trapezstange schulterbreit im Ristgriff fassen, Anlauf nehmen und in den Stütz springen.
   Wichtig: Am tiefsten Punkt in den Stütz springen, Arme durchdrücken, nach vorn sehen, Zehenspitzen strecken (Körperspannung).
   Aus organisatorischen Gründen grundsätzlich einen Vorschwung, einen Rückschwung und beim 2. Vorschwung vorn abspringen lassen, damit die Wartezeiten nicht so lang sind. Nach dem Absprung wird das Trapez dem nächsten Schüler zugeschwungen.

2. Kleine Kästen längs in Bewegungsrichtung so weit vom Aufhängepunkt des Trapezes entfernt aufstellen, dass der Turner das Trapez in Bauchhöhe fassen kann. Beim Rückschwung evtl. die Beine leicht grätschen, um nicht an den Kasten zu stoßen.

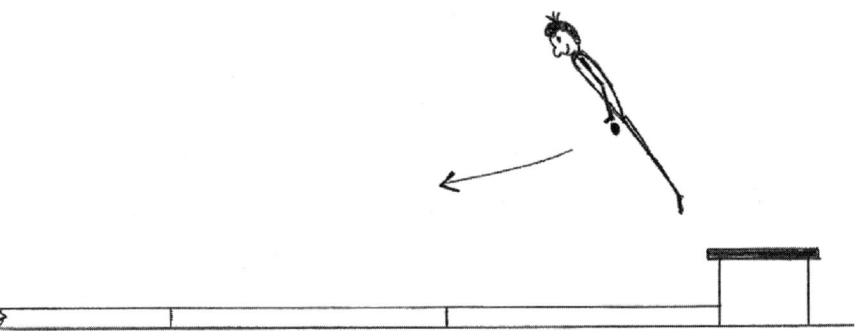

Vom kleinen Kasten in den Stütz springen. Organisation wie oben, der nächste Turner steht schon auf dem Kasten, um das Trapez annehmen zu können.
Wichtig: Nach dem Absprung vom Kasten die Trapezstange sofort an den Körper ziehen!

3. Vom kleinen Kasten in den Stütz springen und die Augen schließen.
4. Einmal das Trapezseil verdrehen, vom kleinen Kasten in den Stütz springen und beim Schwingen aufdrehen lassen. Auf Körperspannung achten, da es beim Aufdrehen des Trapezes einen „Ruck" gibt!
5. Wer kann und mag: Trapezseil mehrmals verdrehen.
6. Zwei Gruppen arbeiten zusammen: Nach Walzermusik synchron vom kleinen Kasten in den Stütz springen, vorschwingen, rückschwingen und zusammen wieder abspringen.

7. Vier Gruppen arbeiten zusammen: Nach Walzermusik synchron in den Stütz springen, vorschwingen, rückschwingen und alle vier zusammen wieder abspringen.

8. Die kleinen Kästen werden durch dreiteilige große längs gestellte Kästen (in Bewegungsrichtung) ersetzt. Auf dem Kasten stehend, wird das Trapez bei den Schülern nicht ganz brusthoch eingestellt. Kasten so weit zurücknehmen, dass man beim Rückschwung die Beine nur leicht grätschen muss, um nicht gegen den Kasten zu stoßen. Übungen wie oben.

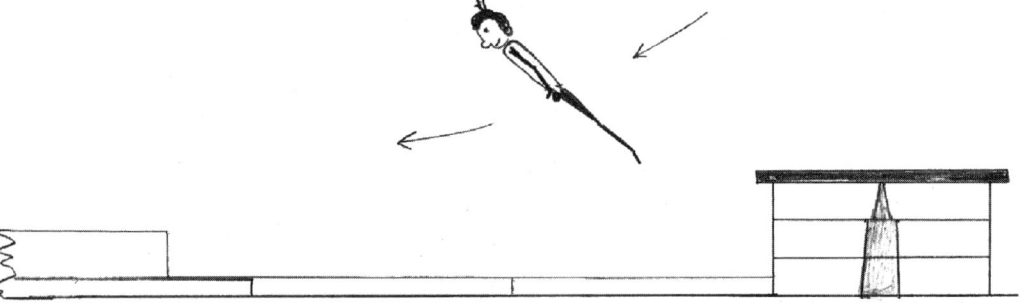

9. Kästen immer weiter nach hinten ziehen (differenzieren), so dass die Schüler immer stärker in den Stütz springen müssen.

10. Die Kästen werden auf 4 oder 5 Teile erhöht (differenzieren). Trapeze entsprechend höher stellen. Zum vorderen Abspringen einen Weichboden mit einer Matte darauf oder eine Niedersprungmatte legen. Übungen wie oben.

b Langhangschwingen

Gerätebedarf: 4 Trapeze, 4 Paar Ringe, 4 Kästen, 4 Weichböden oder Niedersprungmatten, 1 oder 2 Minitrampoline, 16 Matten

Das Trapez wird so hoch eingestellt, dass die Turner im Hang mit den Zehenspitzen nicht die Matten berühren. Der längs gestellte fünfteilige Kasten wird so weit entfernt, dass der Turner das Trapez gerade noch fassen kann, wenn er auf dem Kasten steht. Zum vorderen Absprung einen Weichboden mit einer Matte darauf oder eine Niedersprungmatte legen. Den Zwischenraum zwischen Kasten und Weichboden mit Matten oder einem zweiten Weichboden auslegen.

Alle Übungen können auch an 2 Geräten ausgeführt werden, der Gerätebedarf reduziert sich entsprechend.

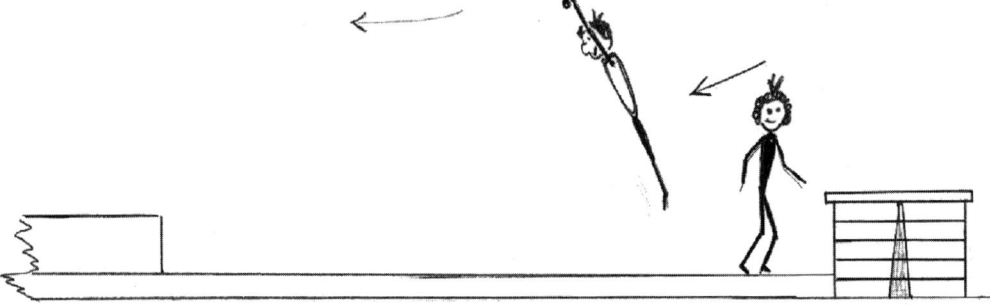

1. Im Langhang vor- und rückschwingen, evtl. die Beine leicht grätschen,
   um nicht an den Kasten zu stoßen, beim 2. Vorschwung abspringen.
   Um einen reibungslosen Ablauf zu gewährleisten, muss der nächste
   Turner bereits auf dem Kasten stehen, um das zurückschwingende
   Trapez gleich anzunehmen. Ansonsten kann man das Trapez mit 2
   Gymnastikstäben oder Hockeyschlägern oder aber auch mit 2 Sprung-
   seilen, die rechts und links am Trapez befestigt werden, wieder in
   Schwung setzen.
2. Der Kasten wird immer weiter vom Trapez entfernt (differenzieren),
   so dass der Schüler an das zurückschwingende Trapez springen muss.
   Achtung: Sicherheitsstellung am Kasten.

Wenn die Schüler diese Übung beherrschen, kann ein Kasten durch ein
Minitrampolin ersetzt werden (Differenzierung).

Das Trapez muss so hochgestellt werden, dass der Turner im Hang mit
den Zehenspitzen nicht die Matten berührt. Das Minitrampolin muss so
dicht an die Matten gestellt werden, dass der Turner aus dem Sprung das
Trapez erreichen kann.

Achtung: Das Minitrampolin darf aber nur benutzt werden, wenn die
Schüler mit diesem Gerät bereits vertraut sind und der Lehrer eine entsprechende Ausbildung für dieses Gerät besitzt. Eine Sicherheitsstellung
am Minitrampolin ist zu gewährleisten.

1. 3-mal im Minitrampolin federn und an das schwingende Trapez springen (Gewöhnungsübung), vorschwingen, rückschwingen und vorn wieder abspringen.
2. Nach dem Anlauf vom Minitrampolin ans schwingende Trapez springen.

Achtung: Loslaufen, wenn das Trapez im vorderen Umkehrpunkt – also am weitesten entfernt – ist.

3. Das Minitrampolin wird etwas vom Trapez entfernt, so dass die Flugphase nach dem Absprung länger wird.

Übungen am Minitrampolin

a Synchronturnen

Das Minitrampolin darf nur von dafür ausgebildeten Lehrern benutzt werden!

Alter: ab Klasse 5

Anzahl: Minimum 4, bei 4 Geräten 40 Schüler

Gerätebedarf: 4 Minitrampoline, 4 Niedersprungmatten oder 4 Weichböden mit 4 Mattenauflagen, 4 Matten

Musikvorschläge:

- Jive Bunny and the Mastermixers: Can Can You Party
- Jive Bunny and the Mastermixers: That's What I Like
- Lou Bega: Mambo No. 5, Baby Keep Smiling, I Got A Girl
- Can I Tigo Tigo You
- Q-Connection: Java (All Da Ladies Come Around)
- DJ Hoologan: Rave Nation

Hinweis: Alle Übungen können auch mit 2 Geräten durchgeführt werden. Voraussetzung ist, dass alle Schüler mit dem Springen am Minitrampolin vertraut sind! Die Geräte werden wie in der nachfolgenden Skizze aufgebaut. Aus Sicherheitsgründen muss auf den Weichboden eine Matte und hinter den Weichboden ebenfalls eine Matte gelegt werden. Bei der Niedersprungmatte sind keine zusätzlichen Matten nötig. Es muss darauf geachtet werden, dass alle Riegen einen gleich langen Laufweg haben, da die Aufgaben ab Übung 2 synchron geturnt werden sollen.

In den folgenden Abbildungen werden diese Symbole verwendet:

 Kleiner Kasten   Minitrampolin    Niedersprungmatte

Mit Musik:

1. Vier Riegen: Einspringen im Strom mit einem Strecksprung.

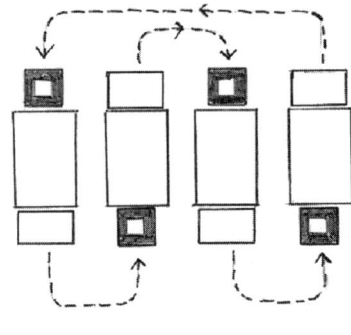

2. Zwei Riegen, die sich gegenüberstehen, turnen synchron im Strom.

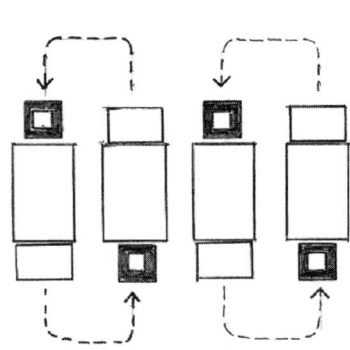

3. Die aufeinander zulaufen-den bzw. springenden Turner versuchen, gleich-zeitig ins Trampolin zu springen, gleichzeitig in der Luft zu sein und gleichzeitig zu landen. Dabei erhalten sie fol-gende Aufgaben, die nacheinander ausgeführt werden sollen: am höchsten Punkt des Sprunges gleichzeitig in die Hände klatschen, Hocksprung, Grätschsprung, Twistsprung (Hüfte in der Luft schnell hin- und herbewegen), Grätschristsprung (Beine gegrätscht im Win-kel von ca. 90° heben, Hände berühren die Zehenspitzen) usw. tur-nen.

4. Danach versuchen alle *4 Riegen,* die oben genannten Aufgaben syn-chron zu erfüllen.

Alle Minitrampoline stehen auf einer Seite

Vier Partner turnen syn-chron *nebeneinander:*
Strecksprung, Hocksprung, Twistsprung usw.

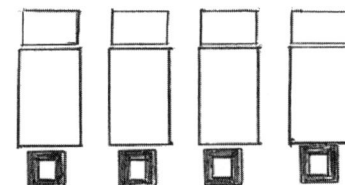

b Koordinationsübungen

Zusätzlicher Gerätebedarf: 8 Bälle (Hand-, Volley-, Gymnastik- oder Softbälle), 4 Markierungskegel oder Parteibänder zur Ablaufmarkierung
Die Minitrampoline werden wieder versetzt aufgebaut (s. S. 92 Abb. zu 2.). Die Ablaufpunkte werden mit Markierungskegel oder Parteibändern gekennzeichnet. Bei 4 Riegen werden 4 Bälle benötigt. Es wird *ohne* Musik geübt.

1. Ein Partner, der in Verlängerung der Niedersprungmatte steht, wirft dem entgegenkommenden Springer einen Ball zu, den dieser in der Luft fangen soll. Der Springer wird zum Werfer.

Die ersten und zweiten Schüler jeder Riege erhalten einen Ball. Sie stellen sich nach dem Sprung in der gegenüberstehenden Riege auf und geben ihren Ball an den nächsten Springer ohne Ball ab.

2. Die Schüler sollen *während* des Absprungs ihren eigenen Ball hochwerfen und während der Landung wieder fangen.
3. Die beiden entgegenkommenden Schüler sollen gleichzeitig ihren eigenen Ball während des Absprungs hochwerfen und während der Landung wieder fangen (synchron turnen).
4. Die beiden entgegenkommenden Schüler sollen gleichzeitig ihren eigenen Ball *vor* dem Absprung hochwerfen und, während sie noch in der Luft sind, fangen.
5. Ein Partner läuft und springt mit einem Ball, den er dem ihm entgegenkommenden Partner am höchsten Punkt seines Sprunges zuwirft. Der Partner soll den Ball in der Luft fangen. Wichtig ist, dass beide Schüler den gleichen Laufweg haben und zur gleichen Zeit abspringen.
   Achtung: Der Ball muss flach (Bauchnabelhöhe) geworfen werden!

6. Aufgabe wie bei Nr. 5, nur haben beide Partner einen Ball, den sie sich am höchsten Punkt des Springens zuwerfen.

Gerätebedarf: 4 Minitrampoline, 4 Weichböden mit Mattenauflage oder 4 Niedersprungmatten, 4 Matten, 4 große Kästen, 4 Markierungskegel, 24 Konservendosen, 12 Reifen oder Fahrradmäntel, 35 Schweifbälle oder abgespielte Tennisbälle (siehe Kapitel „Bastelecke" S. 208 ff.).
Die Minitrampoline stehen alle auf einer Seite.

Alle Übungen können auch mit 2 Geräten durchgeführt werden.
1. Die Schüler sollen im Sprung die Markierungskegel abwerfen, die in Laufrichtung auf einem Kasten stehen.

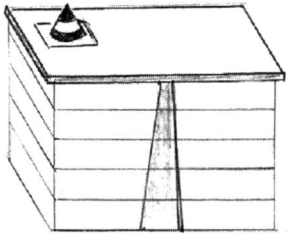

2. Im Sprung die Konservendosen, die auf den Kästen stehen, abwerfen.

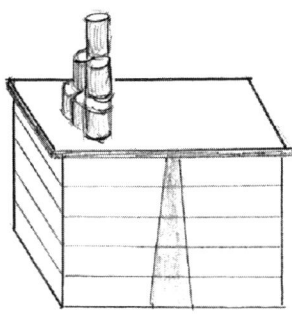

3. Die Kästen werden entfernt. Im Sprung einen von 3 Reifen (Fahrrad-mänteln) treffen, die hintereinander auf dem Boden liegen.
4. Im Sprung den vordersten der drei Reifen treffen. Wird er getroffen, wird er genommen und hinter den dritten Reifen gelegt. Beim nächsten Sprung muss wieder der vorderste Reifen getroffen werden. Wieder wird er nach einem Treffer hinten angelegt. Welche Gruppe hat zuerst mit ihren Reifen eine vorgegebene Markierung erreicht?

Geräteumbau: 1 kleiner Kasten, 4 Minitrampoline (s. Abb.), 2 Helfer
1. Mit 2 Helfern, die seitlich mitgehen, vom kleinen Kasten im Schluss-sprung von Gerät zu Gerät springen.

2. Bei zunehmender Sicherheit nur noch mit einem, dann ohne Helfer springen.

3. Um die Ecke springen.

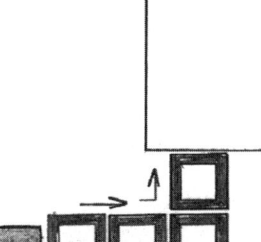

4. Ein Turner springt geradeaus, der nächste nach rechts, der nächste nach links, der nächste wieder geradeaus usw.

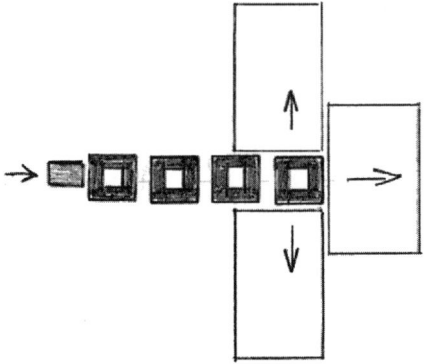

5. Ein Turner springt geradeaus, der nächste nach rechts, der nächste nach links, der nächste wieder geradeaus usw.

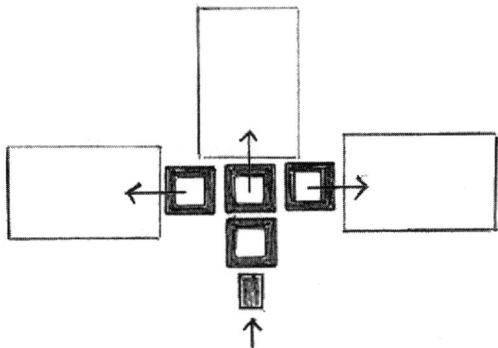

Geräteumbau: 2 kleine Kästen, 2 × 2 Minitrampoline nebeneinander, dahinter 2 Niedersprungmatten

1. Zwei Turner springen synchron nebeneinander vom kleinen Kasten im Schlusssprung von Trampolin zu Trampolin – Strecksprung.

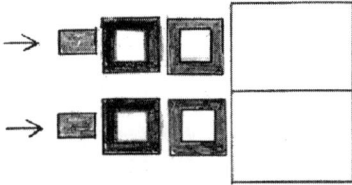

2. Zwei Turner springen vom kleinen Kasten diagonal nacheinander von Trampolin zu Trampolin.

   Achtung: Der von rechts kommende Turner hat Vorrecht.

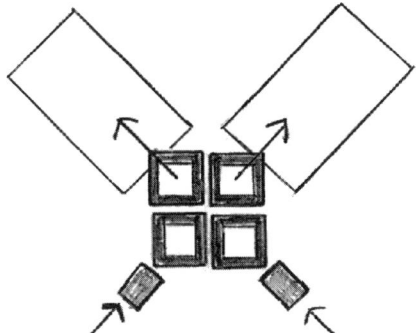

3. Auf jeder Seite der beiden Niedersprungmatten stehen zwei Trampoline und zwei kleine Kästen an der Breitseite der Matten nebeneinander.

   Alle vier Turner springen gleichzeitig von den kleinen Kästen im Schlusssprung in die Trampoline. Die Landung auf den Matten soll synchron erfolgen.

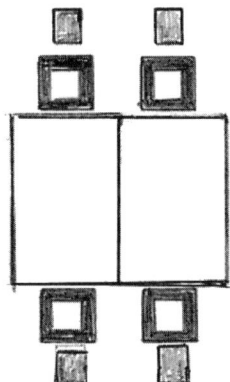

4. Die kleinen Kästen und die Minitrampoline stehen um die beiden Niedersprungmatten.

   Alle vier Turner springen von den kleinen Kästen synchron in die Trampoline und landen zur gleichen Zeit auf den Matten.

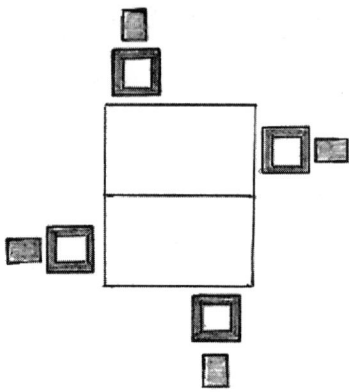

5. Die beiden Niedersprungmatten werden auseinander gezogen und die 4 Minitrampoline dazwischengestellt. Alle 4 Turner springen synchron von den kleinen Kästen in die Trampoline, springen um die Ecke und landen gemeinsam auf den Matten.

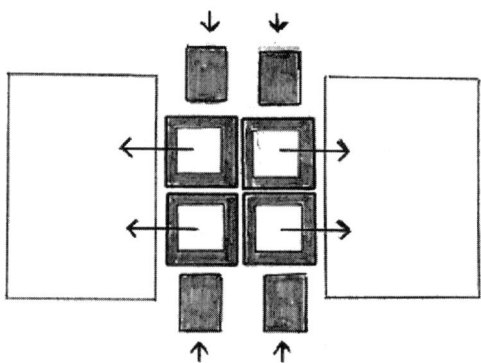

2 Motivierende Übungs-formen zum Laufen, Springen und Werfen

Laufen

a Schnelles Laufen

Leistungssportler können beim 100-m-Sprint auf den ersten 30 bis 45 Metern beschleunigen und ihre hohe Geschwindigkeit noch viele Meter beibehalten.

Jugendliche Schüler beschleunigen beim Sprint zwischen 15 und 20 Metern und können ihre maximale Geschwindigkeit nur wenige Meter aufrechterhalten. Bei Kindern ist die Beschleunigungsstrecke noch viel kürzer (teilweise beträgt sie zwischen 8 und 15 Metern). Rasch lässt anschließend bei den meisten Schülern die Geschwindigkeit im Sprint deutlich nach.

Wieder einmal gilt: „Weniger ist mehr." Dann wählen wir die Sprint-strecken beim Üben eher kurz: 20 bis 25 Meter bei Kindern, 30 bis 60 Meter bei Jugendlichen. Das sind angemessene wirkliche Sprintstrecken für Schüler.

Die beiden wesentlichen Grundlagen beim Sprint sind eine gute Koordination und Kraft. Insgesamt gesehen verbessern wir die Sprintleistungen unserer Schüler weniger durch viele Wiederholungen von Sprintläufen, sondern dadurch, dass wir regelmäßig das „Lauf-Abc" üben.

Noch ein paar Gedanken zum Start. Natürlich gehört der Tiefstart zum Sprint. Aber nahezu alle Schüler können auf Grund ihrer körperlichen Voraussetzungen die Vorteile dieser Starttechnik nicht nutzen (vereinfacht gesagt: Die Schüler stehen aus der Hockstellung zunächst auf und laufen dann los). Scheitern die Schüler beim Sprint knapp an gegebenen Leistungsanforderungen (z. B.: beim Sportabzeichen), sollten sie aus dem Hochstart heraus laufen. Bei Kindern und Jugendlichen im schulischen

Leistungsbereich ist der Hochstart im Vergleich dem Tiefstart überlegen und die geeignetere Starttechnik.

Bei der Durchführung der nachfolgenden bewährten Übungsformen ist das deutliche Markieren des Übungsgeländes wichtig (vor allem beim Üben im freien Gelände). Abgrenzungen, Wendemarken, Lauf- bzw. Startzonen und Wartebereiche etc. müssen für alle Beteiligten leicht erkennbar sein. Bewährt haben sich hier Malstangen, Markierungskegel und besonders Markierungshalbkugeln. Sie sind bunt, leicht, Platz sparend und preiswert. Die nahezu kostenlose Variante sind in der Mitte durchgeschnittene und mit Leuchtfarbe angesprühte Tennisbälle. Anleitungen zum Bauen finden Sie im Kapitel „Bastelecke" S. 208 ff.

Alle beschriebenen Übungsformen haben sich beim Einsatz ab Klasse 5 bewährt.

Wichtig: Eine gezielte Erwärmung und Vorbereitung auf diese Übungsformen ist gerade bei älteren Schülern unerlässlich.

„Kurzsprint"

Alter: ab Klasse 5
Anzahl: ganze Klasse
Gerätebedarf: 1 Stoppuhr, Markierungsmaterial
Streckenlänge: 5./6. Klasse ca. 40 m
                                7./8. Klasse ca. 50–75 m
                                9./10. Klasse ca. 50–100 m

Die Schüler sprinten mit angemessenen Erholungspausen mehrfach die markierte Kurzstrecke. Der Lauf erfolgt aus dem Hoch- bzw. Tiefstart. Die Schüler versuchen dabei ihre bereits erreichte Bestleistung zu optimieren.

Bei den Übungswiederholungen suchen sich die Schüler andere Laufpartner, z. B. gleich schnelle oder etwas schnellere Klassenkameraden.

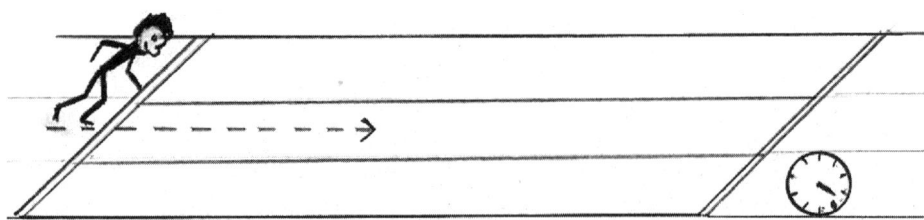

„Risiko-Kurzsprint"

Alter: ab Klasse 4

Anzahl: ganze Klasse

Gerätebedarf: 1 Stoppuhr, 20 Markierungshalbkugeln (siehe Kapitel „Bastelecke" S. 208 ff.)

Streckenlänge: 5./6. Klasse ca. 20 m

7./8. Klasse ca. 25–30 m

9./10. Klasse ca. 30–35 m

Vor der Startlinie werden pro Laufbahn zwischen 3 und 5 Startzonen markiert (eine Startzone ist ca. 1 Meter lang, bei kleinen bzw. sehr leistungsstarken Schülern eher kürzer).

Den Schülern wird eine Sprintzeit vorgegeben, die unterboten werden muss. Die Schüler suchen sich eine Startzone aus, von der sie annehmen, das gesetzte Ziel erreichen zu können. Bei den Übungswiederholungen suchen sich die Schüler andere Laufpartner, z.B. gleich schnelle oder etwas schnellere Klassenkameraden.

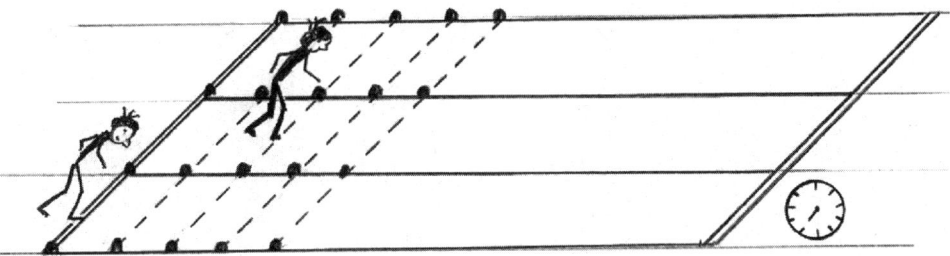

„Umkehr-Sprint"

Alter: ab Klasse 4

Anzahl: ganze Klasse

Gerätebedarf: 1 Stoppuhr, 4 Markierungskegel

Streckenlänge: 4./5./6. Klasse ca. 20 m

7./8. Klasse ca. 25–30 m

9./10. Klasse ca. 30–35 m.

Die Schüler sprinten mit angemessenen Erholungspausen mehrfach die markierte Kurzstrecke. Der Lauf erfolgt aus dem Hoch- bzw. Tiefstart. Die Startlinie ist gleichzeitig die Ziellinie, die Schüler bestimmen selbst, nach welcher Seite die Wendemarke umlaufen wird (wobei der Zeitverlust beim

Wenden über die „ungeübtere" Seite für viele Schüler eine eindrucksvolle Erfahrung ist). Die Schüler versuchen dabei ihre erreichte Bestleistung zu optimieren. Die Breite der Laufbahnen muss ein Wenden aus dem Sprint ermöglichen (Laufbahnen mit der Breite von 1,5 bis 2 Meter markieren). Bei den Übungswiederholungen suchen sich die Schüler andere Laufpartner, z. B. gleich schnelle oder etwas schnellere Klassenkameraden.

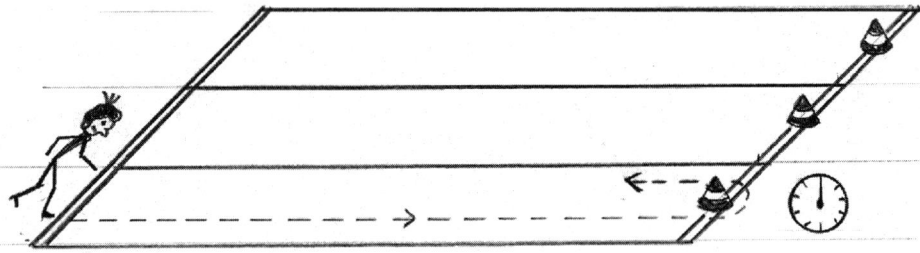

„Risiko-Umkehr-Sprint"

Alter: ab Klasse 5
Anzahl: ganze Klasse
Gerätebedarf: 1 Stoppuhr, 4 Markierungskegel, 20 Markierungshalbkugeln
Streckenlänge: 5./6. Klasse ca. 20 m
                    7./8. Klasse ca. 25–30 m
                    9./10. Klasse ca. 30–35 m

Siehe und vgl. Übung 2. Der Start erfolgt aus der selbst gewählten Startzone, Ziellinie ist die Startlinie hinter den Startzonen. Die Schüler bestimmen selbst, nach welcher Seite die Wendemarke umlaufen wird. Die Schüler versuchen dabei ihre bereits erreichte Bestleistung zu optimieren. Die Breite der Laufbahnen muss ein Wenden aus dem Sprint ermöglichen (Laufbahnen mit der Breite von 1,5 bis 2 Meter markieren).

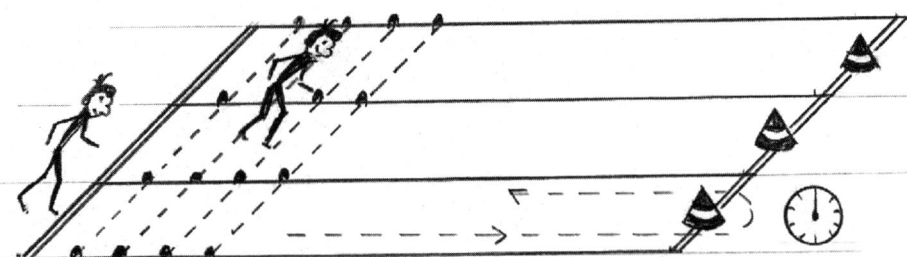

„Handikap-Kurzsprint"

Alter: ab Klasse 5
Anzahl: ganze Klasse
Gerätebedarf: 1 Stoppuhr, 12 Markierungskegel, Markierungsmaterial
Streckenlänge: 5./6. Klasse ca. 20 m

                  7./8. Klasse ca. 25–30 m

                  9./10. Klasse ca. 30–35 m

Die Schüler erhalten für ihre Sprintstrecke eine Zeitvorgabe, die sie unterbieten müssen, dabei soll die individuell gewählte Sprintstrecke so lang wie möglich sein. Die Startlinie ist gleichzeitig die Ziellinie. Die Schüler entscheiden selbstständig, bei welcher Markierung und nach welcher Seite sie umkehren.

Die Breite der Laufbahnen muss ein Wenden aus dem Sprint ermöglichen (Laufbahnen mit der Breite von 1,5 bis 2 Meter markieren).

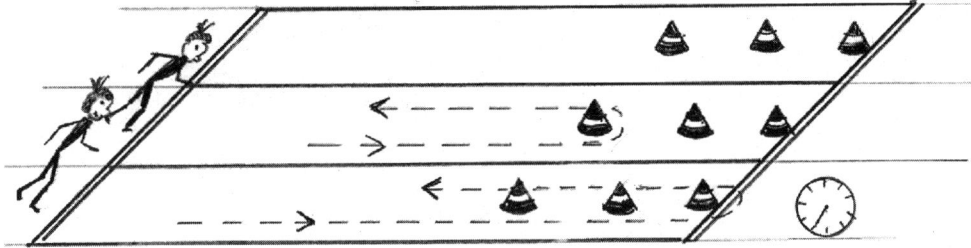

„Handikap-Sprint"

Alter: ab Klasse 5
Anzahl: ganze Klasse
Gerätebedarf: 1 Stoppuhr, 16 Markierungskegel
Streckenlänge: 5./6. Klasse ca. 20 m

                  7./8. Klasse ca. 25–30 m

                  9./10. Klasse ca. 30–35 m

Die Schüler erhalten für ihre Sprintstrecke eine Zeitvorgabe, die sie unterbieten müssen. Dabei soll die individuell gewählte Sprintstrecke so lang wie möglich sein. Die Schüler entscheiden durch die Auswahl der beiden Wendemarken selbstständig ihre Streckenlänge. bei welcher Markierung und nach welcher Seite sie umkehren.

Die Breite der Laufbahnen muss ein Wenden aus dem Sprint ermöglichen (Laufbahnen mit der Breite von 1,5 bis 2 Meter markieren).

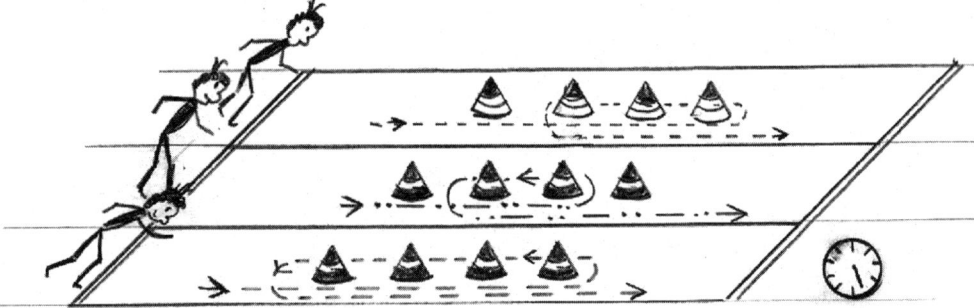

„Slalom-Sprint"

Alter: ab Klasse 4
Anzahl: ganze Klasse
Gerätebedarf: 1 Stoppuhr, 20 Markierungskegel
Streckenlänge: 4. Klasse ca. 20 m
                         5./6. Klasse ca. 20–25 m
                         7./8. Klasse ca. 25–30 m
                         9./10. Klasse ca. 30–40 m

Die Schüler sprinten mit angemessenen Erholungspausen mehrfach die markierte Slalomstrecke. Der Lauf erfolgt aus dem Hoch- bzw. Tiefstart. Die Schüler versuchen dabei ihre erreichte Bestleistung zu optimieren. Bei den Übungswiederholungen suchen sich die Schüler andere Laufpartner, z. B. gleich schnelle oder etwas schnellere Klassenkameraden. Die Breite der Laufbahnen muss eine sinnvolle Richtungsänderung im Sprint ermöglichen (Laufbahnen mit der Breite von 1,5 bis 2 Meter markieren).

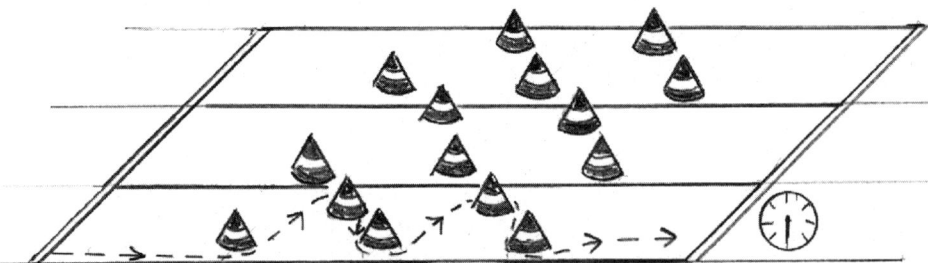

„Umkehrslalom-Sprint"

Alter: ab Klasse 5
Anzahl: ganze Klasse
Gerätebedarf: 1 Stoppuhr, 24 Markierungskegel oder Markierungshalb-kugeln (siehe Kapitel „Bastelecke" S. 208 ff.)
Streckenlänge: 5./6. Klasse ca. 25 m
                    7./8. Klasse ca. 25–30 m
                    9./10. Klasse ca. 30–40 m

Die Schüler sprinten mit angemessenen Erholungspausen mehrfach die markierte Kurzstrecke. Der Lauf erfolgt aus dem Hoch- bzw. Tiefstart. Die Startlinie ist gleichzeitig die Ziellinie, die Schüler bestimmen selbst, nach welcher Seite die Wendemarke umlaufen wird. Die Schüler versuchen dabei ihre bereits erreichte Bestleistung zu optimieren.
Die Breite der Laufbahnen muss eine sinnvolle Richtungsänderung im Sprint ermöglichen (Laufbahnen mit der Breite von 1,5 bis 2 Meter markieren).

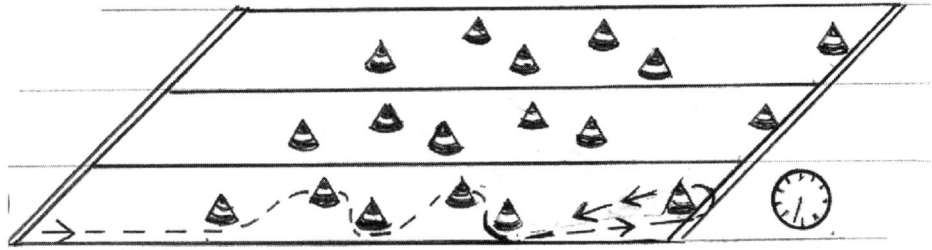

„Stern-Sprint"

Alter: ab Klasse 5
Anzahl: ganze Klasse
Gerätebedarf: 6 Markierungskegel
Streckenlänge: 5./6. Klasse ca. 15–20 m
                    7./8. Klasse ca. 20–30 m
                    9./10. Klasse ca. 30–35 m

Mit 6 Markierungskegeln wird ein Stern markiert (die Entfernungen zu den diagonal aufgestellten Markierungskegeln beträgt je nach Alter zwischen 15 und 35 Meter (vgl. Abbildung S. 106).

Die Schüler werden in 6 Gruppen eingeteilt und stellen sich außerhalb des Übungsplatzes an einem Markierungskegel auf. Ein zuvor bestimmter Schüler sprintet aus dem Hochstart von seinem Markierungskegel aus zum Kegel einer anderen Gruppe. Es dürfen alle Gruppen angelaufen werden, nur nicht die Gruppen unmittelbar zur linken und zur rechten Seite der eigenen Gruppe. Erreicht der Sprinter sein Ziel, sprintet ein Schüler von dort nach derselben Regel zu einer neuen Gruppe.

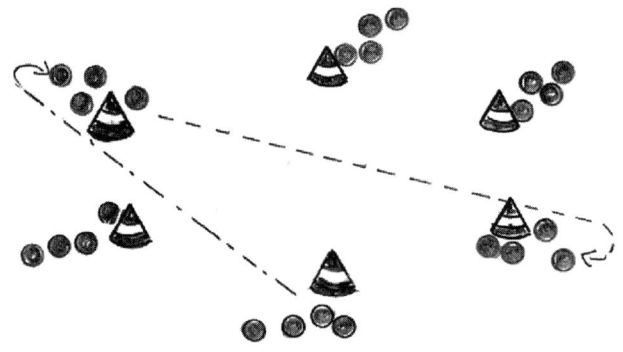

„4-Ecken-Sprint"

Alter: ab Klasse 5
Anzahl: ganze Klasse
Gerätebedarf: 12 Markierungskegel
Streckenlänge: 5./6. Klasse ca. 15–20 m
7./8. Klasse ca. 20–25 m
9./10. Klasse ca. 25–30 m

Mit Markierungskegeln wird ein Quadrat markiert (Seitenlänge zwischen 15 und 30 Meter). Über die Eckpunkte hinaus werden die Seitenlinien mit 8 weiteren Markierungskegeln um ca. 1,5 Meter verlängert. So entstehen die Start- und Ziellinien (vgl. Abbildung S. 107 oben).
Die Schüler werden in 4 Riegen eingeteilt und stellen sich außerhalb des Übungsplatzes an einem Eckpunkt auf. Die ersten Schüler jeder Riege sprinten von ihrer Startlinie aus dem Hochstart die markierte Kurzstrecke und stellen sich nach dem Durchlaufen des Zielbereiches bei der soeben erreichten Riege hinten wieder an. Das Überlaufen der Ziellinie ist gleichzeitig das Startzeichen für den nächsten Läufer an dieser Eckposition.

Wichtig: Bei kleinen Klassen (ca. 20 Schüler) oder leistungsschwächeren Läufern empfiehlt sich wegen der dann geringeren Pausenanzahl die Organisation eines „3-Ecken-Sprints".

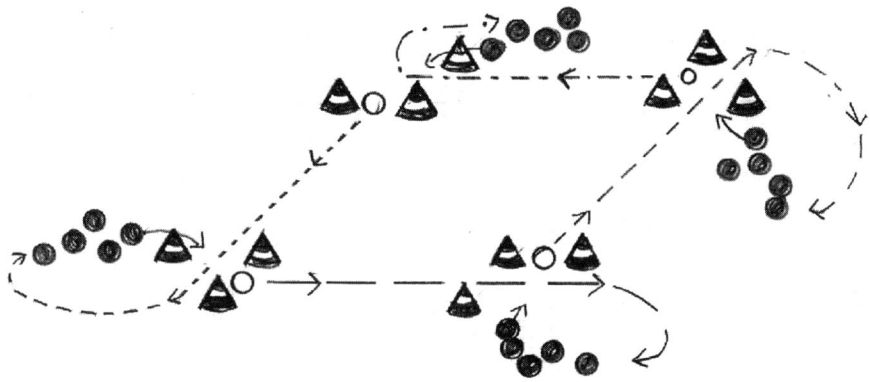

„Seil-Haschen"

Alter: ab Klasse 5
Anzahl: ganze Klasse
Gerätebedarf: 1 Springseil für zwei Schüler
Streckenlänge: Sprintstrecke nach Vereinbarung

Zwei Schüler fassen jeweils ein Ende eines Springseils und laufen (traben) hintereinander. Der vordere Schüler lässt das Seil fallen und sprintet geradeaus los.
Das Fallenlassen des Seiles ist für den Hintermann das Startzeichen, ebenfalls das Seil fallen zu lassen und den Vordermann im Sprint bis zu einem vorgegebenen Punkt zu verfolgen. Gute Sprinter können den Vordermann einholen und ihn abschlagen.

„Sprint-Haschen" (I)

Alter: ab Klasse 5
Anzahl: ganze Klasse
Gerätebedarf: Markierungsmaterial
Streckenlänge: 5./6. Klasse ca. 15 m
                       7./8. Klasse ca. 20 m
                       9./10. Klasse ca. 25–30 m

Es wird ein Spielfeld mit einer Mittellinie markiert. Die Entfernung zwischen der Mittel- und einer Außenlinie beträgt je nach Alter zwischen 15 und 30 Meter. Die Schüler werden in zwei Gruppen („A" und „B", bzw. „Schwarz" und „Weiß") eingeteilt. Schüler der einen Gruppe sollen die Schüler der anderen Gruppe im Sprint erhaschen bzw. im Sprint den Häschern entkommen.
Die Schülergruppen laufen (traben) in zwei Reihen (Reihe „A" und Reihe „B") entlang der Mittellinie. Auf ein Zeichen (z. B.: „A") versuchen die Schüler der genannten Gruppe A die Schüler der Gruppe B im Sprint zu erhaschen. Hinter den Außenlinien dürfen keine Schüler mehr abgeschlagen werden.

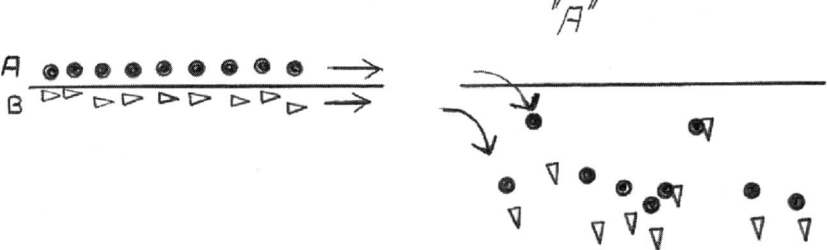

„Sprint-Haschen" (II)

Alter: ab Klasse 5
Anzahl: ganze Klasse
Gerätebedarf: Markierungsmaterial
Streckenlänge: 5./6. Klasse ca. 15 m
                       7./8. Klasse ca. 20 m
                       9./10. Klasse ca. 25–30 m

Die Schülergruppen laufen (traben) in zwei Reihen (Reihe „A" und Reihe „B") entlang der Mittellinie aufeinander zu. Auf ein Zeichen (z. B.: „B") versuchen die Schüler der genannten Gruppe B die Schüler der Gruppe A im Sprint zu erhaschen. Hinter den Außenlinien dürfen keine Schüler mehr abgeschlagen werden.

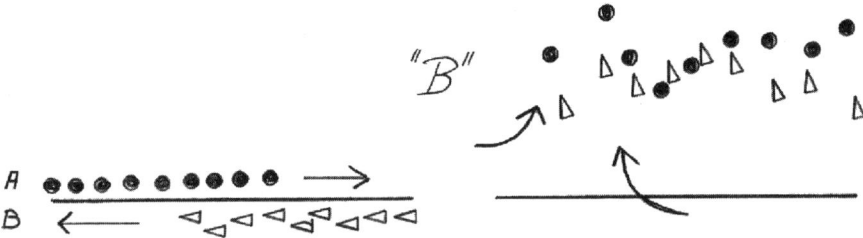

„Sprint-Haschen" (III)

Alter: ab Klasse 5
Anzahl: ganze Klasse
Gerätebedarf: 12 Markierungskegel

Mit jeweils 4 Markierungskegeln werden zwei Quadrate markiert, das kleinere Quadrat liegt im größeren. Die Seitenlinien der Quadrate sind ca. 2 Meter voneinander entfernt. Außerhalb des großen Quadrats werden 4 Freimale eingerichtet.
Die Schüler werden in zwei Gruppen eingeteilt. Schüler der „Innengruppe" sollen die Schüler der „Außengruppe" im Sprint erhaschen bzw. im Sprint den Häschern entkommen.
Die Schüler der „Innengruppe" laufen (traben) im Uhrzeigersinn um das innere Viereck. Die Schüler der „Außengruppe" laufen entgegen dem Uhr-

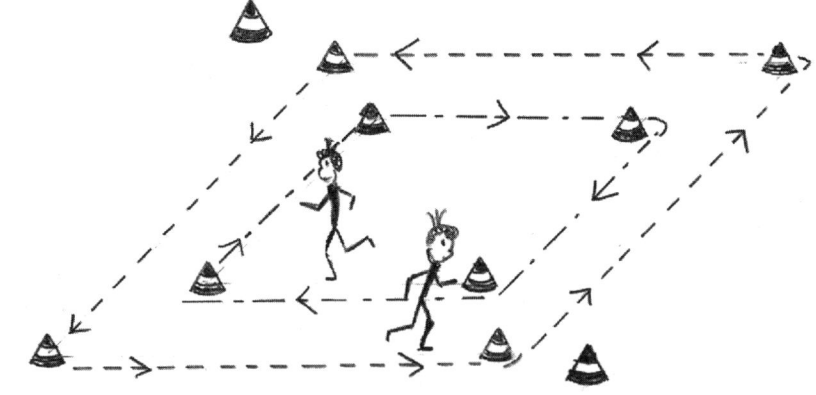

zeigersinn um das große Quadrat. Auf ein Zeichen versuchen die Schüler der „Innengruppe" die Schüler der „Außengruppe" im Sprint zu erhaschen. An und hinter den Freimalen dürfen keine Schüler mehr abgeschlagen werden.

Variation: Beide Gruppen laufen in derselben Bewegungsrichtung.

„Sprint-Haschen" (IV)
Alter: ab Klasse 5
Anzahl: ganze Klasse
Gerätebedarf: ca. 20 Markierungskegel oder -halbkugeln (siehe Kapitel „Bastelecke" S. 208 ff.)

Siehe und vgl. vorhergehende Übung. Mit Markierungskegeln werden zwei Kreise markiert, der kleinere Kreis liegt im größeren. Die Linien der Kreise sind ca. 2 Meter voneinander entfernt. Außerhalb des großen Kreises werden 4 Freimale eingerichtet.

Die Schüler werden in zwei Gruppen eingeteilt. Schüler der „Innengruppe" sollen die Schüler der „Außengruppe" im Sprint erhaschen bzw. im Sprint den Häschern entkommen.

Die Schüler der „Innengruppe" laufen (traben) im Uhrzeigersinn um den inneren Kreis. Die Schüler der „Außengruppe" laufen entgegen dem Uhrzeigersinn um den äußeren Kreis. Auf ein Zeichen versuchen die Schüler der „Innengruppe" die Schüler der „Außengruppe" im Sprint zu erhaschen. An und hinter den Freimalen dürfen keine Schüler mehr abgeschlagen werden.

Variation: Beide Gruppen laufen in derselben Bewegungsrichtung.

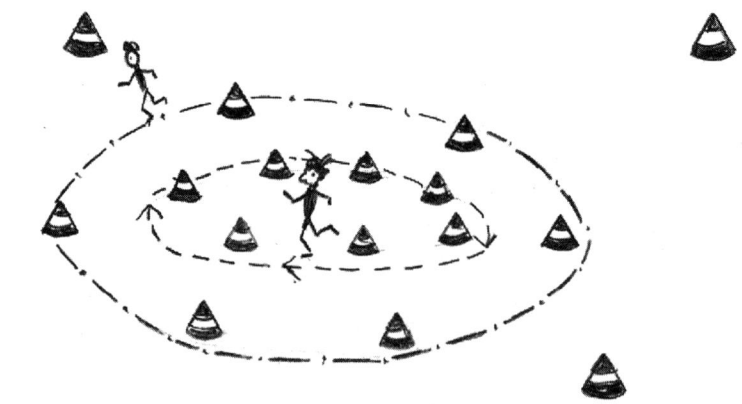

„Pendelstaffel"

Alter: ab Klasse 5
Anzahl: ganze Klasse
Gerätebedarf: 8 Malstangen, 4 Staffelstäbe oder Moosgummiringe
Streckenlänge: 5./6. Klasse ca. 50 m
                     7./8. Klasse ca. 75 m
                     9./10. Klasse ca. 75 m

Die Schüler werden (in der Regel) in vier Mannschaften eingeteilt. Die Strecke der Pendelstaffel wird für jede Mannschaft mit zwei Malstangen markiert.

Die Mitglieder einer Mannschaft stellen sich (nach Möglichkeit) zahlenmäßig gleich verteilt hinter den beiden Malstangen gegenüber auf. Bei ungleicher Schülerzahl muss ein Schüler der kleineren Teilgruppe doppelt laufen. Start und Ziel liegen auf derselben Seite. Gewonnen hat die Mannschaft, deren Teilnehmer zuerst die geforderte Sprintstrecke zurückgelegt haben.

Für die Staffel gilt grundsätzlich: die Schüler mit dem Staffelstab/Moosgummiring laufen in ihrer Bewegungsrichtung immer links an der Malstange und wartenden Mannschaft vorbei. Der den Stab/Moosgummiring übernehmende Schüler steht immer links, seitlich neben der Malstange. Er greift mit der rechten Hand (in Bewegungsrichtung) von hinten um die Malstange herum, um den vom entgegenkommenden Läufer auch mit der rechten Hand gereichten Staffelstab/Moosgummiring entgegenzunehmen.

Variation: Vermeintlich „bessere" Mannschaften können sich in einer „Handikap – Pendelstaffel" mit den anderen Mannschaften messen, indem der Laufweg dieser Mannschaft verlängert wird. Die Mannschaft sollte die Streckenverlängerung aber selbst bestimmen.

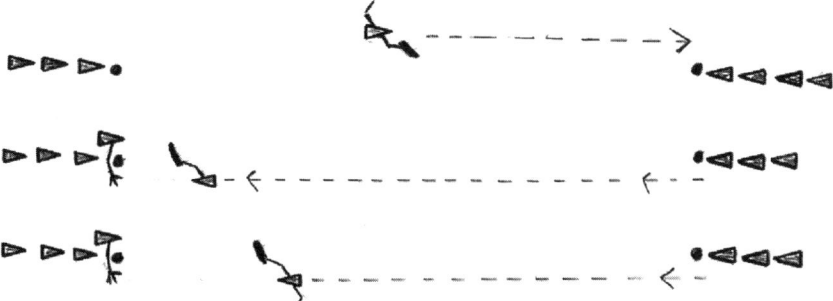

„Umkehrstaffel"

Alter: ab Klasse 5
Anzahl: ganze Klasse
Gerätebedarf: 8 Malstangen, 4 Staffelstäbe oder Moosgummiringe
Streckenlänge: 5./6. Klasse ca. 20 m
                7./8. Klasse ca. 30 m
                9./10. Klasse ca. 40 m

Die Schüler werden (in der Regel) in 4 Mannschaften eingeteilt. Die Strecke der Umkehrstaffel wird für jede Mannschaft mit 2 Malstangen markiert. Die Mitglieder einer Mannschaft stellen sich hinter einer Malstange auf. Start und Ziel liegen auf derselben Seite.
Bei ungleicher Mannschaftsstärke muss ein Schüler der kleineren Mannschaft doppelt laufen. Jeder Schüler bestimmt selbst, nach welcher Seite er die Wendemarke umläuft. Gewonnen hat die Mannschaft, deren Teilnehmer zuerst die geforderte Sprintstrecke zurückgelegt hat.
Für die Staffel gilt grundsätzlich: Die Schüler mit dem Staffelstab/Moosgummiring laufen in ihrer Bewegungsrichtung immer links an der Malstange und der wartenden Mannschaft vorbei. Der den Stab/Moosgummiring übernehmende Schüler steht immer links, seitlich neben der Malstange. Er greift mit der rechten Hand (in Bewegungsrichtung) von hinten um die Malstange herum, um den vom entgegenkommenden Läufer ebenfalls mit der rechten Hand gereichten Staffelstab/Moosgummiring entgegenzunehmen.

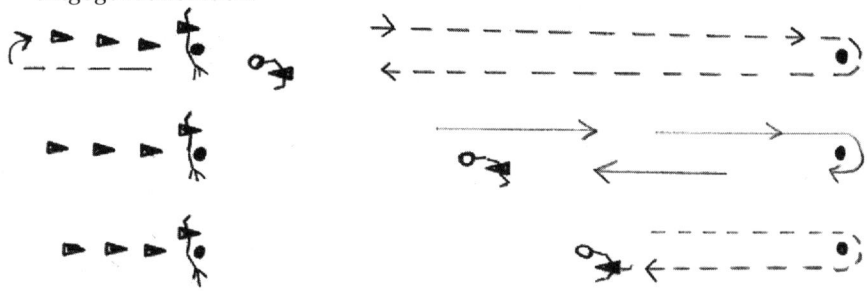

„Handikap-Umkehrstaffel"

Alter: ab Klasse 5
Anzahl: ganze Klasse
Gerätebedarf: 8 Malstangen, 4 Staffelstäbe oder Moosgummiringe

Siehe und vgl. vorhergehende Übung. Die Schüler bestimmen ihre Wettkampfgruppen selbst und fordern die anderen Mannschaften durch Festlegung einer längeren Sprintstrecke („Handikap") heraus.

Gewonnen hat die Mannschaft, deren Teilnehmer zuerst die geforderte Sprintstrecke zurückgelegt hat. Kommen zwei Mannschaften gleichzeitig ins Ziel, siegt die Mannschaft mit der längeren Laufstrecke.

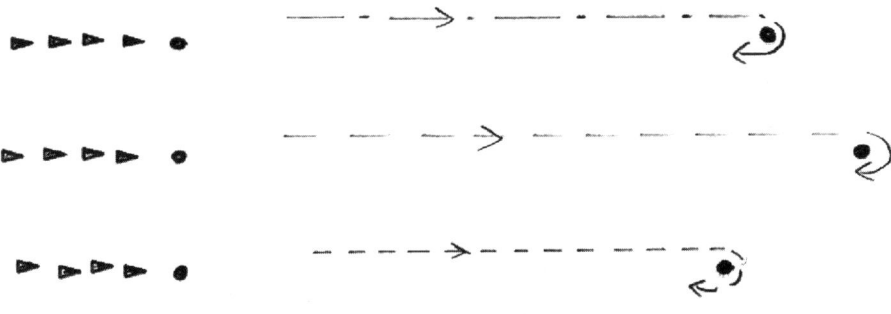

„Rundenstaffel"

Alter: ab Klasse 5
Anzahl: ganze Klasse
Gerätebedarf: Markierungsmaterial
Streckenlänge: 5./6. Klasse ca. 40 m
              7./8. Klasse ca. 60 m
              9./10. Klasse ca. 80 m

Die Schüler werden (in der Regel) in 4 Mannschaften eingeteilt. Die Strecke der Rundenstaffel wird mit Markierungskegeln markiert. Die Wechselzonen werden gleichmäßig auf die Laufstrecke verteilt und mit Malstangen/Markierungskegeln ausgewiesen.

Die Mitglieder der Mannschaften stellen sich (je nach Platz innerhalb bzw.) außerhalb der Laufstrecke an ihrer Wechselzone auf. Die Startlinie ist

gleichzeitig später die Ziellinie. Übergeben wird ein Staffelstab bzw. Moosgummiring. Bei ungleicher Mannschaftsstärke muss ein Schüler der kleineren Mannschaft doppelt laufen.

Gewonnen hat die Mannschaft, deren Teilnehmer zuerst die geforderte Strecke zurückgelegt hat.

„Puzzle-Staffel"

Alter: ab Klasse 5
Anzahl: ganze Klasse
Gerätebedarf: 4 Puzzle-Spiele, 4 Eimer für die Puzzleteile, Markierungsmaterial (siehe Kapitel „Bastelecke" S. 208 ff.)
Streckenlänge: 5./6. Klasse ca. 20 m (hin und zurück – Gesamtlänge)
                         7./8. Klasse ca. 20–25 m
                         9./10. Klasse ca. 25–30 m.

Siehe und vgl. „Umkehrstaffel" S. 112.

Die Schüler werden (in der Regel) in 4 Mannschaften eingeteilt. Die Strecke der Puzzle-Staffel wird für jede Mannschaft mit 2 Markierungskegeln markiert. Auf der einen Seite wird neben den Markierungskegel das Spielbrett gelegt, auf der anderen Seite ein Eimer mit den einzelnen Puzzleteilen gestellt. Die Mannschaften befinden sich hinter ihrem Spielbrett (gleichzeitig Start und Ziel). Pro Lauf darf nur ein Puzzleteil dem Eimer entnommen werden. Gewonnen hat die Mannschaft, die zuerst ihr Puzzle vollständig zusammengefügt hat.

Variation: Die Puzzleteile von zwei (oder allen) Mannschaften werden in einen Eimer gelegt. Nicht passende Teile müssen dann wieder zurückgebracht werden.

Anmerkung: Diese bewährte und spaßorientierte Spielform hängt stark von der Qualität des Spielmaterials ab. Ein Bild aus nur wenigen und dazu noch in regelmäßige Vierecke zerlegten Puzzleteilen zusammenzusetzen ist selbst für unsere jüngsten Schüler keine Herausforderung.

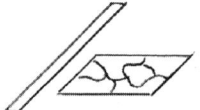 

b Laufen über Hindernisse

Alter: ab Klasse 6

Anzahl: ganze Klasse

Gerätebedarf: Markierungsmaterial zum Kennzeichnen der Start- und Ziellinie, 12–16 Bananenkartons, 1 Stoppuhr, 1 langes Maßband, „Hürdentabelle" (siehe S. 116)

Das Laufen über die Hürden bzw. über Hindernisse fordert nahezu jeden Schüler individuell heraus und ist schon vom Inhalt her motivierend.

Häufig zu hörende Einwände beziehen sich auf den Geräteaufwand (-bedarf) bzw. auf die Unterrichtsgestaltung, um die Schüler mit wenigen Schritten zu einem raschen Erfolgserlebnis zu führen.

Beim Hürdenlaufen in der Schule ist zunächst weniger die Frage entscheidend, welche Leistungen die Schüler in dieser anspruchsvollen Disziplin erreichen, als vielmehr die Umkehrfrage: „Was leistet das Hindernislaufen für meine Schüler"?

Das Übersprinten (Überlaufen) von geeigneten Hindernissen ist für die Verbesserung der Koordination besonders wertvoll (rhythmisches Laufen, Oberkörpersteuerung, schnelles und ziehend-greifendes Aufsetzen der Füße etc.).

Es ist nur eingeschränkt sinnvoll, die Schüler an die normierten Wettkampfbedingungen „anzupassen" (diese Anforderungen stellen für viele Kinder eine Überforderung dar). Dagegen ermöglicht die Einrichtung von Übungsmöglichkeiten entsprechend den Schülervoraussetzungen positive Bewegungserlebnisse und somit einen freudevollen Einstieg in eine anspruchsvolle leichtathletische Disziplin.

Die Schüler sind unterschiedlich lang. Ihre Schrittlängen weichen erheblich voneinander ab. Orientiert man sich an erfolgreichen Hürdenläufern, sollen die Schüler beim Hürdensprint mit 8 Schritten bis zur ersten Hürde gelangen. Dabei ist es für sie häufig ungewohnt, dass der erste Fußaufsatz hinter der Startlinie mit dem Fuß erfolgt, der später zuerst über die Hürden schwingt. Anschließend werden die Hürden rhythmisch überlaufen. Für die Schüler ist es relativ einfach, zwischen den Hürden den Drei-

1 2 3 4 5 6 7 8   1 2 3   1 2 3   1

schrittrhythmus umzusetzen, wobei das Aufsetzen des Schwungbeinfußes hinter der Hürde nicht gezählt wird.

Die Hürden sollten so niedrig sein, dass sie nicht übersprungen, sondern nach Möglichkeit überlaufen (übersprintet) werden können. Der Bananenkarton (siehe Kapitel „Alternative Arbeitsmaterialien" S. 219 f.) beweist hier einmal mehr seine Bedeutung für den Sportunterricht. Mit seiner Hilfe lassen sich drei verschiedene Hindernishöhen gestalten. Beim Üben des Laufrhythmus' und Halten einer möglichst hohen Geschwindigkeit sind niedrige Hürden gut geeignet. Entsprechend dem Alter und den Leistungsvoraussetzungen der Schüler können mit Hilfe eines langen Bandmaßes und unter Verwendung der Tabelle die unterschiedlichen Hindernisbahnen eingerichtet werden. In der Abbildung haben sie Start- und Ziellinie gemeinsam.

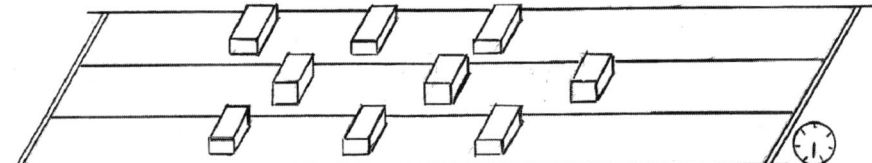

Folgende Maße und Abstände haben sich in der Schulpraxis bewährt und sind ggf. nur um wenige Zentimeter zu variieren.

Anlauf bis zur	Abstand zwischen den Hürden *(alle Angaben in Meter)*			
1. Hürde	1. Hürde	2. Hürde	3. Hürde	4. Hürde
7,70	5,00	7,70	12,70	17,70	22,70
8,00	5,50	8,00	13,50	19,00	24,50
8,80	5,70	8,80	14,50	20,20	25,90
9,10	6,00	9,10	15,10	21,10	27,10
9,50	6,20	9,50	15,70	21,90	28,10
10,30	6,70	10,30	17,00	23,30	29,60
10,70	7,00	10,70	17,70	24,70	31,70
11,50	7,50	11,50	19.00	26.50	34,00
12,00	8,00	12,00	20,00	28,00	36,00
12,60	8,20	12,60	21,20	29,40	37,60
13,50	8,60	13,50	22,10	30,70	39,30

Die Schüler messen sich bevorzugt im Hürdensprint über drei Hindernisse (vgl. Bild oben).

c Ausdauerlauf

Sehr häufig wird ausdauerndes Laufen von vielen Schülern als „absolut und total ätzend" empfunden. Trotz negativer Schülergefühle hat das Ausdauerlaufen aber für den Schulsport eine zentrale Bedeutung. Neben dem Gesundheitswert ist es auch für jeden Schüler ein schönes Gefühl, z. B. zwei Halbzeiten eines Basketballspiels durchspielen zu können.

Aber ein Dauerlauf, bei dem sich ein Schüler zunehmend mit eingesunkenem Oberkörper jeden Schritt über die Fußballen schlurfend, abbremsend dahinschleppen muss, wirkt sich bei ihm nicht sonderlich motivierend auf kommende Gelegenheiten aus.

Wiederholen wir kurz die zu beachtenden Bewegungsschwerpunkte beim „ausdauernden Laufen":

- Ein guter Läufer befindet sich eigentlich immer nur in der Luft (kurze Bodenkontakte).
- „Groß werden", die Körperhaltung ist aufrecht, hohe Hüftführung, den Blick geradeaus gerichtet.
- Die schwingende Armarbeit erfolgt bewusst aus den Schultergelenken heraus (die Arme werden im Wechsel vor- und zurückgeschwungen [„gegengleich"] und in Bewegungsrichtung geführt).
- Bewusstes, nach vorne gerichtetes hohes Führen des jeweiligen Knies, gleichzeitiges Hochführen der Ferse des Gegenbeins.
- Nach dem Aufsatz des Fußes (Ferse bzw. Mittelfuß) erfolgt ein Abrollen über die Fußaußenseite nach vorne über den Fußballen. Die Füße sind normalerweise nach vorne gerichtet, dennoch ist inzwischen vielfach ein nach außen gerichtetes Fußabrollen zu beobachten (individuelle Laufstile, wenn sie harmonisch und locker bleiben, tolerieren).
- Auf ein rhythmisches und gleichmäßiges Atmen achten (an Schrittzahlen ausrichten).

Weitere wesentliche Übungsansätze:

- Bewusste Veränderungen der Laufkoordination (z.B. Verlängerung der Schritte etc.) führen in der Regel zu einer raschen Ermüdung („laufen lernen durch laufen"), das Techniktraining sollte zu anderen Zeiten erfolgen.
- Ausdauerndes Laufen macht in der Gruppe und im individuellen „Wohlfühltempo" erst so richtig Spaß (gemeinsames Laufen, beim Laufen vielleicht auch ein „Unterhalten erwünscht" zulassen?).

- Die individuellen Fortschritte müssen den Schülern häufiger bewusst gemacht werden, da der Leistungszuwachs sich immer erst nach einiger Zeit und für den Schüler manchmal nur schwer bemerkbar einstellt.
- Lenken wir die Schüler mit vielseitigen und freudvollen Laufaufgaben von der eigentlichen körperlichen Anstrengung ab, Spaß bei der Aufgabe und Freude an der Bewegung sind der ärgste Feind des „inneren Schweinehunds".
- Schwächeren Schülern müssen über „Erholungsweichen" mehr Erholungsphasen ermöglicht werden, stärkere Schüler können und sollen mehr leisten.
- Die Variationen der Laufspiele müssen den Schülern verständlich und einsichtig sein (warum sollte ein guter Läufer mehr leisten als sein etwas schwächerer Kamerad?), dann können die Schüler aber auch selbst kontrollieren, ob sie der (selbst) gestellten Herausforderung bereits gewachsen sind.
- Mögliche Variationen bei Laufspielen sind: Schüler laufen allein, in Paaren, in Kleingruppen, in Gruppen an einem Seil, Einzelne laufen gegen Paare oder Gruppen. Paare oder Kleingruppen laufen gegen andere Gruppen, eine vorher festgelegte Anzahl von Schülern darf sich an bestimmten Orten ausruhen; Differenzierung der Distanzen (so genannte „Handikapläufe", die leistungsstärkeren Schüler laufen eine längere Strecke. Sie sollten den Umfang der Streckenverlängerung aber mitbestimmen dürfen etc.).

Zeitschätzläufe (I)
Alter: ab Klasse 4
Anzahl: ganze Klasse
Gerätebedarf: 1 große Stoppuhr, sonst 1 normale Stoppuhr

Die Schüler erhalten die Aufgabe, sich auf einem übersichtlichen Gelände (z. B. dem Sportplatz) eine Laufstrecke auszusuchen und sich möglichst genau nach einer Minute wieder am Startort einzufinden.
Bei jüngeren Schülern ist eine Laufdauer von 45 Sekunden zu empfehlen. Lieber kürzer, dafür aber häufiger üben lassen! Die Uhr sollte nach Möglichkeit groß und von den Schülern gut zu erkennen sein.
Variation: Es werden Schülerpaare gebildet, und der Partner merkt sich die mögliche zeitliche Abweichung („Wer von den beiden hat das bessere Zeitgefühl"?).

Zeitschätzläufe (II)

Alter: ab Klasse 4
Anzahl: ganze Klasse
Gerätebedarf: 1 große Stoppuhr, sonst 1 normale Stoppuhr

Die Schüler sollen sich im freien Gelände eine Wegstrecke auswählen und die von ihnen benötigte Zeit zu ihrer Bewältigung abschätzen. Es werden Schülerpaare gebildet. Schüler A erklärt seinem Partner B die gewählte Laufstrecke und schätzt die Zeit, die er vermutlich laufen wird. Der Partner B kontrolliert den Laufweg und merkt sich die Laufzeit bzw. die zeitliche Abweichung. Beim 2. Durchgang werden die Schülerrollen vertauscht.

Zeitschätzläufe in der Gruppe

Alter: ab Klasse 4
Anzahl: ganze Klasse
Gerätebedarf: 1 große Stoppuhr, sonst 1 normale Stoppuhr

Siehe und vgl. „Zeitschätzläufe (I). Es ist sinnvoll, leistungshomogene Gruppen zu bilden. Bei dieser Übung lässt sich dann leicht eine Leistungsdifferenzierung vornehmen, „gute Schüler leisten mehr"!

Sternlauf (I)

Alter: ab Klasse 4
Anzahl: ganze Klasse
Gerätebedarf: 1 Stoppuhr, mindestens 7 Markierungskegel

Mit mindestens 6 Markierungskegeln wird ein Stern aufgebaut. Ein weiterer Markierungskegel wird in die Mitte gestellt. Dieser Kegel wird von den Schülern angelaufen. Von dort wählen sie sich eine neue Wendemarke und laufen wieder zum Mittelpunkt etc. Die Schüler erhalten eine Zeitvorgabe (z. B. 4 Minuten); leistungsschwächere Schüler dürfen auch Teilstrecken gehen.

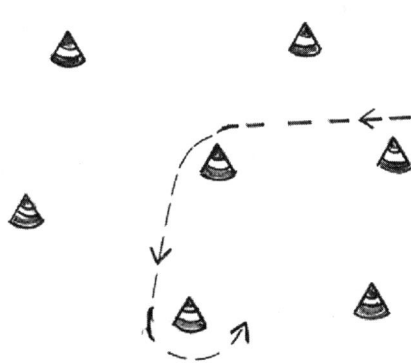

Sternlauf (II)

Alter: ab Klasse 4
Anzahl: ganze Klasse
Gerätebedarf: 1 Stoppuhr, mindestens 6 Markierungskegel

Aus mindestens 6 Markierungskegeln wird ein Stern aufgebaut. Die Schüler dürfen sich mit einer Einschränkung ihren Laufweg selbst auswählen. Es dürfen alle Markierungskegel, außer den links und rechts benachbarten, beliebig angesteuert werden.

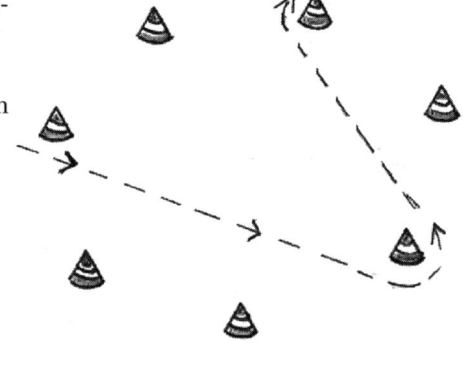

Die Schüler dürfen sich gegenseitig nicht berühren und müssen Kollisionen mit Mitschülern vermeiden. Sie erhalten eine Zeitvorgabe (z. B. 5 Minuten).
Die Schüler werden von der Anstrengung abgelenkt, da sie stark auf ihre Mitschüler achten und sich im Gelände orientieren müssen.

Sternlauf (III)

Siehe und vgl. „Sternlauf (I)". Bei dieser Übung laufen Paare bzw. Kleingruppen zusammen.
Die Schüler erhalten wieder Zeitvorgaben bzw. bestimmen ihr Laufvorhaben selbst.

Mäanderlauf

Alter: ab Klasse 4
Anzahl: ganze Klasse
Gerätebedarf: 1 Stoppuhr, 5 Markierungskegel

Diese effektive Übungsform lässt sich mit wenig organisatorischem Aufwand gestalten und ermöglicht zusätzlich auf kleinen Flächen relativ lange Laufwege.
Mit insgesamt 5 Markierungskegeln wird die Laufbahn aufgebaut (siehe Abbildung). Die Schüler erhalten eine Zeitvorgabe. Überholt werden darf jeweils nur außen (Achtung: die Außenbahn wechselt). Je nach Alter sollen

Schüler die Laufrunden zählen, die sie in dieser Zeit zurückgelegthaben. Im Folgedurchgang wird die entgegengesetzte Laufrichtung eingeschlagen. Sie sollen nach der vorgegebenen Zeit möglichst wieder an ihrem Ausgangsmarkierungskegel ankommen, indem sie die gleiche Anzahl von Laufrunden absolviert haben.

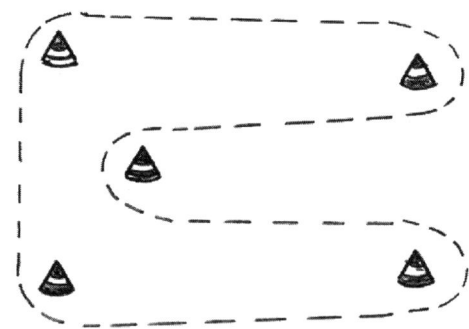

Viereckenlauf

Alter: ab Klasse 5
Anzahl: ganze Klasse
Gerätebedarf: 1 Stoppuhr, 12 Markierungskegel

Mit insgesamt 12 Markierungskegeln werden drei ineinandergelegte Quadrate aufgebaut. Je nach Alter und Leistungsfähigkeit der Schüler hat das äußere Quadrat eine Seitenlänge von 15 bis 40 Meter. Die Schüler wählen sich entsprechend ihrem Leistungsvermögen eine der drei Laufbahnen aus (gute Läufer laufen außen, schwächere Schüler wählen das innere Quadrat).

Die Schüler erhalten wieder eine Zeitvorgabe und zählen die Runden, die sie in dieser Zeit zurückgelegt haben. Im Folgedurchgang wird die Laufrichtung geändert, die zuvor erreichte Rundenanzahl soll wieder erreicht werden.

Die leistungsschwächeren Schüler dürfen insgesamt weniger leisten, laufen aber mit den stärkeren Schülern häufig auf einer Höhe! Gemeinsam leiden ist immer noch schöner, als sich abgeschlagen hinterherzuquälen!

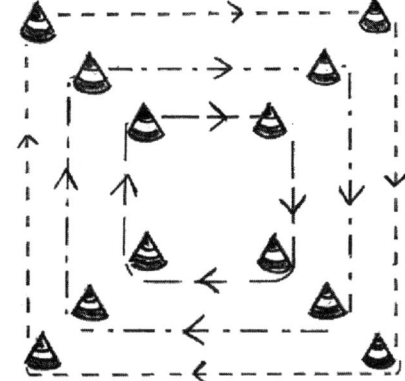

„Sechs-Tage-Rennen"

Alter: ab Klasse 5

Anzahl: ganze Klasse

Gerätebedarf: 1 Stoppuhr, 20 Markierungskegel

Mit Markierungskegeln wird ein großes Oval abgesteckt, es entsteht die „6-Tage-Rennbahn".

Es werden Paare gebildet. Ein Schüler steht außerhalb, der Partner im Oval.

Während der Partner auf der Innenbahn langsam an der markierten Oval-linie entlanggeht (die Fairness verlangt, dass er wirklich langsam geht), läuft der Schüler auf der Außenbahn um das Oval herum, bis er seinen Partner wieder eingeholt hat. Dann tauschen beide die Plätze und Aufgaben. Die Schüler üben nach einer Zeitvorgabe. Im Folgedurchgang wird die Laufrichtung geändert.

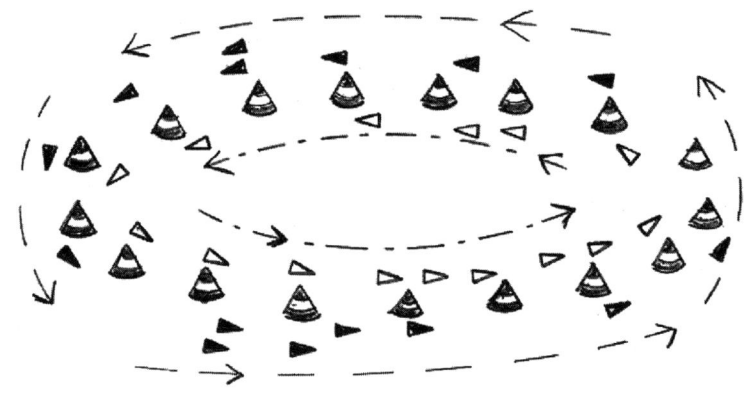

Puzzle-Lauf

Alter: ab Klasse 5

Anzahl: ganze Klasse

Gerätebedarf: 4 Puzzle-Spielbretter (siehe Kapitel „Bastelecke" S. 208 ff.), 4 Springseile, 8 Markierungskegel, 4 Eimer (Behälter für die Puzzle-teile), Markierungsmaterial

Streckenlänge: 5./6. Klasse ca. 40 m

7./8. Klasse ca. 50–75 m

9./10. Klasse ca. 50–100 m.

Diese Ausdauerübung wird nach dem Prinzip eines Umkehrlaufs durchgeführt.

Die Schüler werden in vier Mannschaften eingeteilt. Die Laufstrecke der Puzzle-Staffel wird für jede Gruppe mit zwei Markierungskegeln abgesteckt. Auf der Seite, wo die Schüler stehen, werden neben die Markierungskegel die Spielbretter gelegt.

Auf die gegenüberliegende Seite wird ein Eimer (Behälter) mit den einzelnen Puzzleteilen gestellt. Die Mannschaften befinden sich hinter ihrem Spielbrett (gleichzeitig Start und Ziel) und laufen die gesamte Zeit gemeinsam in einer Gruppe. Damit die Mannschaft als Gruppe zusammenbleibt und auch Rücksicht auf leistungsschwächere Schüler genommen wird, halten sich alle Schüler an einem Springseil fest.

Die Mannschaften laufen zum Eimer, entnehmen ein Puzzleteil (pro Lauf darf die gesamte Mannschaft nur ein Puzzleteil greifen) und laufen zum Spielbrett zurück. Gewonnen hat die Mannschaft, die zuerst ihr Puzzle vollständig zusammengefügt hat.

1. Variation: Es wird vorher festgelegt, ob und wie viele Schüler eine Pause machen und sich am Spielbrett ausruhen dürfen.

2. Variation: Die Mannschaften werden in 2 Teilgruppen eingeteilt und laufen im ständigen Wechsel.

3. Variation: Die Puzzleteile von 2 Spielbrettern (oder allen) werden in einen Eimer (Behälter) gelegt, so dass 2 Mannschaften (oder alle) zu diesem Eimer (Behälter) laufen müssen. Wiederum darf von der Mannschaft nur ein Puzzleteil entnommen werden, nicht passende Teile müssen zurückgebracht werden.

Anmerkung: Diese Spielform hängt stark von der Qualität des Spielmaterials ab. Ein Bild, das in nur wenige und dazu noch regelmäßige Vierecke zerlegt wurde, ist als Puzzle für keinen Schüler eine Herausforderung.

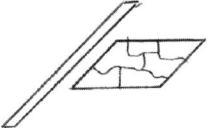
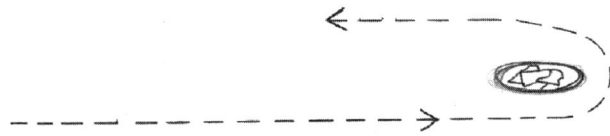

Bingo

Gerätebedarf: 4 Bingo-Spielbretter (siehe Kapitel „Bastelecke" S. 208 ff.), 4 Springseile bei 4 Gruppen, 8 Markierungskegel

Streckenlänge: 5./6. Klasse ca. 25 m

7./8. Klasse ca. 25–40 m

9./10. Klasse ca. 40–60 m.

Siehe und vgl. „Puzzle-Lauf"
Pro Lauf darf nur ein Bingo-Steinchen aus dem Eimer entnommen werden. Gewonnen hat die Mannschaft, die zuerst 6 Bingo-Steinchen in einer Reihe zusamengefügt hat (horizontal, vertikal, diagonal).
Variationen: s. „Puzzle-Lauf"

„Quiz-Lauf"

Gerätebedarf: Papier und Bleistift für jede Mannschaft (4), 4 Springseile, 1 Quiz-Laufvorlage, 4 Markierungskegel

Streckenlänge: 5./6. Klasse ca. 20 m

7./8. Klasse ca. 30 m

9./10. Klasse ca. 40–50 m.

Dies ist die Ausdauerübung für Anspruchsvolle: Sie funktioniert nach dem Prinzip eines Umkehrlaufs. Bei diesem Spiel muss vorher festgelegt werden, ob und wie viele Schüler bei jedem Lauf in der Startzone – am Markierungskegel – (dort werden die Ergebnisse aufgeschrieben) ausruhen dürfen. Es muss aber immer mindestens ein Schüler als Schreiber dort verbleiben.
Die Schüler werden in 4 Mannschaften eingeteilt und stehen an ihrem Markierungskegel. Alle Schüler, die laufen werden, fassen an ein Springseil an, um als Gruppe zusammenzubleiben. Ein Schüler aus jeder Gruppe ist der Schreiber. Auf der gegenüberliegenden Seite, am Ende der Laufstrecke steht der Lehrer (Informationsstation) mit der Quizlaufvorlage. Auf ein Zeichen laufen bis auf den Schreiber alle Schüler der 4 Gruppen

zur Wendemarke (Lehrer) und entnehmen der Quizvorlage (siehe Blatt 1 auf S. 126), die der Lehrer hochhält, aus wie vielen Worten der Lösungssatz besteht und wie viele Buchstaben die einzelnen Wörter haben. Da eine gesamte Gruppe diese Aufgabe erhält, müssen sich die Schüler einigen, wer welche Teilaufgabe übernimmt (z. B. Schüler A merkt sich die Gesamtwortzahl des Satzes, Schüler B merkt sich, aus wie vielen Buchstaben das erste Wort besteht usw.). Mit diesem Wissen läuft die Gruppe zurück zum Schreiber, der die Ergebnisse notiert.

Die Schülergruppe ist inzwischen wieder unterwegs zur Informationsstation und holt sich die nächste Teillösung, z. B. alle „w"'s aus dem Lösungssatz ab (siehe Blatt 2). Sie laufen zurück und teilen dem Schreiber mit, in welchen Wörtern sich die „w"'s befinden. Bei jedem Lauf wird ein neuer Buchstabe gezeigt (siehe Blatt 3 bis Blatt 13). Die Gruppe ist Sieger, die dem Lehrer zuerst den vollständigen Lösungssatz sagen kann (siehe Blatt 14 auf S. 130).

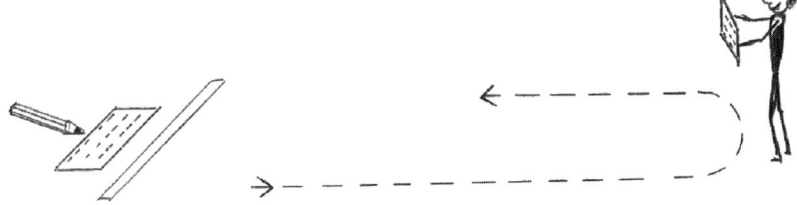

Quizlauf

Quizlauf

Blatt 1

— — —   — — — — — — — —   — — — — —

— — — — — —

— — — — — — — — — — — — — —   —

Blatt 2

W — —   — — **w** — — — — —   — — — — —

— — — — —

— — — **w** — — — — — **w** — — —   —

Blatt 3

— — —   — — — — — — —   — — — — —

— — — **s** — —

— — — — — — — — — — — — —   —

Blatt 4

_ _ _   _ _ _ _ _ _ _   <u>h</u> _ _ _ _

_ _ _ _ _ _

_ _ _ _ _ _ _ _ _ _ _   _

Blatt 5

_ _ _   _ <u>e</u> _ _ _ _ <u>e</u> _   _ <u>e</u> _ _ <u>e</u>

_ _   <u>e</u> _ <u>e</u> _

_ _ _ _ _ <u>e</u> _ _ _ <u>e</u> _ <u>e</u> _ _   _

Blatt 6

_ _ _   _ _ _ _ _ _ _ _   _ _ _ <u>t</u> _

_ _ _ _ _ _

_ _ _ _ _ <u>t</u> _ <u>t</u> _ _ _ _ _ _   _

Blatt 7

_ _ _   _ _ _ _ _ **n** **n** _ **n**   _ _ _ _ _ _

_ _ _ _ _ **n**

_ _ _ _ _ _ _ _ _ _ _ _ _ _ _

Blatt 8

_ **i** _ _ _ _ **i** _ _ _ _ _ _ _ _

_ **i** _ _ _

_ _ _ _ _ _ _ _ _ _ _ _ _ _

Blatt 9

_ _ _ _ _ _ _ _ _ _ _ _ _ _ _

d _ _ _ _

_ _ _ _ _ _ _ _ _ _ _ _ _ _

Blatt 10

— — —   — — — — — — —   — — — — —

— — — — — —

— a — — — — — — — — — — — — — —

Blatt 11

— — —   — — — — — — —   — — — — —

— — — — — —

— — — f — — — — — — — — — — —

Blatt 12

— — —   — — — — — — — —   — — — —

— — — — — —

L — — — — — — — — — — — — — —

Blatt 13

_ _ _   _ _ _ _ _ _ _   _ _ **u** _ _

_ _ _ _ _ _

_ _ **u** _ _ _ _ _ _ _ _ _ _   **!**

Blatt 14

Wir gewinnen heute
diesen
Laufwettbewerb!

Springen

a Springen in die Weite

Vergleichen wir die im Schulsport bekannten Weitsprungtechniken (Hock-, Schritt-, Hang- und (eingeschränkt) auch die Laufsprungtechnik) fällt auf, dass die Durchführung des Anlaufs sowie des Absprungs praktisch gleich ist.

Ein gut koordinierter Absprung aus einem möglichst hohen Anlauftempo ist die beste Voraussetzung für einen weiten Flug. Deshalb legen wir besonderen Wert auf die Absprungschulung.

Jeder Anlauf endet im bekannten „Dreischrittrhythmus". Jeder Anlauf ist letztendlich der Dreischrittrhythmus mit einer bestimmten Anzahl vorangegangener Schritte (Fünfschrittanlauf: Dreischrittrhythmus plus 2 Schritte, Siebenschrittanlauf: Dreischrittrhythmus plus 4 Schritte etc.). Wiederholen wir kurz die Schwerpunkte bei der Anlauf- und Absprunggestaltung:

* Der Anlauf erfolgt grundsätzlich immer aus derselben gewählten Grundstellung heraus.
* Der Anlauf ist rhythmisch und beschleunigend.
* Der Blick ist während der letzten drei Schritte geradeaus gerichtet (nicht gucken, ob wir den Absprungbalken oder die Absprungzone treffen).
* „Groß werden" beim Absprung, hohe Führung des Absprungbeins (Knie).
* „Stechendes", vertikales Aufsetzen des Abprungfußes auf der ganzen Sohle.
* Vollständiges Strecken von Hüfte, Knie und Fuß beim Abflug.
* Das Absprungbein zeigt zur Absprungstelle, der Oberschenkel des Schwungbeins nähert sich der Waagerechten.
* Aufrechter Oberkörper und fest im Rumpf, nicht nach unten blicken, das Schwungbein und die Arme werden nach dem Absprung kurz angespannt.
* Das Anlauftempo sollte nur so schnell gewählt sein, dass die oben aufgeführten Bewegungsschwerpunkte auch bewusst koordiniert und umgesetzt werden können.
* Die Anlauflänge sollte so gestaltet sein, dass die Schüler nur beschleunigen (für kleine Kinder bzw. leistungsschwache Schüler also relativ kurz).

Unser Motto: „Springen, springen, springen!". Die Wichtigkeit einer variantenreichen und lustvollen Sprungschulung kann nicht stark genug betont werden. Nicht häufiges Messen lässt die Schüler weiter springen, sondern ein guter Absprung.

Eine große Bedeutung kommt dem Dreisprung zu. Wird diese Sprungtechnik in Form eines Koordinationstrainings aus nicht allzu hohem Tempo realisiert, lassen sich mit Freude die oben aufgeführten Bewegungsmerkmale üben und bereits beachtliche Leistungen erzielen.

Jeder Schüler hat das Recht auf eine freie Sprunganlage und vor allem auf eine freie Anlaufbahn. Andere Schüler dürfen seinen Sprung nicht stören. Deshalb warten die übrigen Schüler immer in einem „Warteraum" neben der Anlaufbahn und betreten durch die „Eingangstür" (2 Markierungskegel) die Sprunganlage. An der Seite sind die Ablaufmarkierungen der Schüler angebracht (Steinchen, Stöcke, Tennisballhälften, anderes Markierungsmaterial oder, wenn jeder Schüler seine Anlauflänge kennt, einfach ein Maßband).

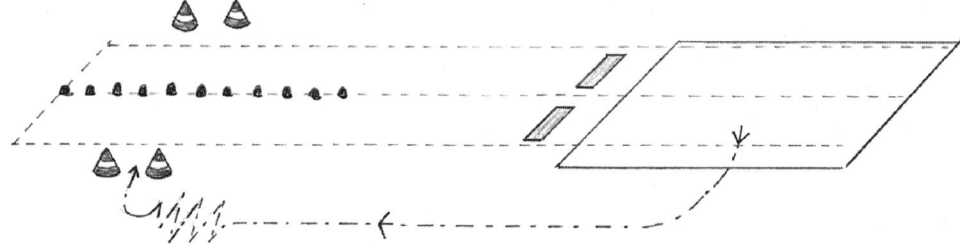

Bei der Durchführung der nachfolgenden bewährten Übungsformen ist das deutliche Markieren des Übungsgeländes wichtig. Abgrenzungen, Sprung- und Laufzonen bzw. Wartebereiche etc. müssen für alle Beteiligten leicht erkennbar und nachvollziehbar sein. Bewährt haben sich hier Malstangen, Markierungskegel und besonders Markierungshalbkugeln. Sie sind bunt, leicht, Platz sparend, preiswert; die nahezu kostenlose Variante sind mit Leuchtfarbe angesprühte Tennisballhälften (siehe Kapitel „Bastelecke" S. 208 ff.).

„Zonenweitspringen" (I)

Alter: ab Klasse 4
Anzahl: ganze Klasse
Gerätebedarf: 15 Markierungshalbkugeln in der Sandgrube (siehe Kapitel „Bastelecke" S. 208 ff.), Markierungsmaterial für die Anlaufbahn, 2 Markierungskegel als „Eingang"

Die Landezonen werden links und rechts der Landefläche mit Markierungshalbkugeln markiert. Die Landefläche („Landebahn") ist ca. 1,5 bis 2 Meter breit (es kann geharkt werden, und die Zonenmarkierungen bleiben erhalten). Der Einsatz von Seilen zur Markierung der Landezonen hat sich *nicht* bewährt. Die Zonen haben eine Länge von ca. 1/2 Meter. Die Schüler springen aus dem Anlauf aus der Absprungzone in eine Landezone.

Variationen:

Wer kann abspringen, ohne auf die Absprungzone zu schauen („blind abspringen")?

Wer springt genau in eine vorherbestimmte Landezone? Wer springt „blind" ab und springt in eine zuvor festgelegte Landezone?

Wer springt „blind" ab und landet in zuvor bestimmten Zonen mit beiden Beinen, mit dem Schwungbein (und weiterlaufen), mit dem Sprungbein (und weiterlaufen)?

Bei all diesen Variationen ist die Partner- bzw. Kleingruppenarbeit hilfreich.

Immer wieder sehr reizvoll: Partner- oder Synchronsprünge unter den oben bereits aufgeführten Bedingungen.

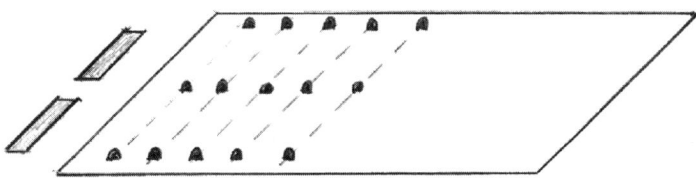

„Zonenweitspringen" (II)

Alter: ab Klasse 4

Anzahl: ganze Klasse

Gerätebedarf: 15 Markierungshalbkugeln in der Sandgrube (siehe Kapitel „Bastelecke" S. 208 ff.), Markierungsmaterial für die Anlaufbahn, 2 Markierungskegel als „Eingang"

Siehe und vgl. „Zonenweitspringen" (I). Die Zonen sind schräg angeordnet. Die Schüler können unter verschiedenen Bedingungen in dieselbe Zone springen. Schwächere und stärkere Schüler können dadurch in dieselbe Zone springen.

Variationen: vgl. „Zonenweitspringen" (I)

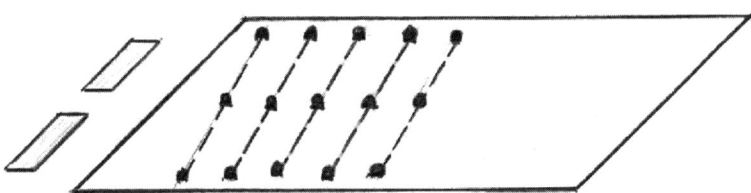

„Weit springen und kurz anlaufen"

Alter: ab Klasse 4

Anzahl: ganze Klasse

Gerätebedarf: 15 Markierungshalbkugeln in der Sandgrube (siehe Kapitel „Bastelecke" S. 208 ff.), Markierungsmaterial (Markierungshalbkugeln oder -kegel) für die Anlaufbahn, 2 Markierungskegel als „Eingang"

Der Schüler springt aus seinem normalen Anlauf in die Grube. Seine Sprungweite wird an der Seite der Sprunggrube markiert (z.B.: mit einer Markierungshalbkugel). Anschließend versucht der Schüler, seine Sprungleistung mit immer kürzerem Anlauf zu bestätigen.

Variation: Wer kann abspringen, ohne auf die Absprungzone zu schauen? Partnerarbeit etc.

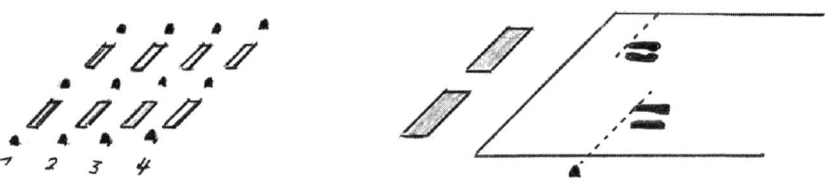

Weitspringen über eine Höhenorientierung (I)

Alter: ab Klasse 5

Anzahl: ganze Klasse

Gerätebedarf: Markierungsmaterial (Markierungshalbkugeln oder -kegel) für die Anlaufbahn, 2 Markierungskegel als „Eingang", 2 Hochsprungständer, Orientierungsleine (z.B. aus Baustellenabsperrband – siehe Kapitel „Bastelecke" S. 208 ff.)

Mit 2 Hochsprungständern und einem Baustellenabsperrband wird eine „Höhenorientierung" errichtet. Die „Höhe" der Orientierungsleine wird

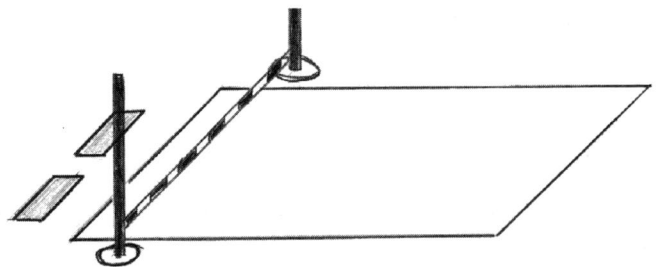

am Anfang sehr niedrig gehalten (ca. 25 cm) und erst später gesteigert. Die Schüler springen aus der Absprungzone über die Höhenorientierung in die Sprunggrube.

Variationen: Wer kann abspringen, ohne auf die Absprungzone zu schauen? Die Höhenorientierung wird in Sprungrichtung verschoben, die Orientierung wird erhöht, der Anlauf wird verkürzt, Partnerarbeit etc.

Weitspringen über eine Höhenorientierung (II)

Alter: ab Klasse 5

Anzahl: ganze Klasse

Gerätebedarf: Markierungsmaterial (Markierungshalbkugeln oder -kegel) für die Anlaufbahn, 2 Markierungskegel als „Eingang", 2 Hochsprungständer, Orientierungsleine (z.b. aus Baustellenabsperrband)

Die Höhenorientierung ist in Sprungrichtung schräg angeordnet. Die Schüler können unter verschiedenen Bedingungen in die Sprunggrube springen. Schwächere und stärkere Schüler können dadurch gemeinsam dieselbe Sprunganlage benutzen.

Variationen: Wer kann ohne auf die Absprungzone zu schauen abspringen? Die Höhenorientierung wird in Sprungrichtung verschoben, die Orientierung wird erhöht, der Anlauf wird verkürzt, Partnerarbeit etc.

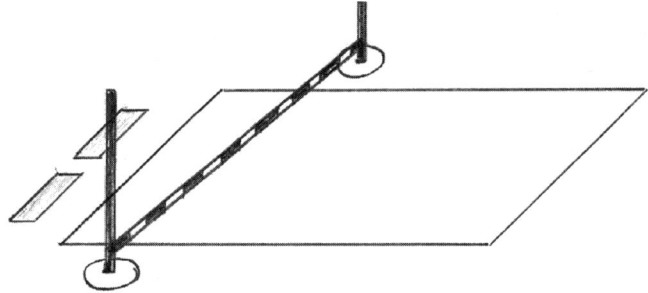

„Zonenweitspringen" über eine Höhenorientierung (I)

Alter: ab Klasse 5

Anzahl: ganze Klasse

Gerätebedarf: Markierungsmaterial (Markierungshalbkugeln oder -kegel für die Anlaufbahn, 2 Markierungskegel als „Eingang", 2 Hochsprungständer, Orientierungsleine (z.B. aus Baustellenabsperrband – siehe Kapitel „Bastelecke" S. 208 ff.)

Diese Übungsform beansprucht mit ihren Variationen mehrere Unterrichtsstunden. Siehe und vgl. „Zonenweitspringen" (I). Die Schüler springen aus dem Anlauf aus der Absprungzone über die Höhenorientierung in eine Landezone.

Variationen: Wer kann abspringen, ohne auf die Absprungzone zu schauen? Wer springt genau in eine vorher bestimmte Landezone (Partnerarbeit)? Die Höhenorientierung wird in Sprungrichtung verschoben, die Orientierung wird erhöht, der Anlauf wird verkürzt etc.

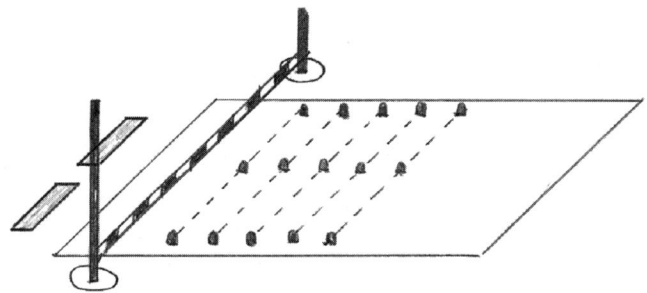

„Zonenweitspringen" über eine Höhenorientierung (II)

Alter: ab Klasse 5

Anzahl: ganze Klasse

Gerätebedarf: Markierungsmaterial (Markierungshalbkugeln oder -kegel) für die Anlaufbahn, 2 Markierungskegel als „Eingang", 2 Hochsprungständer, Orientierungsleine (z.B. aus Baustellenabsperrband), 15 Markierungshalbkugeln für die Sandgrube

Die Zonen sind schräg angeordnet. Die Schüler können unter verschiedenen Bedingungen in dieselbe Zone springen. Schwächere und stärkere Schüler können dadurch in dieselbe Zone springen.

Variationen: vgl. „Zonenweitspringen" (I)

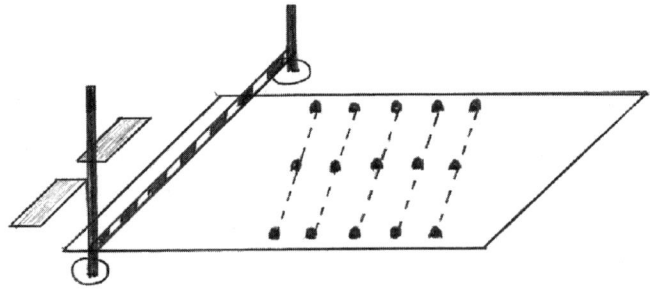

„Zonenweitspringen" über eine Höhenorientierung (III)

Alter: ab Klasse 5

Anzahl: ganze Klasse

Gerätebedarf: Markierungsmaterial (Markierungshalbkugeln oder -kegel) für die Anlaufbahn, 2 Markierungskegel als „Eingang", 2 Hochsprungständer, Orientierungsleine (z.b. aus Baustellenabsperrband), 15 Markierungshalbkugeln für die Sandgrube

Die Höhenorientierung ist von den Absprungzonen gleich weit entfernt, das Orientierungsband ist schräg gespannt. Die Schüler können ihre Absprungfähigkeiten an unterschiedlichen Höhen ausprobieren.

Variationen: Wer kann abspringen, ohne auf die Absprungzone zu schauen? Wer springt genau in eine vorherbestimmte Landezone (Partnerarbeit)? Die Höhenorientierung wird in Sprungrichtung verschoben, die Orientierung wird erhöht, der Anlauf wird verkürzt etc.

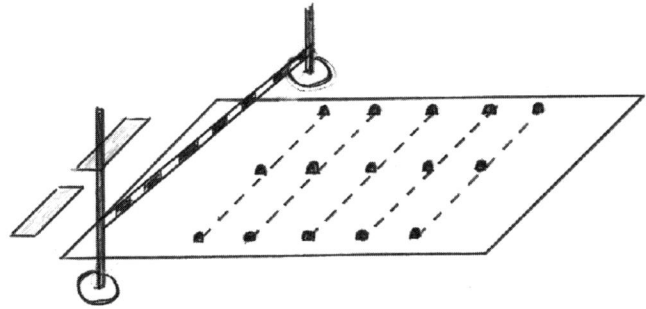

„Verhältnissprung"

Alter: ab Klasse 5

Anzahl: ganze Klasse

Gerätebedarf: Markierungsmaterial (Markierungshalbkugeln oder -kegel) für die Anlaufbahn, 2 Markierungskegel als „Eingang", 1 einfacher Taschenrechner (oder Papier und Bleistift)

Das zu bildende Verhältnis resultiert aus der Körperlänge des Schülers und dessen Sprungweite. Häufig beschweren sich die kleinen Schüler nicht ganz zu Unrecht, dass sie ja nicht so weit springen können wie die Langen.

Wenn wir die erreichte Sprungweite der Schüler durch ihre Körperlänge teilen, weist das Ergebnis aus, in welchem Verhältnis die Körperlänge übersprungen wurde.

Beispiel: Schüler A ist 175 cm lang und 420 cm weit gesprungen. Schüler B ist etwas größer. Er misst 178 cm Körperlänge und ist 424 cm weit gesprungen.

Rechnung für Schüler A: 420 : 175 = 2,4

Rechnung für Schüler B: 424 : 178 = 2,38

Schüler A war also etwas besser.

„K.-o.-Weitsprung"

Alter: ab Klasse 5

Anzahl: ganze Klasse

Gerätebedarf: Markierungsmaterial (Markierungshalbkugeln oder -kegel) für die Anlaufbahn, 2 Markierungskegel als „Eingang"

Die Schüler werden in Paare eingeteilt (am unverfänglichsten durch Losen). Die Paare treten im Weitsprung gegeneinander an (z.B. „best of three", das hat den Vorteil, dass bereits nach zwei Sprüngen der Zwischenwettkampf beendet ist). Anschließend sucht sich der Gewinner einen anderen Gewinner und bildet ein neues Wettkampfpaar. Der unterlegene Springer sucht sich ebenfalls einen entsprechenden Klassenkameraden etc.

Diese Wettkampfform kann jederzeit beendet (die Anzahl der Siege wird abgefragt) oder bis zur Ermittlung eines Gesamtsiegers ausgetragen werden.

Variation: Der „K.-o.-Weitsprung wird zunächst in Kleingruppenarbeit ausgetragen (z.B.: 4 Schüler). Jeweils die ersten beiden der beteiligten Gruppen führen ihren weiteren Wettkampf nach dem oben beschriebenen System in der „Champions-League" durch, die verbleibenden schwächeren Schüler messen sich an einer anderen Sprunganlage in der „Gold-Division". Auch hier macht ein gutes Abschneiden Spaß.

„Weit - Hochsprung"

Alter: ab Klasse 5

Anzahl: ganze Klasse

Gerätebedarf: Markierungsmaterial (Markierungshalbkugeln oder -kegel) für die Anlaufbahn, 2 Markierungskegel als „Eingang", 2 Hochsprungständer, 1 Orientierungsleine (siehe Kapitel „Bastelecke" S. 208 ff.)

Eine bei Schülern sehr beliebte Sprungform ist der Weit-Hochsprung. Dafür sollte das Absprungverhalten bei den Schülern aber schon gefestigt sein. Der Weit-Hochsprung lässt sich mit wenigen Mitteln einfach und schnell gestalten. Die einfache Regel: Beim Weit-Hochsprung wird die Höhenorientierung vom Absprungbalken schrittweise um 10 cm entfernt und gleichzeitig um 5 cm erhöht.

Variationen: Wer kann abspringen, ohne auf die Absprungzone zu schauen (Partnerarbeit)? Der Anlauf wird verkürzt, etc.

Je nach Sprungvermögen der Schüler wird die Höhe der Orientierung bei 50 bis 60 cm „eingefroren", die Höhenorientierung wird nur noch nach hinten verschoben.

„Hoch-Weitsprung" (Watussisprung)

Alter: ab Klasse 5
Anzahl: ganze Klasse
Gerätebedarf: Markierungsmaterial (Markierungshalbkugeln oder -kegel) für die Anlaufbahn, 2 Markierungskegel als „Eingang", 1 einfacher Taschenrechner (oder Papier und Bleistift), 2 Hochsprungständer, Baustellenabsperrband

Die Watussi sind ein zentralafrikanischer Volksstamm. Nach ihnen ist der Sprung benannt, bei dem man aus einem frontalen Anlauf in die Höhe springt. Die Watussi messen, um welchen Betrag die Springer ihre Körperlänge überspringen können. Allgemein meint man, dass ein Springer, der aus einem frontalen Anlauf hoch springen kann, automatisch auch weit springen muss.

An der Sprunggrube werden 2 Hochsprungständer aufgebaut, das Baustellenabsperrband wird schrittweise um 5 cm erhöht.

Variation: Die Schüler bekommen nur eine bestimmte Anzahl von Sprungversuchen zugeteilt (bewährt haben sich nach dem Einspringen insgesamt 5 Sprungversuche pro Schüler). Die Schüler entscheiden selbst, bei welcher Höhe sie springen bzw. welche Höhen sie auslassen.

Weitsprünge über eine erweiterte Höhenorientierung (I)

Alter: ab Klasse 5
Anzahl: ganze Klasse
Gerätebedarf: Markierungsmaterial (Markierungshalbkugeln oder -kegel) für die Anlaufbahn, 2 Markierungskegel als „Eingang", 4 Hochsprungständer, 2 Orientierungsleinen (siehe Kapitel „Bastelecke" S. 208 ff.)

Wer ohne auf die Absprungzone zu gucken abspringen kann, fliegt zumeist mit aufrechtem Oberkörper. Diese Springer können ihre Beine dann weit noch vorne bringen.

Variationen: Die erste Höhenorientierung ist etwas höher als die zweite. Die zweite Höhenorientierung wird schrittweise in Sprungrichtung verschoben etc.

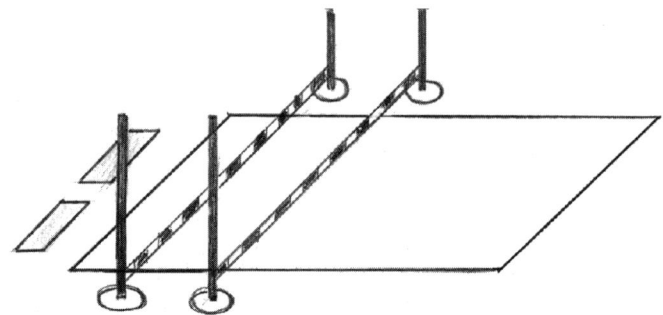

Weitsprünge über eine erweiterte Höhenorientierung (II)

Alter, Anzahl: wie vorhergehende Übung

Gerätebedarf: wie vorhergehende Übung und 2 Orientierungsleinen (siehe Kapitel „Bastelecke" S. 208 ff.)

Siehe und vgl. vorhergehende Übung. Die zweite Höhenorientierung wird in Sprungrichtung schräg aufgestellt. Die Schüler versuchen sich in unterschiedlich langen Flugwegen.

Variationen: Die erste Höhenorientierung ist etwas höher als die zweite. Die zweite Höhenorientierung wird schrittweise in Sprungrichtung verschoben etc. Wer kann seine Sprungleistung mit einem kürzeren Anlauf bestätigen?

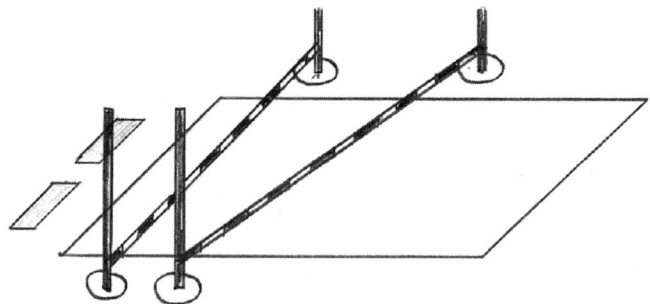

Weitsprünge von einer erhöhten Absprungfläche

Alter: ab Klasse 6

Anzahl: ganze Klasse

Gerätebedarf: Markierungsmaterial (Markierungshalbkugeln oder -kegel) für die Anlaufbahn, 2 Markierungskegel als „Eingang", 2 Hochsprungständer, 1 oder 2 Kastendeckel (oder ein fester Sockel), 1 Orientierungsleine (siehe Kapitel „Bastelecke" S. 208 ff.)

Trainingsmethodisch ist diese Übung durchaus umstritten, aber vielen Schülern macht sie sehr viel Spaß.

Aus einem gut koordinierten und zügigen Anlauf katapultieren sich viele Schüler in die Höhe und in die Weite. Die Flugweite ist häufig sehr imponierend.

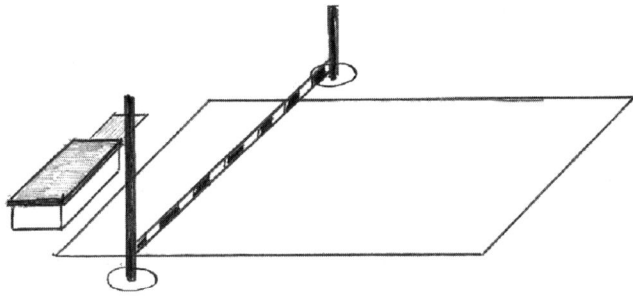

Additionswettkämpfe

Alter: ab Klasse 5

Anzahl: ganze Klasse

Gerätebedarf: Markierungsmaterial (Markierungshalbkugeln oder -kegel) für die Anlaufbahn, 2 Markierungskegel als „Eingang", Maßband, Papier, Bleistift, ggf. Taschenrechner

Die Schüler werden in mehrere gleich große Wettkampfmannschaften eingeteilt. Jeder Schüler hat zwei Sprünge, der beste Sprung geht in die Wertung ein.

Die Bestleistungen werden anschließend addiert. Die Mannschaft mit der größten Weite hat gewonnen.

Variationen: Jeder Schüler hat nur einen Versuch. Wird am Ende das arithmetische Mittel errechnet, können die Wettkampfmannschaften auch unterschiedlich groß sein.

Synchronsprünge

Alter: ab Klasse 5

Anzahl: ganze Klasse

Gerätebedarf: Markierungsmaterial (Markierungshalbkugeln oder -kegel) für die Anlaufbahn, 2 Markierungskegel als „Eingang", Markierungshalbkugeln für die Sandgrube (siehe Kapitel „Bastelecke" S. 208 ff.)

Zwei Partner laufen gleichzeitig an, springen gleichzeitig in gleicher Höhe ab und landen wiederum gleichzeitig in gleicher Höhe (das Schwungbein muss nicht dasselbe sein). Dies ist der Geheimtipp zur Schulung der Koordination und somit auch des Fluggefühls. Diese Sprungübung bleibt beileibe nicht auf langsame Anlauftempi und kurze Flugwege beschränkt.

Variationen: Kleingruppenarbeit (Paare bewerten und beobachten andere Paare), welches Paar kann seine Sprungleistung mit kürzerem Anlauf bestätigen etc.

Ein letzter Tipp: Kommt ein Schüler mit seinem Anlauf überhaupt nicht zurecht, kann ihm vielleicht geholfen werden. Er sollte von der Absprungzone aus in Richtung Ablaufpunkt 22 große Gehschritte abgehen und dann von diesem Punkt aus mit dem Sprungbein loslaufen. Bei vielen Schülern trifft diese Faustregel zu.

b Der Dreisprung

Alter: ab Klasse 5

Anzahl: ganze Klasse

Gerätebedarf: Markierungsmaterial (8 Markierungshalbkugeln oder -kegel) für die Anlaufbahn, 2 Markierungskegel als „Eingang", Markierungshalbkugeln oder Markierungsscheiben (siehe Kapitel „Bastelecke" S. 208 ff.) für die Sandgrube

Mehrfachsprünge sind besonders gut geeignet, um die Sprungkoordination zu verbessern.

Die wichtigsten Merkmale des Dreisprungs sind:

1. Sprung	2.Sprung	3. Sprung	und beidfüßige Landung
„hop"	„step"	„jump"	und beidfüßige Landung
rechts	rechts	links	und beidfüßige Landung
links	links	rechts	und beidfüßige Landung

- Berechnung der zu erwartenden Dreisprungleistung:
  Die Weitsprungleistung des Schülers wird mit $\frac{9}{4}$ multipliziert. Zum Beispiel: Ein Schüler springt 4 m weit.
  $4 \cdot 9 = 36; 36 : 4 = 9$,
  folglich ist bei diesem Schüler eine Dreisprungleistung von 9 m zu erwarten.
- Sicherheit hat grundsätzlich Vorrang! Bei der Anfängerschulung sind die Längen der Teilsprünge schwer kalkulierbar. Aus diesem Grund muss die Sprunggrubenkante mit Sand angeharkt werden. Ein Übertreten beim dritten Sprung wird so absolut gefahrlos!

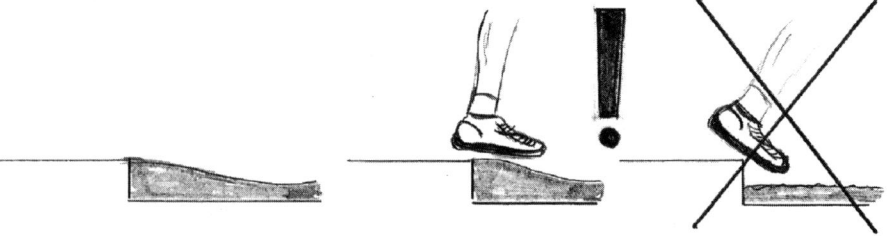

- von Anfang an ein Differenzierungsangebot bei der Absprunggestaltung bereitstellen

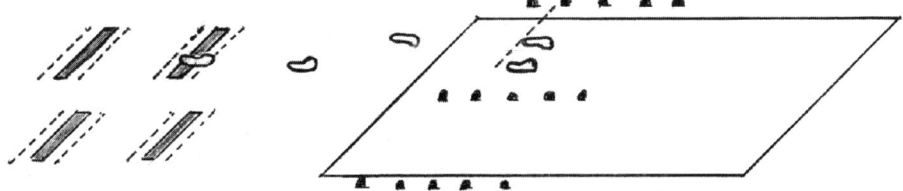

In der Abbildung sind insgesamt vier Sprunganlagen eingezeichnet. Die Absprungzonen sind (hier für kleine Schüler) 5 und 7 Meter auf der vorderen Anlaufbahn bzw. 6 und 8 Meter auf der hinteren Anlaufbahn von der Sandgrube entfernt. Jeder Schüler sucht sich entsprechend seinem individuellen Sprungvermögen und seinen Vorerfahrungen aus der Dreisprungvorbereitung die für ihn geeignete Absprungzone aus.
Neben den Sprungbahnen markieren Halbkugeln (oder Ähnliches) die Sprungweiten. So kann jeder Schüler ohne große Mühe seine erbrachte Leistung selbst ablesen. Landet der Schüler bei 1,5 Meter in der Sandgrube und ist zuvor aus der 6-m-Absprungzone abgesprungen, so ist er insgesamt 1,5 Meter + 6 Meter = 7,5 Meter weit gesprungen.

Dreisprung – die wichtigsten Informationen

- Voraussetzungen: ausreichende Beherrschung des Lauf- und Sprung-Abcs
- den Dreisprung zunächst vorwiegend als Koordinationsschulung verstehen (die Weite kommt später nahezu von alleine)
- Berechnung der zu erwartenden Dreisprungleistung: Weitsprungleistung multipliziert mit $\frac{9}{4}$ (z.B.: ein Schüler springt 4 m weit [4 · 9 = 36; 36 : 4 = 9],
  dann ist bei diesem Schüler eine Dreisprungleistung von 9 m zu erwarten
- Sicherheit hat grundsätzlich Vorrang! Bei der Anfängerschulung muss die Sprunggrubenkante mit Sand angeharkt werden. Ein mögliches Übertreten wird dann gefahrlos. Jeder Springer hat das Recht, in eine frisch vorbereitete Anlage zu springen!
- von Anfang an ein Differenzierungsangebot bei der Absprunggestaltung bereitstellen z. B.:

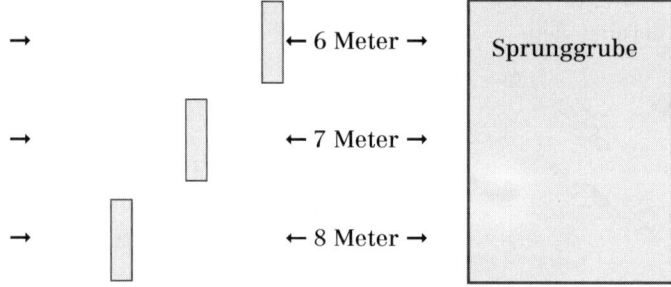

- Schaffung einer bildlichen Bewegungsvorstellung (z. B.: Bildreihe und anschließende Demonstration)
- Sprung-Abc wiederholen
- Mehrfachsprünge in variablen Sprung- und Schrittfolgen
- von Anfang an auf einen gleichmäßigen Rhythmus der Teilsprünge achten (auf die gleiche Flugzeit bei den Teilsprüngen achten)
- am Anfang die Sprünge flach ausführen lassen
- bei gesicherter Sprungkoordination die Anlaufgeschwindigkeit langsam erhöhen

Der Sprunggarten

Alter: ab Klasse 5

Anzahl: ganze Klasse

Gerätebedarf: 5 Markierungskegel für die Laufbahn, 2 große Turnkästen und 2 Turnmatten für den „Wassergraben", Kreide (1), 1 Turnmatte für den Weitsprung (2), 5 Bananenkartons oder kleine Turnkästen zum Überspringen (3), 2 Hochsprungständer, 1 Hochsprungleine (4), 1 großer Turnkasten, 1 stabile Turnbank, 2 Turnmatten für den „Weit-Tiefsprung" (5)

Mit 5 Markierungskegeln wird zunächst ein Mäanderlauf aufgebaut (siehe Kapitel „Ausdauernd laufen" S. 120).

Aus 2 großen Kästen wird eine zweistufige Kastentreppe gebaut (1. Stufe: Kastenteil und Kastendeckel; 2. Stufe: 2 Kastenteile und 1 Kastendeckel). Mit Kreide (1) wird auf den hinter den Kästen liegenden Turnmatten der Wassergraben gezeichnet. Die Stufen der Kastentreppe dürfen nur so hoch sein, dass die Schüler sie möglichst ohne Tempoverlust überwinden und vom oberen Kastendeckel abspringen können. Der „Wassergraben" sollte eine differenzierte Sprunglänge (schräger Kreidestrich) provozieren. Der Schüler landet nach Möglichkeit auf einem Fuß und läuft sofort weiter. Über eine Matte (2) erfolgt weiterführend ein Weitsprung. Fünf kleine Kästen oder Bananenkartons werden so aufgestellt, dass sie rhythmisch überlaufen bzw. übersprungen werden können (3). Es folgt ein „Hoch-Weitsprung" (4). Aus dem Laufen heraus wird die Hochsprungleine frontal übersprungen. Aus einem Kasten, einer stabilen Bank sowie 2 Matten wird der „Weit-Tiefsprung" hergestellt (5). Ohne Tempoverlust soll die Bank emporgelaufen werden. Der Absprung erfolgt von der Bank, die Landung anschließend auf beiden Füßen mit sofortigem Weiterlaufen.

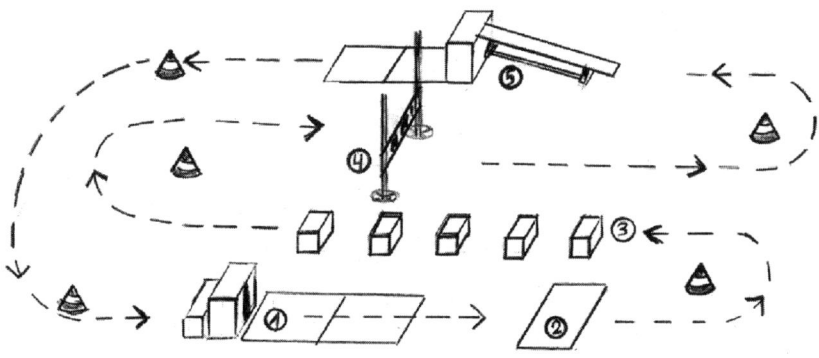

c Springen in die Höhe

Der Hochsprung ist eine Disziplin, zu der wir die meisten Schüler nicht erst überreden müssen. Ist das Überwinden großer Höhen gefahrlos und schmerzfrei, sind die Kinder und Jugendlichen beim Üben kaum noch zurückzuhalten. Wir beschränken uns hier ausschließlich auf Übungs- formen mit dem Schersprung. Der Schersprung weist z. B. viele Gemein- samkeiten mit dem Flop (Power-Flop) auf, weiterhin ermöglicht der Scher- sprung große Höhen und ein gezieltes Koordinationstraining für das Springen in die Höhe.

Das Springen mit dem Schersprung verlangt keine aufwendigen Hoch- sprunganlagen und kann nahezu überall auf dem Sportplatz sowie in der Sporthalle mit wenig organisatorischem Aufwand umgesetzt werden.

Jeder Anlauf endet im bekannten „Drei-Schritt-Rhythmus" und beginnt mit einer bestimmten Anzahl vorheriger Schritte (Fünf-Schritt-Anlauf: Drei-Schritt-Rhythmus plus zwei Schritte, Sieben-Schritt-Anlauf: Drei- Schritt-Rhythmus plus vier Schritte, etc.).

Die wichtigsten Schwerpunkte der Anlauf- und Absprunggestaltung beim Hochsprung sind:

- Der Anlauf erfolgt grundsätzlich immer aus derselben gewählten Grundstellung heraus.
- Der Anlauf ist rhythmisch und beschleunigend.
- Der Blick ist während der letzten drei Schritte geradeaus gerichtet (nicht nach unten gucken, ob die Absprungzone auch getroffen wird).
- Vor dem Aufsetzen des Sprungbeins wird die Fußspitze des Sprung- fußes in der Luft angezogen.
- „Prellendes", vertikales Aufsetzen des Abprungfußes auf der ganzen Sohle (kurzer Bodenkontakt).
- Hüfte, Knie und Fuß sind beim Abflug vollständig zu strecken („groß werden" beim Absprung).
- Das Absprungbein zeigt zur Absprungstelle zurück, der Oberschenkel des Schwungbeins nähert sich der Waagerechten und wird kurz geblockt (fixiert), die Fußspitze des Schwungbeinfußes wird angezogen.
- Beide Arme werden im so genannten Doppelarmschwung in Kopfhöhe geführt und kurz geblockt (fixiert).
- Das Anlauftempo sollte nur so schnell gewählt sein, dass die oben auf- geführten Bewegungsschwerpunkte auch bewusst koordiniert und umgesetzt werden können.

- Die Anlauflänge sollte so gestaltet sein, dass die Schüler nur beschleunigen (für kleine Kinder bzw. leistungsschwache Schüler also relativ kurz, z. B. Drei- oder Fünf-Schritt-Anlauf).

Jeder Schüler hat das Recht auf eine freie Sprunganlage und vor allem auf eine freie Anlaufbahn. Andere Schüler dürfen seinen Sprung nicht stören, deshalb warten die übrigen Schüler wieder in einem „Warteraum" hinter oder neben der Anlaufbahn. Durch die „Eingangstür" (2 Markierungskegel) wird der Anlaufbereich der Sprunganlage betreten. An der Seite sind die Ablaufmarkierungen der Schüler angebracht (Markierungshalbkugeln bzw. Markierungsmaterial, siehe Kapitel „Bastelecke" S. 208 ff.). Bei der Durchführung der nachfolgenden bewährten Übungsformen ist das deutliche Markieren des Übungsgeländes wichtig. Abgrenzungen, Sprung- und Laufzonen bzw. Wartebereiche etc. müssen für alle Beteiligten leicht erkennbar und nachvollziehbar sein.

„Achter-Lauf-Springen"
Alter: ab Klasse 4
Anzahl: ganze Klasse
Gerätebedarf: 7 Turnmatten, 4 Hochsprungständer, 2 Hochsprungleinen (siehe Kapitel „Bastelecke" S. 208 ff.), 6 Markierungskegel für die „Eingangstore" und Wartebereiche.

Sieben Matten werden nebeneinander ausgelegt. Die Hochsprungständer werden jeweils an den beiden äußeren Matten sowie links und rechts neben der mittleren Matte aufgestellt. Mit 2 Hochsprungleinen werden 2 Sprunganlagen fertig gestellt. Dieser Aufbau hat den Vorteil, dass die Schüler immer von „außen nach innen" springen. Die Matten werden im Übungsbetrieb durch die Sprünge zusammengeschoben und müssen kaum nachgerichtet werden. Insgesamt 6 Markierungskegel verdeutlichen „Warteräume" und Anlaufzonen sowie Wendemarken. Der Laufweg entspricht ungefähr der Form einer flach auf dem Boden liegenden Acht. Ein Schüler beginnt diese Übungsform z. B. auf der linken Seite. Er überspringt die Hochsprunganlage mit dem Schersprung (Schwung- und Landebein links), verlässt in der Mitte die „Achter-Lauf-Sprunganlage" und stellt sich im „Warteraum" der rechten Sprunganlage wieder an. Er passiert die „Eingangstür" der rechten Anlage und gelangt in die Anlaufzone. Hier nimmt er Anlauf und überspringt die rechte Hochsprunganlage

(Schwung- und Landebein nun rechts), und stellt sich nach Verlassen der Anlage wieder auf der linken Seite an.

Diese bewährte Übungsform dient der Koordinationsschulung sowie der Ermittlung des besseren Absprungbeins. Die Höhe der Sprunganlage sollte hier zunächst klein gehalten werden, damit das „Bewegungsmuster" des Schersprungs bewusst erfahren werden kann.

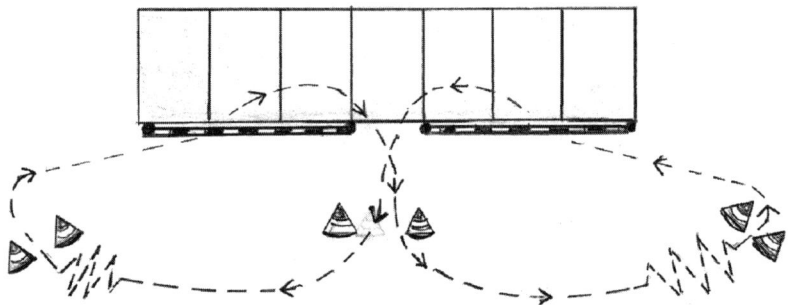

Hochsprung

Alter: ab Klasse 5

Anzahl: ganze Klasse

Gerätebedarf: 7 Turnmatten, 4 Hochsprungständer, 2 Hochsprungleinen, 6 Markierungskegel für die „Eingangstore" und Wartebereiche, 20 Markierungshalbkugeln (siehe Kapitel „Bastelecke" S. 208 ff.) für die Anlaufbahnen als Ablaufmarkierungen

Die Schüler springen, nachdem sie mit der Übung 1 ihr Sprung- und Schwungbein ermittelt haben, mit dem Schersprung über die flexible Hochsprungleine. Der Anlauf und die Anlaufgeschwindigkeit sowie die Höhe werden langsam gesteigert.

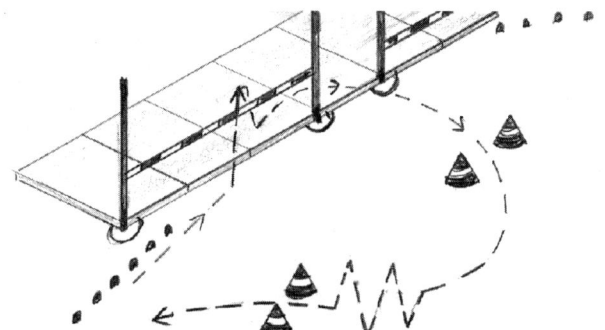

„Risikohochsprung"

Alter: ab Klasse 5
Anzahl: ganze Klasse
Gerätebedarf: 7 Turnmatten, 4 Hochsprungständer, 2 flexible Hochsprungleinen, 6 Markierungskegel für die „Eingangstore" und Wartebereiche, 20 Markierungshalbkugeln für die Anlaufbahnen (Ablaufmarkierungen).

Die Schüler haben sich mit Hilfe des „Achter-Lauf-Springens" erwärmt und ihr Sprung- sowie Schwungbein sind ermittelt. Die Schüler sollen eine möglichst große Sprunghöhe erreichen, die Anzahl ihrer Sprungversuche ist aber begrenzt (6 Versuche haben sich in der Praxis bewährt). Die Schüler entscheiden selbst, bei welcher Sprunghöhe sie in ihren Wettbewerb einsteigen bzw. welche Höhen sie auslassen. Eine gültig übersprungene Höhe müssen die Schüler in diesem Wettbewerb erreichen.

„K.-o.-Hochsprung"

Alter: ab Klasse 5
Anzahl: ganze Klasse
Gerätebedarf: 7 Turnmatten, 4 Hochsprungständer, 2 flexible Hochsprungleinen, 6 Markierungskegel für die „Eingangstore" und Wartebereiche, 20 Markierungshalbkugeln für die Anlaufbahnen (Ablaufmarkierungen).

Die Schüler bilden Paare und treten im Hochsprung in einer direkten Entscheidung gegeneinander an (wenn beide Schüler ihr Sprungbein auf derselben Seite haben, springen sie an einer Anlage (vgl. Abb. S. 148), im anderen Fall verteilen sie sich auf die entsprechende Hochsprunganlage. Der direkte Partnervergleich ist beendet, sobald ein Schüler die Höhe des Partners nicht erreicht. Die Schüler haben für eine Höhe jeweils nur einen Versuch.

Anschließend sucht sich der Gewinner einen anderen Gewinner, und sie bilden ein neues Wettkampfpaar. Der unterlegene Springer sucht sich ebenfalls einen entsprechenden Klassenkameraden etc.

Diese Wettkampfform kann jederzeit beendet (die Anzahl der Siege wird abgefragt) oder bis zur Ermittlung eines Gesamtsiegers ausgetragen werden.

Variation: Der „K.-o.-Hochsprung" wird zunächst in Kleingruppenarbeit ausgetragen (z. B.: 4 Schüler). Jeweils die ersten beiden der beteiligten

Gruppen führen ihren weiteren Wettkampf nach dem oben beschriebenen System in der „Champions-League" durch, die verbleibenden schwächeren Schüler messen sich an einer anderen Sprunganlage in der „Gold-Division". Auch hier macht ein gutes Abschneiden Spaß.

„Verhältnishochsprung"

Alter: ab Klasse 5
Anzahl: ganze Klasse
Gerätebedarf: 7 Turnmatten, 4 Hochsprungständer, 2 flexible Hochsprungleinen, 6 Markierungskegel für die „Eingangstore" und Wartebereiche, 20 Markierungshalbkugeln für die Anlaufbahnen (Ablaufmarkierungen), 1 einfacher Taschenrechner (oder Papier und Bleistift)

Häufig beschweren sich die kleinen Schüler nicht ganz zu Unrecht, dass sie auf Grund ihrer Körperlänge nicht so hoch springen können wie die langen Klassenkameraden.

Nun ist es sehr einfach, mit Hilfe eines Hochsprungständers die Körperlänge der Schüler abzulesen und schriftlich auf einer vorbereiteten Liste festzuhalten.

Klasse: **Hochsprung**

Nr.	Name, Vorname	Körper-länge	Sprung-leistung	Zensur	$\dfrac{\text{Sprungleistung} \cdot 100}{\text{Körperlänge}}$ *(Sprungleistung in %)*	Zensur
		1,	,		%	
		1,	,		%	
		1,	,		%	
		1,	,		%	
		1,	,		%	
		1,	,		%	
...						

Man ermittelt das Verhältnis der Sprunghöhe zur Körperlänge eines Schülers, indem seine erreichte Sprungleistung (in cm) mit 100 multipliziert und dieses Ergebnis durch die Körperlänge des Springers (in cm) dividiert wird.

Beispiel: Schüler A springt 1,30 Meter hoch und ist 1,68 Meter lang; Schüler B springt 1,40 Meter hoch und ist 1,82 Meter lang.

Relative Sprunghöhe Schüler A: 130 · 100 : 168 = 77,4 (%).

Relative Sprunghöhe Schüler B: 140 · 100 : 182 = 76,9 (%).

Im Verhältnis zur eigenen Körperlänge ist der Schüler A besser als Schüler B in die Höhe gesprungen.

Werfen

Das Werfen bietet zahlreiche sehr motivierende und variantenreiche Ausführungsformen (Schlagwurf, Drehwurf, Schockwurf, Druckwurf, Stoßen etc.). Geworfen werden können viele Wurfmaterialien (große und kleine Bälle, Schweifbälle, Steine, Stöcke, Stäbe, Fahrradreifen, harte und weiche Materialien sowie auch genormte Sportgeräte).

a Schlagwurf

Wiederholen wir kurz die Bewegungsschwerpunkte des geraden Wurfs. Auch wenn die Auflistung der Technikschwerpunkte die Wurfbewegung zunächst sehr komplex und schwierig erscheinen lässt, mit den nachfolgenden Übungsschritten und Übungsformen ist die Technik durchaus leicht erlernbar.

Die Schüler müssen lernen und dann auch wissen, dass beim Schlagwurf

- der Ellenbogen möglichst hoch am Kopf (Ohr) vorbeigezogen wird,
- der Ellenbogen vor das Wurfgerät gebracht wird (der Unterarm „schlägt nach"),
- eine Ganzkörperstreckung durchgeführt und kontrolliert wird (Hub),
- der Block der Wurfarmgegenseite gebildet wird (es erfolgt kein Abdrehen des Oberkörpers) und
- der Wurf auch tatsächlich in die vorbestimmte Richtung und Höhe erfolgt.

Für das Werfen gehört der „Dreischrittrhythmus" zum unverzichtbaren Bewegungsschatz des Schülers. Die Schüler müssen lernen und dann auch wissen, dass beim Dreischrittrhythmus

- die richtige Ausgangsstellung die Voraussetzung für eine gute Wurfkoordination ist (die Füße werden nebeneinander in gleicher Höhe und in Schulterbreite aufgesetzt),

- der erste Schritt (beim Rechtshänder links, beim Linkshänder rechts) normale Länge hat und der Fußaufsatz über dem Fußballen erfolgt,
- der zweite Schritt etwas länger ist (Entstehung der Oberkörperrückenlage), dieser Schritt erfolgt schnell und flach, der Fuß wird leicht nach außen gedreht aufgesetzt, das Bein wird weich gebeugt, der Fußaufsatz erfolgt ebenfalls auf dem Fußballen (Einnehmen der sog. Wurfauslage),
- der dritte Schritt sollte so lang sein, dass ein Stemmen ermöglicht wird, der Fußaufsatz erfolgt über dem Hacken, der Fuß klappt schnell ab (das „Ziehen"), gleichzeitig erfolgt die Körperstreckung (Hub) und der Block der Wurfarmgegenseite.

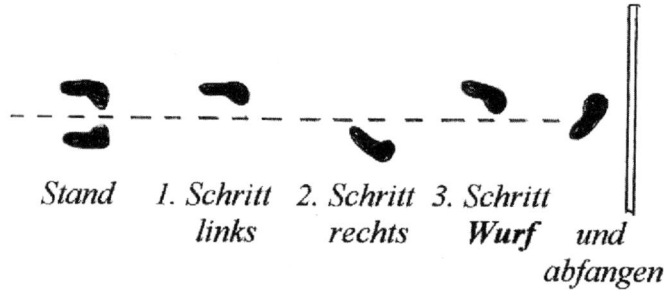

Stand   *1. Schritt*   *2. Schritt*   *3. Schritt*
          links   *rechts*   **Wurf** *und*
                                       abfangen

Die Wurfauslage (sie wird über die Länge des Stemmschritts gesteuert) darf auch nur so groß sein, dass sie ein harmonisches Zusammenwirken zwischen der Anlaufarbeit mit den Beinen und der Auswurfbewegung mit dem Wurfarm ermöglicht. Die Wurfauslage sowie der Stemmschritt müssen eine Beschleunigung der Bewegung ermöglichen, d.h., die Wurfauslage sowie der Stemmschritt müssen schnell überwunden werden können. Auch hier gilt: „Weniger ist letztlich mehr".
Dazu erfolgen die Würfe zunächst nur aus dem Stand (Schrittstellung), dann aus dem 3er-Rhythmus.
Bei den Standwürfen zeigt die Hand (Zeigefinger) des Gegenarms auf das Ziel. Kindern wird so das Treffen von Büchsen erheblich erleichtert, andererseits bilden wir den so genannten „Block" heran.
Der beherrschte 3er-Rhythmus kann dann beliebig erweitert werden (zwei Anlaufschritte plus 3er-Rhythmus, vier Anlaufschritte plus 3er-Rhythmus etc.). Während das Tempo der Anlaufschritte variiert werden kann, sollte der 3er-Rhythmus zügig durchgeführt werden (mitsprechen:

„rechts – links – Wurf"). So entsteht über den 5- und 7-Schritt-Anlauf der erweiterte Anlauf.

Das Wurfgerät sollte variiert werden; Wurfstäbe und Moosgummiringe haben sich bewährt, da diese Wurfmaterialien durch das Betrachten ihres Fluges eine direkte Kontrolle der Auswurfbewegung ermöglichen. Der Wurfstab dreht sich bei richtiger Wurfausführung mit einer Vorwärtsrotation senkrecht durch die Luft. Ein seitliches bzw. schräges Drehen des Stabes beweist u.a. eine falsche Ellenbogenführung.

Sehr bewährt haben sich die Schweifbälle (siehe Kapitel „Bastelecke" S. 208 ff.). Zugegeben, die Herstellung erfordert ein wenig Mühe und auch handwerkliches Geschick; aber die Vorteile erkennt man sofort bei ihrem Einsatz, die Schweifbälle rollen nicht weg, eine mögliche Verletzungsgefahr durch diese Wurfmaterialien ist gering.

Grundregel: Die Wurfgeräte niemals zu groß oder gar zu schwer wählen (diese Wurfgeräte behindern lediglich die Wurfausführung und verhindern das Bewegungslernen). Das Techniktraining sollte nicht Selbstzweck sein. Schüler werden nur sehr wenig Anbindung an diese sehr komplexe Disziplin und Technik finden, wenn sie diese nur unbefriedigend beherrschen.

Die folgende Übungsauswahl ist so gestaltet, dass zunächst eine hohe Ellenbogenführung geübt wird (Schlagen des Balles, hohe Zielfelder und Höhenorientierungen, Zielwürfe).

„Schlagen des Balles auf den Boden"

Alter: ab Klasse 4
Anzahl: ganze Klasse
Gerätebedarf: 1 Tennisball für jeden Schüler

Die Schüler schlagen den Ball kräftig auf den Boden. „Wer kann den Ball am kräftigsten schlagen? Welcher Ball prallt am höchsten zurück? Wer kann den Ball am höchsten gegen die Wand schlagen"?

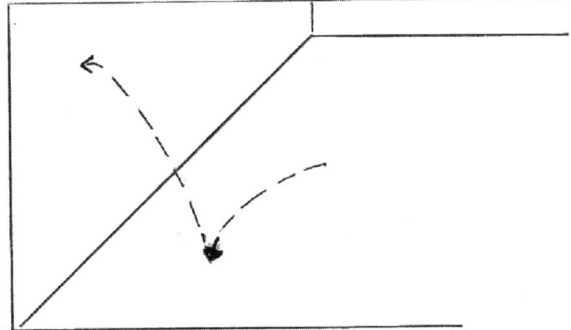

„Schlagen des Balles gegen die Wand"

Alter: ab Klasse 4

Anzahl: ganze Klasse

Gerätebedarf: Markierungsmaterial (Kreppband, Kreide), 1 Tennisball für jeden Schüler

An der Wand sind mit Kreide oder Kreppband Zielzonen markiert. Die Schüler schlagen den Ball auf den Boden und treffen die vorher festgelegte Zielzone.

Variation: Partnerarbeit: Schüler A bestimmt die Zielzone, Schüler B hat 2 Versuche, die Zielzone zu treffen.

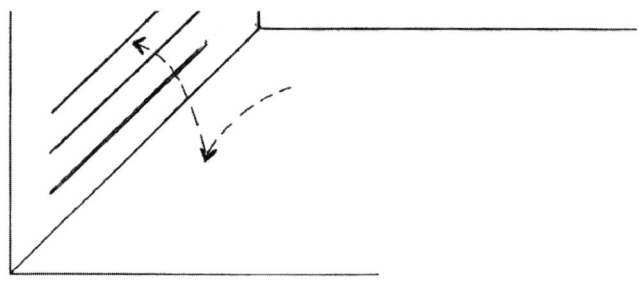

„Schlagen des Balles gegen die Wandziele"

Alter: ab Klasse 4

Anzahl: ganze Klasse

Gerätebedarf: Markierungsmaterial (Pappen, Zeitungspapier und Kreppband, Kreide), 1 Tennisball für jeden Schüler

An der Wand sind mit Kreide oder mit Hilfe von Kreppband befestigte Papierflächen als Ziele markiert. Die Schüler schlagen den Ball auf den Boden und treffen die vorher festgelegten Wandziele.

Variation: Partnerarbeit (siehe vorhergehende Übung).

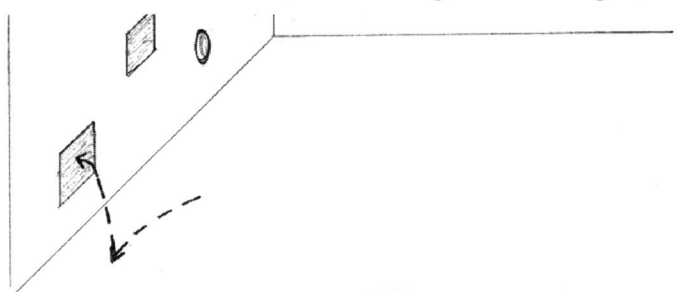

„Weitschlagen" des Balles

Alter: ab Klasse 4
Anzahl: ganze Klasse
Gerätebedarf: 2 Hochsprungständer oder 2 Reckpfosten, 1 Trennleine,
1 Tennisball für jeden Schüler

Zwischen die beiden äußeren Reckpfosten (zwischen 2 Hochsprungständer) wird eine Trennleine gespannt (Abstand vom Boden: ca. 30 cm). Die
Schüler schlagen den Ball von oben unter der gespannten Leine hindurch.
Welcher hochprellende Ball fliegt am höchsten? Welcher abprallende Ball
fliegt am weitesten?

Variationen: Der Abstand der Schüler zur Wurfanlage wird vergrößert
(der Ball muss von oben geworfen werden, seitliche Würfe sind nicht
erlaubt); Partnerarbeit (siehe Übung S. 154 oben).

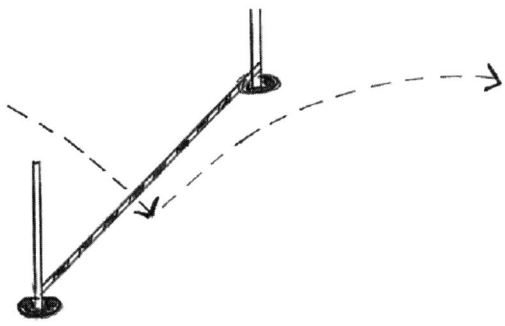

Schlagwürfe aus der Schrittstellung (I)

Alter: ab Klasse 4
Anzahl: ganze Klasse
Gerätebedarf: die äußeren Schaukelringe, 2 Ballnetze, 2 schwere Medizinbälle, 1 Trennleine, Markierungsmaterial (Kreppband), 1 Tennisball
oder 1 „Schweifball" pro Schüler (siehe Kapitel „Bastelecke" S. 208 ff.)

An die beiden äußeren Ringe wird ein möglichst schwerer Medizinball in
jeweils einem Ballnetz befestigt, anschließend wird zwischen diese beiden Ringe eine Trennleine gespannt (durch die Medizinballgewichte lässt
sich die Trennleine nahezu gerade spannen). Anschließend wird die Wurfanlage hochgezogen (Abstand der Trennleine zur Decke: ca. 1,5 m).
Die Schüler werfen aus der Schrittstellung den Tennisball/Schweifball
über die Wurfanlage.

Variationen: Die Schüler werfen die Bälle aus dem 3er-Rhythmus, aus dem 5-Schritt-Anlauf über die Wurfanlage (immer auf eine hohe Ellenbogenführung achten); Partnerarbeit (siehe „Schlagen des Balles gegen die Wand", S. 154).

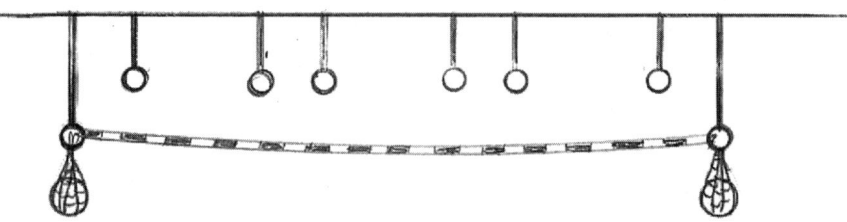

Schlagwürfe aus der Schrittstellung (II)

Alter: ab Klasse 4
Anzahl: ganze Klasse
Gerätebedarf: die äußeren Schaukelringe, 2 Ballnetze, 2 schwere Medizinbälle, 1 Trennleine, 2–4 Gymnastikreifen oder Fahrradmäntel, Markierungsmaterial (Kreppband), 1 Tennisball oder 1 „Schweifball" für jeden Schüler

Siehe und vgl. die vorhergehende Übung. Mit Kreppband oder Parteibändern werden mit Gymnastik- oder Fahrradreifen zusätzliche Höhenwurfziele befestigt. Wer wirft am genauesten?
Variation: Partnerarbeit (siehe „Schlagen des Balles gegen die Wand", S. 154).

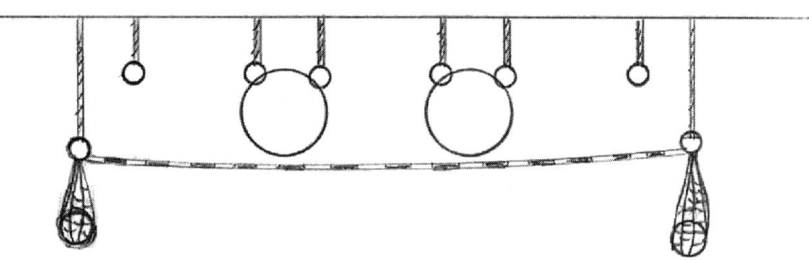

Zielwürfe über die Höhenorientierung

Alter: ab Klasse 4
Anzahl: ganze Klasse
Gerätebedarf: die äußeren Schaukelringe, 2 Ballnetze, 2 schwere Medizinbälle, 1 Trennleine, 2–4 Gymnastikreifen oder Fahrradmäntel, Mar-

kierungsmaterial (Kreppband), 4–8 Matten als Bodenziele (ggf. andere geeignete Bodenziele), 1 Tennisball oder 1 „Schweifball" für jeden Schüler

Auf dem Boden werden Abwurfzonen markiert und in Wurfrichtung hinter der Höhenorientierung Bodenzielfelder (z. B.: Matten) gelegt.
Die Schüler werfen aus der Schrittstellung aus der Abwurfzone den Ball über die Höhenorientierung in ein Bodenzielfeld.
Variationen: Abwurfzonen in der Entfernung zur Höhenorientierung variieren, Bodenzielfelder entfernen, verkleinern etc.

Ist die Wurfausführung schon gefestigt, können die gleichen Übungen aus dem 3-Schritt-Anlauf bzw. 5-Schritt-Anlauf ausgeführt werden.
Variation: Partnerarbeit (siehe „Schlagen des Balles gegen die Wand", S. 154).

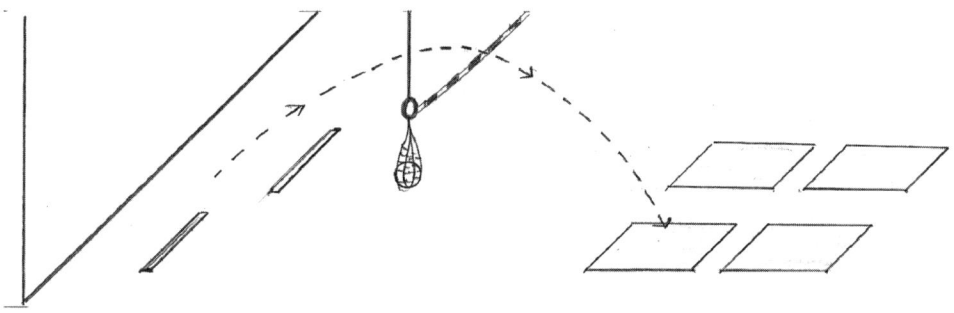

Zonenzielwürfe über eine Höhenorientierung (I)

Alter: ab Klasse 4
Anzahl: ganze Klasse
Gerätebedarf: 2 Hochsprungständer oder 2 Reckpfosten, 1 Trennleine, 4 Turnbänke, Markierungsmaterial (Kreppband, Markierungsflächen , Markierungskegel), 1 Tennisball oder 1 „Schweifball" für jeden Schüler (siehe Kapitel „Bastelecke", S. 208 ff.)

Zwischen die beiden äußeren Reckpfosten (oder zwischen 2 gegen Umstürzen gesicherte Hochsprungständer) wird eine Trennleine gespannt (Höhe: ca. 2,5 m über dem Boden).
Ferner werden am Boden Abwurfbereiche markiert. In Wurfrichtung werden hinter der Höhenorientierung Turnbänke zur Zonenmarkierung aufgestellt.

Die Schüler werfen den Schweifball/Tennisball über die Höhenorientierung in eine vorher festgelegte Zone. „Wer trifft am sichersten die festgelegte Zone"?

Variation: Partnerarbeit (siehe „Schlagen des Balles gegen die Wand", S. 154)

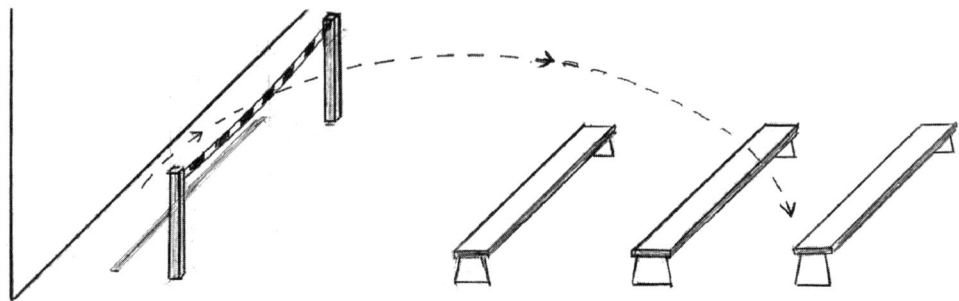

Zonenzielwürfe über eine Höhenorientierung (II)

Alter: ab Klasse 5

Anzahl: ganze Klasse

Gerätebedarf: 1 Fußballtor, Markierungsmaterialien für den Abwurfbereich bzw. für die Bodenziele (Baustellenabsperrband), mindestens 10 Markierungskegel oder Markierungshalbkugeln, 1 Tennisball, 1 „Schweifball" oder 1 Wurfstab pro Schüler (siehe Kapitel „Bastelecke", S. 208 ff.)

Siehe und vgl. die vorhergehende Übung. Vor einem Fußballtor wird die Abwurfzone markiert. In Wurfrichtung hinter dem Tor werden Bodenzielzonen markiert. Wer trifft am sichersten die vorher bestimmten Bodenzonen? Wer trifft entferntere Bodenzonen schon sicher?

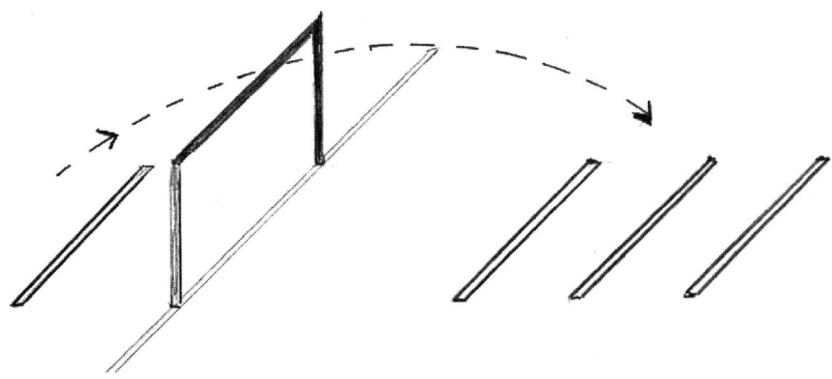

Zonenzielwürfe über eine Höhenorientierung (III)

Alter: ab Klasse 5

Anzahl: ganze Klasse

Gerätebedarf: wie vorhergehende Übung

Siehe und vgl. die vorhergehende Übung. Mit Markierungskegeln und Baustellenabsperrband werden Bodenzielfelder eingerichtet.

Variationen: Verkleinern der Bodenzielfelder, längere Wurfdistanzen fordern, Partnerwürfe, Synchronwürfe.

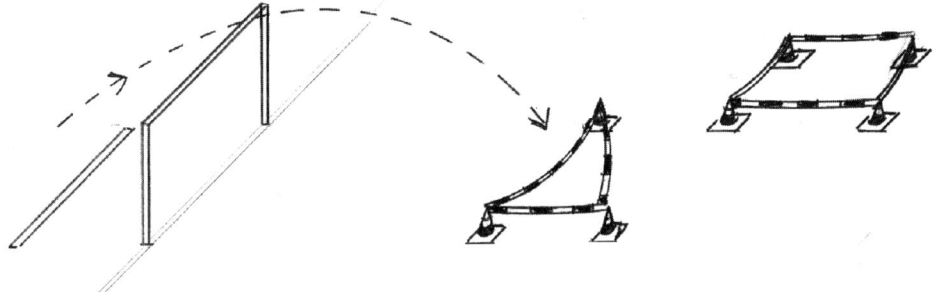

Hohe Zielwürfe (I)

Alter: ab Klasse 4

Anzahl: ganze Klasse

Gerätebedarf: alle Sprossenwände, Markierungsmaterialien (Kreppband oder Markierungsflächen), Markierungskegel, mindestens 1 Tennisball oder 1 „Schweifball" für jeden Schüler (siehe Kapitel „Bastelecke S. 208 ff.)

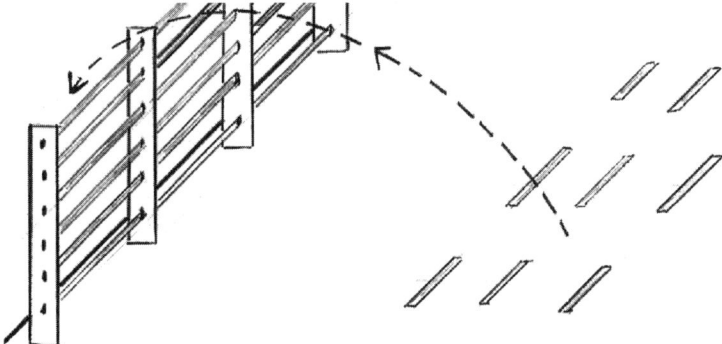

Vor der Sprossenwand werden Abwurfzonen markiert. Die Schüler werfen den Ball in einem hohen Bogen hinter die Sprossenwand. Wer kann den Ball so genau werfen, dass er genau von oben hinter die Sprossenwand fällt?

Variationen: Abwurfzone verlegen, Partnerarbeit.

Hohe Zielwürfe (II)

Alter: ab Klasse 4
Anzahl: ganze Klasse
Gerätebedarf: mindestens 1 Weichbodenmatte, Markierungsmaterialien (Kreppband oder Markierungsflächen), Markierungskegel, mindestens 1 Tennisball oder 1 „Schweifball" für jeden Schüler (siehe Kapitel „Bastelecke" S. 208 ff.)

Siehe und vgl. die vorhergehende Übung. Der Haltegurt der Weichbodenmatte wird etwas gelockert, so dass die Matte etwas nach vorne kippt und sich zur Wand ein Spalt bildet. Vor der Weichbodenmatte werden Abwurfzonen markiert. Die Schüler werfen den Ball in einem hohen Bogen hinter die Weichbodenmatte. Wer kann den Ball so genau werfen, dass er genau von oben in die „Gletscherspalte" fällt?

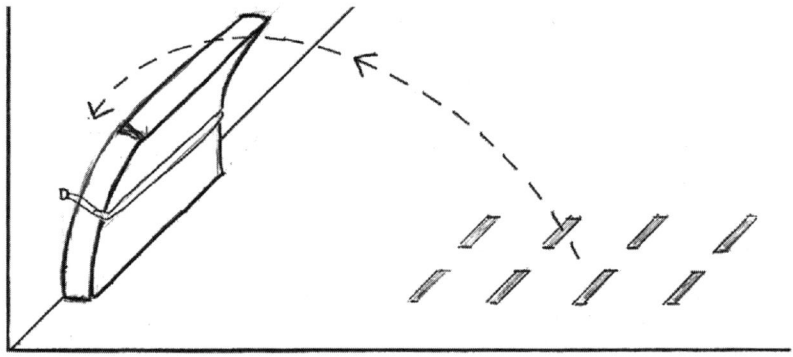

Variationen: Abwurfzone verlegen, Partnerarbeit.

Zielzonenwerfen gegen die Wand

Alter: ab Klasse 4
Anzahl: ganze Klasse
Gerätebedarf: Markierungsmaterial (Kreppband, Kreide), 1 Tennisball, 1 „Schweifball" oder 1 Wurfstab für jeden Schüler

Mit Kreide (bzw. Krepp- oder Baustellenabsperr- band) werden Zielzonen an der Wand ange- bracht. Die Schüler wer- fen den Ball in die vor- her festgelegte Zielzone. **Variationen:** Verände- rung der Abwurfzone, Wurfschärfe, Partnerar- beit s.o.

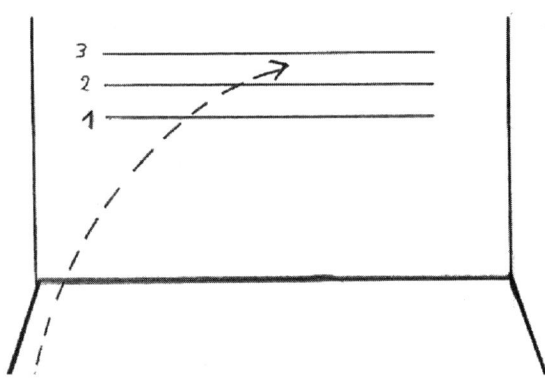

Bodenzielwerfen gegen die Wand (I)

Alter: ab Klasse 4

Anzahl: ganze Klasse

Gerätebedarf: Markierungsmaterial (Kreppband, Kreide, Markierungs- kegel oder Turnbänke), 1 Tennisball oder 1 „Schweifball" für jeden Schüler (siehe Kapitel „Bastelecke" S. 208 ff.)

Siehe und vgl. die vorhergehende Übung. Zusätzlich zu den Wandzonen werden am Boden Zielzonen markiert (z. B. Markierungskegel etc.).

Die Schüler werfen den Ball gegen die Wand und treffen die vorher fest- gelegte Zone.

Die Schüler werfen den Ball in eine vorher bestimmte Wandzone und tref- fen das festgelegte Bodenfeld etc.

Variationen: Veränderung der Abwurfzone und Wurfschärfe; Partner- arbeit.

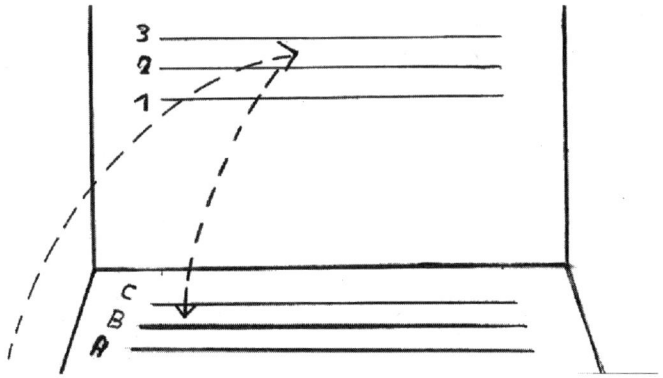

Bodenzielwerfen gegen die Wand (II)

Alter: ab Klasse 4

Anzahl: ganze Klasse

Gerätebedarf: Markierungsmaterial (Kreppband, Kreide, möglich sind auch Turnbänke), 1 Tennisball oder 1 „Schweifball" für jeden Schüler

Siehe und vgl. die vorhergehende Übung. Die Schüler werfen den Ball gegen die Wand und treffen die zuvor festgelegte Bodenzone. Die Schüler variieren ihre Würfe in Wurfschärfe, Wurfhöhe, Entfernungen sowie aus der Schrittstellung bzw. aus dem Anlauf.

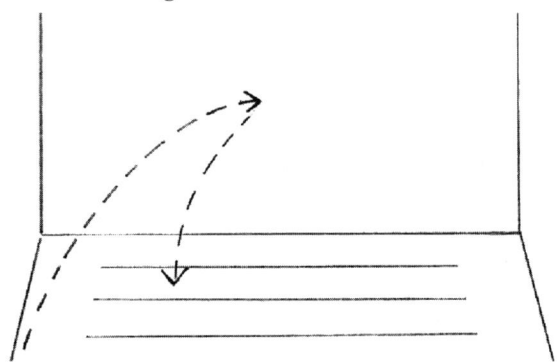

Bodenzielwerfen gegen die Wand (III)

Alter: ab Klasse 4

Anzahl: ganze Klasse

Gerätebedarf: mehrere Bodenziele (Matten, umgedrehte Kastendeckel, Gymnastik- oder Fahrradreifen), Markierungsmaterial (Kreppband, Markierungskegel), 1 Tennisball oder 1 „Schweifball" für jeden Schüler

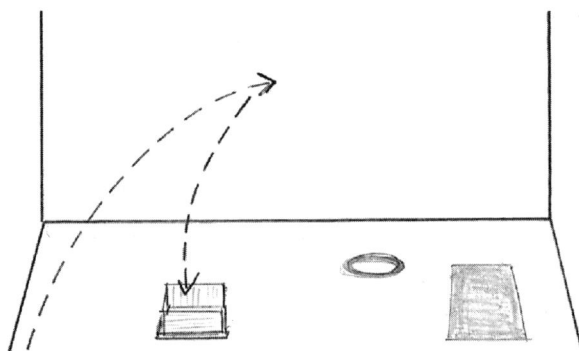

Siehe und vgl. die vorhergehende Übung. Anstatt der Bodenzielzonen werden kleinere Zielflächen markiert bzw. aufgestellt (z. B.: Kastendeckel, Matten).

Die Schüler legen ihr Bodenziel fest und werfen den Ball gegen die Wand in das Bodenziel. Die Schüler variieren dabei ihre Würfe in Wurfschärfe, Wurfhöhe, Entfernungen sowie aus der Schrittstellung bzw. aus dem Anlauf.

Bodenzielwerfen gegen die Wand (IV)

Alter: ab Klasse 5
Anzahl: ganze Klasse
Gerätebedarf: Markierungsmaterial (Pappen mit Kreppband, Kreide), mehrere Bodenziele (Matten, umgedrehte Kastendeckel, Sprungbretter, Gymnastik- oder Fahrradreifen), Markierungsmaterial (Markierungskegel), 1 Tennisball oder 1 „Schweifball" für jeden Schüler (siehe Kapitel „Bastelecke" S. 208 ff.)

Siehe und vgl. „Bodenzielwerfen gegen die Wand (II)" auf S. 162. Anstatt der Zielzonen werden kleinere Zielflächen markiert bzw. aufgestellt. Das können z. B. Kastendeckel, Matten, eine an der Wand befestigte Zeitung, Kreidemarkierungen etc. sein.

Die Schüler legen ihr Wand- und Bodenziel fest und werfen den Ball über das Wandziel in das Bodenziel. Die Schüler variieren ihre Würfe in Wurfschärfe, Wurfhöhe, Entfernungen sowie aus der Schrittstellung bzw. aus dem Anlauf.

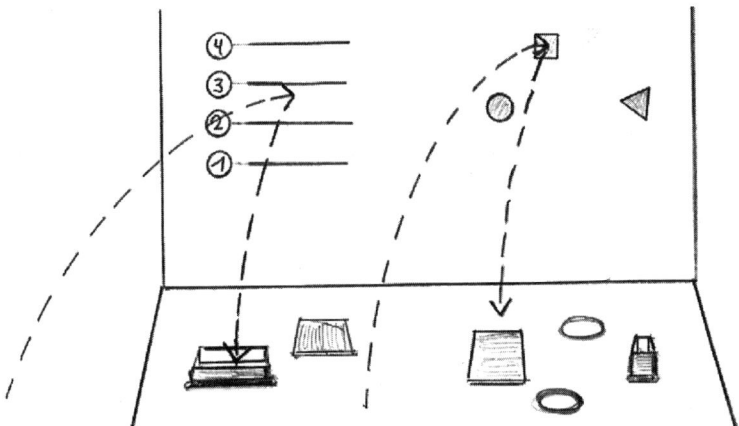

Werfen über eine Höhenorientierung

Alter: ab Klasse 4

Anzahl: ganze Klasse

Gerätebedarf: 2 Reckpfosten bzw. 2 gegen Umstürzen gesicherte Hochsprungständer, 1 Trennleine (siehe Kapitel „Bastelecke" S. 208 ff.)

Zwischen die beiden äußeren Reckpfosten wird eine Trennleine schräg gespannt. Der kleinste Schüler muss mit hoher Ellenbogenführung (aber bequem) über das Band werfen können. Die Schüler richten sich beim Werfen so hoch wie möglich an der schräg gespannten Leine aus.

Sie variieren ihre Würfe in Wurfschärfe, Entfernungen sowie aus der Schrittstellung bzw. aus dem Anlauf.

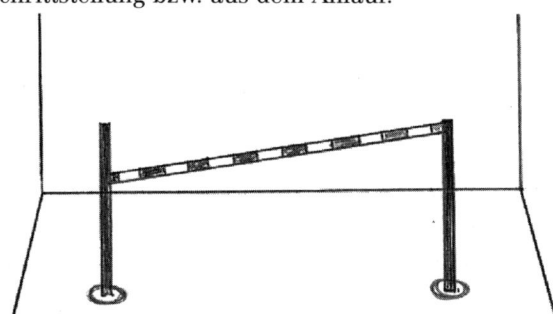

Kegelabwerfen (I)

Alter: ab Klasse 4

Anzahl: ganze Klasse

Gerätebedarf: 3–4 große Turnkästen, 9–12 Markierungskegel oder 18–24 Konservendosen („3-2-1-Türmchen"), Markierungsmaterial (Kreppband, Markierflächen), 1 Tennisball oder 1 „Schweifball" für jeden Schüler

Die Schüler werfen aus unterschiedlichen Distanzen mit Bällen die Markierungskegel (Konservendosen) ab. Die Schüler müssen auf eine hohe Ellenbogenführung achten (niedrige Ziele verleiten zu einem hängenden Ellenbogen).

  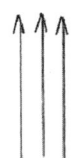 

Variationen: Entfernung variieren, Mannschaftswettbewerbe durchführen, Anzahl der Bälle begrenzen, nicht abgeworfene Markierungskegel (Konservendosen) mit Aufgaben belegen (vgl. „Biathlon" S. 172).

Kegelabwerfen (II)

Alter: ab Klasse 4

Anzahl: ganze Klasse

Gerätebedarf: pro Wurfanlage 2 kleine Turnkästen, 1 Turnbank, 5–8 Markierungskegel bzw. Konservendosen, Markierungsmaterial (Kreppband, Markierflächen), 1 Tennisball oder 1 „Schweifball" für jeden Schüler

Siehe und vgl. die vorhergehende Übung.

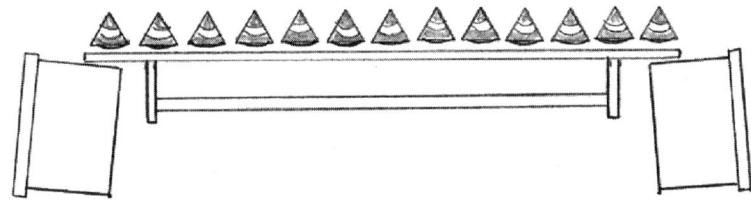

Bananenkistenabwerfen

Alter: ab Klasse 4

Anzahl: ganze Klasse

Gerätebedarf: pro Wurfanlage 1 Turnbank, 4 Bananenkartons, Markierungsmaterial (z. B. Markierungskegel), 1 Tennisball oder 1 „Schweifball" für jeden Schüler

Siehe und vgl. „Kegelabwerfen" (I), S. 164. Diese Variante eignet sich vor allem für den Sportplatz. Als „Turnbank" können mehrere umgedrehte und aneinander gelegte Bananenkartons dienen.

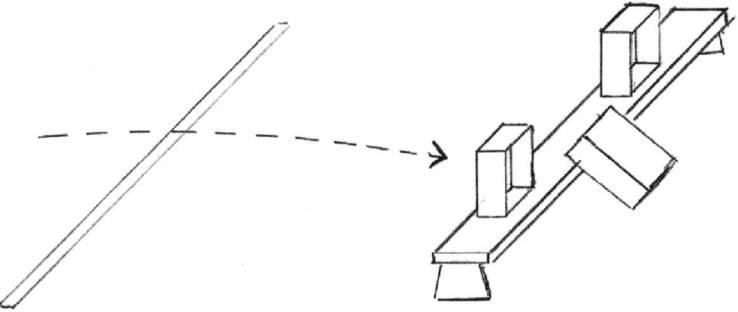

Schienentreiben

Alter: ab Klasse 4

Anzahl: ganze Klasse

Gerätebedarf: pro Wurfanlage 2 Turnbänke, 1 Medizin- oder Basketball, Markierungsmaterial (z. B. Markierungskegel), 1 Tennisball oder 1 „Schweifball" für jeden Schüler

Die Schüler treiben den Basketball mit Bällen auf seiner Schiene entlang. Gewonnen hat die Mannschaft, deren Ball als erster hinten von der Bank hinunterrollt.

Variationen: Wurfentfernung und Ballart (z. B. ein harter Medizinball) verändern. Die Bänke mit den hinteren Füßen auf eine Matte stellen (der Ball muss „bergauf" getrieben werden), Handikapwettkämpfe zulassen (gute Werfer treten gegen andere Mannschaften aus einer größeren Entfernung an, ihre Schiene ist steiler geneigt etc.). Mannschaften können auch gegeneinander antreten, indem sie sich jeweils an einem Bankende aufstellen und versuchen, den Ball der gegnerischen Mannschaft vor die Füße zu treiben (die Arbeitshaltung der Kinder beachten, die Schüler sollen bei dieser Variation den Zielball bewerfen und nicht die Klassenkameraden).

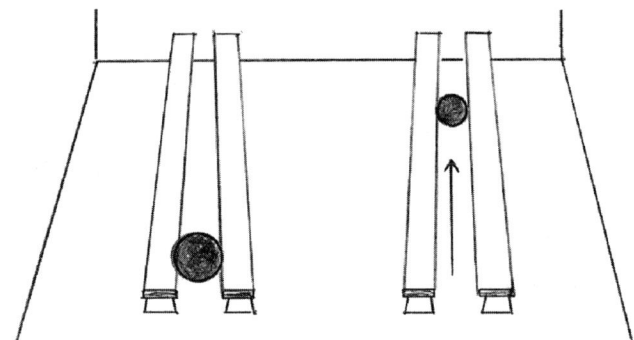

Bananenkistentreiben

Alter: ab Klasse 4

Anzahl: ganze Klasse

Gerätebedarf: 1–3 Bananenkarton(s), Markierungsmaterial (z. B. Markierungsscheiben), mindestens 1 Tennisball oder 1 „Schweifball" für jeden Schüler

Aus einer Wurfzone heraus treiben die Schüler mit Bällen die Bananenkisten vor sich her. Gewonnen hat die Mannschaft, die ihre Kiste(n) als

Erste über die vereinbarte Ziellinie befördert hat. Dieses Wurfspiel erfordert viele Würfe, da sich die Bananenkartons nur schwer bewegen lassen (und manchmal bei diesem Spiel auch ihr Dasein als Kiste aufgeben, für die Schüler immer wieder motivierend).

Die Mannschaften können auch gegeneinander antreten, indem sie sich einander gegenüber aufstellen und versuchen, den Bananenkarton der gegnerischen Mannschaft vor die Füße zu treiben. Nach diesem Spiel muss übrigens ein neuer Karton besorgt werden (siehe und vgl. auch die vorhergehende Übung)!

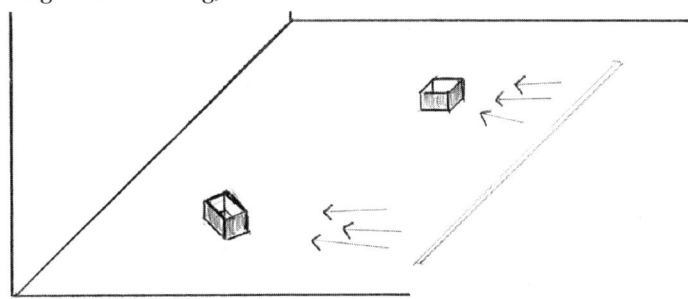

Zielwürfe durch sich bewegende Reifen

Alter: ab Klasse 4

Anzahl: ganze Klasse

Gerätebedarf: 2–3 große Turnkästen, 2–3 Gymnastikreifen, ggf. 1–2 Weichbodenmatten, Markierungsmaterial (z. B. Markierungsscheiben), mindestens 1 Tennisball oder 1 „Schweifball" für jeden Schüler

Hinter einem Kasten hockt ein Schüler und bewegt den Gymnastikreifen auf-, ab- und seitwärts. Die Schüler versuchen, aus unterschiedlichen Entfernungen möglichst viele Bälle durch den sich bewegenden Reifen zu werfen.

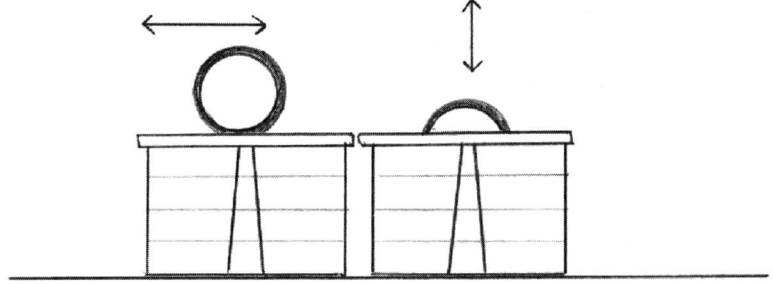

Auch hier muss auf die Arbeitshaltung der Schüler geachtet werden. Gerade größere Schüler werfen ihre Bälle gerne gegen die Wand und versuchen, ihre Mitschüler mit dem abprallenden Ball zu treffen (vgl. „Bodenzielwerfen gegen die Wand (III), S. 162). Abhilfe schaffen hier Weichbodenmatten, die hinter der Zielanlage gegen die Wand gelehnt werden!

Sautreffen

Alter: ab Klasse 4
Anzahl: ganze Klasse
Gerätebedarf: Medizin- oder Basketbälle als „Säue", Markierungsmaterial (z. B. Markierungsscheiben), mindestens 1 Tennisball oder 1 „Schweifball" für jeden Schüler

Ein Schüler rollt von der Seite nacheinander die Zielbälle über den Boden. Die anderen Schüler treffen die Zielbälle mit ihren Schweif- bzw. Tennisbällen.
Variationen: Entfernungen variieren, Rollgeschwindigkeit der Zielbälle verändern, nicht getroffene Bälle mit Aufgaben verbinden, Handikapwettbewerbe etc.
Die Mannschaften können auch gegeneinander antreten, indem sie sich einander gegenüber aufstellen und versuchen, den Ball der gegnerischen Mannschaft vor die Füße zu treiben (siehe und vgl. „Schienentreiben", S. 166).

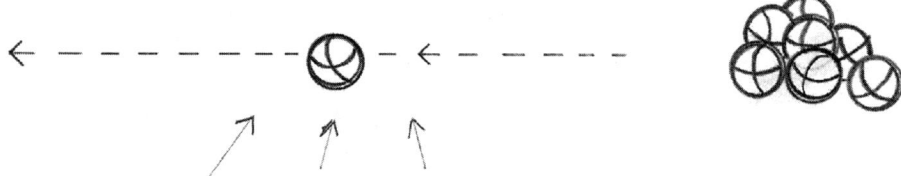

Lawinentreffen

Alter: ab Klasse 4
Anzahl: max. 16 Schüler
Gerätebedarf: 4 Turnbänke, 1 kleiner Turnkasten, 1 großer Turnkasten, mindestens 8 Basket- oder Medizinbälle als „Lawinen", Markierungsmaterial (z. B. Markierungsscheiben), mindestens 1 Tennisball oder 1 „Schweifball" für jeden Schüler

Aus vier Bänken und den Kästen wird eine schräge Schiene gebaut. Ein Schüler legt nacheinander die Zielbälle („Lawinen") auf die schräge Schiene und lässt sie hinunterrollen. Die anderen Schüler werfen die Lawine mit Bällen ab.

Variationen: Entfernungen variieren, nicht abgeworfene Lawinen mit Aufgaben verbinden, Handikapwettbewerbe etc.

Medizinballtreffen

Alter: ab Klasse 5
Anzahl: ganze Klasse
Gerätebedarf: 1 oder mehrere Schaukelringe, 1 oder mehrere Ballnetze, 1 oder mehrere schwere Medizinbälle, Markierungsmaterial (z. B. Markierungsscheiben), mindestens 1 Tennisball oder 1 „Schweifball" für jeden Schüler

Die Schüler treffen mit Bällen die schwingenden Bälle im Ballnetz.
Variationen: Entfernungen variieren, die Höhe des schwingenden Ziels verändern.

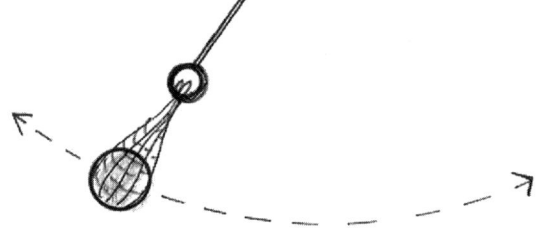

Zielscheibe

Alter: ab Klasse 4
Anzahl: ganze Klasse
Gerätebedarf: Zielscheibe auf Rollen (oder 2 Rollbretter und 1 Sprungbrett), Markierungsmaterial (z. B. Markierungsscheiben), mindestens 1 Tennisball oder 1 „Schweifball" für jeden Schüler

Wer noch keine bewegliche Zielscheibe hat (Türblatt auf 2 Rollen mit 2 Griffen), kann sich mit einem Sprungbrett auf einem Rollbrett behelfen. Ein Sprungbrett wird mit der breiten Seite auf 2 Rollbretter gestellt. Ein Schüler schiebt das Wurfziel hin und her. Die anderen Schüler treffen mit Bällen das bewegliche Ziel. Bei dieser Spielform wird viel geworfen, aber alle Schüler wollen auch einmal hinter die Zielscheibe.

Variation: Wurfentfernungen bzw. Bewegungsgeschwindigkeit des Wurfziels verändern.

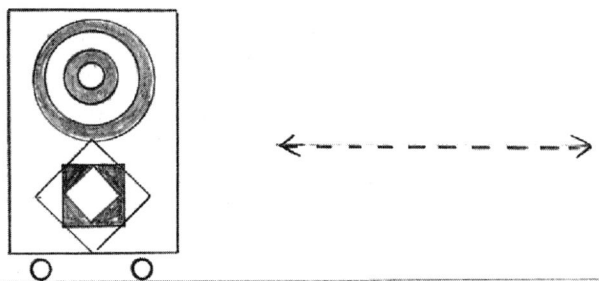

Reifentreiben (I)

Alter: ab Klasse 5

Anzahl: ganze Klasse

Gerätebedarf: : pro Mannschaft 4 bis 6 Fahrradreifen/Gymnastikreifen, Markierungsmaterial (z. B. Markierungsscheiben) zum Kennzeichnen der Abwurfzonen, mindestens 1 „Schweifball" für jeden Schüler

Vor jeder Mannschaft werden 6 Reifen in einer Reihe ausgelegt. Die Schüler werfen aus einer Wurfzone mit „Schweifbällen" (siehe Kapitel „Bastelecke" S. 208 ff.). Es muss direkt in den der Wurfzone jeweils am nächstgelegenen Reifen geworfen werden (über den Boden abprallende bzw. hineinrollende Bälle sind ungültige Treffversuche). Bei einem erfolgreichen Wurf wird dieser Reifen aufgehoben und hinten an die Reifenreihe neu angelegt. Gewonnen hat die Mannschaft, die als Erste die vereinbarte Ziellinie mit den Reifen erreicht.

Reifentreiben (II)

Alter: ab Klasse 5
Anzahl: ganze Klasse
Gerätebedarf: pro Mannschaft 2 bis 3 Fahrradreifen/Gymnastikreifen,
Markierungsmaterial (z. B. Markierungsscheiben) zum Kennzeichnen der
Abwurfzonen

Siehe und vgl. die vorhergehende Übung. 2 Mannschaften spielen jeweils
direkt gegeneinander. Die beiden Mannschaften stellen sich in ihren Wurf-
zonen gegenüber auf. Zwischen beiden Mannschaften werden 6 Reifen in
einer Reihe ausgelegt. Die Schüler werfen aus ihrer Wurfzone mit Schweifbällen. Es muss in den jeweils nächstgelegenen Reifen direkt geworfen
werden (über den Boden abprallende bzw. hineinrollende Bälle sind
ungültige Treffversuche). Bei einem erfolgreichen Wurf wird dieser Reifen aufgehoben und aus Sicht der erfolgreichen Mannschaft hinten an die
Reifenreihe neu angelegt. Gewonnen hat die Mannschaft, die die Reifenreihe am weitesten von sich entfernen kann.

Weitwurf in Zonen

Alter: ab Klasse 5
Anzahl: ganze Klasse
Gerätebedarf: mindestens 1 „Schweifball", Schlagball oder Wurfstab für
jeden Schüler, Markierungsmaterial (z. B. Markierungskegel)

Es werden eine Abwurflinie und Bodenzonen markiert. Diese Übungsform
dient der Leistungsüberprüfung. Die markierten Zonen werden entsprechend der jeweiligen Bewertungsgrundlage (Zensuren) angelegt.

Schlagballweitwurf

Alter: ab Klasse 5
Anzahl: ganze Klasse
Gerätebedarf: mindestens 1 Schlagball für jeden Schüler, Markierungs-
material (z. B. Markierungskegel, Markierungshalbkugeln – siehe Kapitel
„Bastelecke" S. 208 ff.)

Es wird so weit wie möglich geworfen und die Weite gemessen.

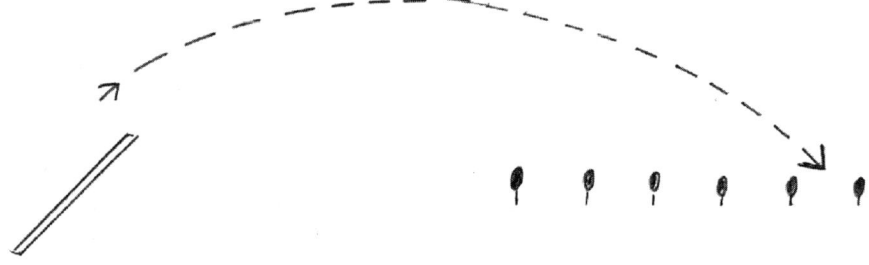

Biathlon

Alter: ab Klasse 5
Anzahl: ganze Klasse (aufgeteilt in mehrere Mannschaften)
Gerätebedarf: pro Mannschaft 3 Markierungskegel oder Konservendo-
sen zum Abwerfen (bzw. 3 Gymnastik- oder Fahrradreifen zum Hinein-
treffen), 4 „Schweifbälle" pro Wurfanlage, Markierungsmaterial (z. B.
Markierungskegel oder -halbkugeln, siehe Kapitel „Bastelecke" S. 208 ff.)

Auf dem Spielfeld werden eine große Laufrunde und eine kleine Laufrunde
markiert. Die kleine Laufrunde (spätere „Strafrunde") sollte eher kurz
ausgewiesen werden, Länge insgesamt ca. 20 m. Ferner wird ein „Schießstand" aufgebaut (z. B. Markierungskegel, die abgeworfen oder getroffen
werden müssen, Reifen, in die man hineinwirft).
Ein Schüler läuft zunächst die große Laufrunde, kommt zum „Schießstand" und wirft mit „Schweifbällen" die Markierungskegel ab. Anschließend läuft er weiter zu seiner Mannschaft. Sollte der Schüler nicht
alle Markierungskegel abgeworfen haben, muss der Schüler für jeden
nicht getroffenen Kegel eine „Strafrunde" zurücklegen. Erst dann läuft er
zurück zu seiner Mannschaft, der nächste Schüler startet.
Gewonnen hat die Mannschaft, die zuerst die vereinbarte Rundenzahl
absolviert hat.

Variationen: Die Anzahl der Wurfbälle am Schießstand wird begrenzt (z. B. 4 „Schweifbälle" für 3 Markierungskegel), es laufen pro Mannschaft immer kleine Teilgruppen (z. B. die Hälfte jeder Mannschaft).

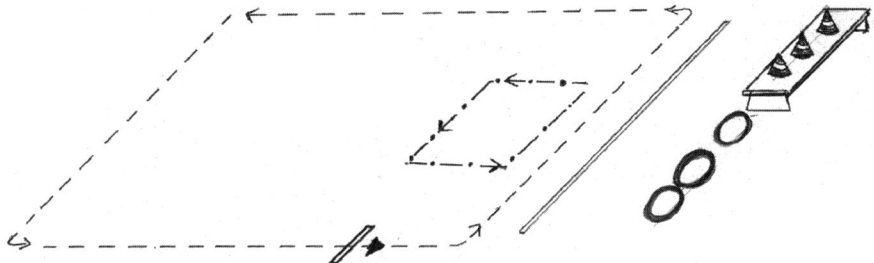

b Drehwurf

Die Drehwürfe gehören zu den koordinativ sehr anspruchsvollen Techniken, aber auch hier besteht die Möglichkeit, die Schüler mit wenigen Arbeitsschritten zu einem Erfolgserlebnis zu führen.

Das Drehwerfen ist immer eine Kombination aus Drehen und Laufen. Die Knie sind gebeugt, bei der Drehung erfolgt in der Rotation eine (geringe) Beschleunigung. Auch hier darf am Ende die Wurfauslage nur so groß sein, dass der Stemmschritt ein zügiges, flüssiges Auswerfen ermöglicht. Die Wurfauslage sowie der Stemmschritt müssen eine Beschleunigung der Bewegung ermöglichen, d. h., die Wurfauslage sowie der Stemmschritt müssen schnell überwunden werden können. Auch hier gilt: „Weniger ist letztlich mehr." Die Armführung ist vereinfacht dargestellt ein „seitlicher Schockwurf". Das Wurfgerät wird während der gesamten Bewegungsausführung bis zum Abwurf *geschleppt*. Die Schlagworte für unsere Schüler heißen: „Schleppen, Schleppen, Schleppen"! Füße, Beine, Rumpf und Schulter befinden sich beim Drehen und Laufen bis zum Abwurf immer vor dem Wurfgerät. Die Gegenseite des Wurfarms leitet grundsätzlich die Drehbewegung ein. Das Wurfgerät darf bei der drehenden Beschleunigung keine unnötigen vertikalen Auf- und Abbewegungen machen, hervorgerufen durch Springen sowie zu geringe Kniearbeit beim Drehen und Laufen.

Mit dem Einsatz von Fahrradmänteln erzielen wir mit den nachfolgenden Übungsformen geeignete Bewegungsmuster und -erfahrungen.

Die Übungsintensität ist insgesamt hoch, da viele Übungsformen in der so genannten Gassenaufstellung durchgeführt werden können. Ist das

Bewegungsmuster weitgehend gefestigt, können die dargestellten Übungen auch mit anderen Wurfmaterialien durchgeführt werden (Achtung: dann aber nicht mehr in der Gassenaufstellung).

Die Fahrradmäntel können z. B. durch kleine, dicke Fahrradmäntel (20-Zoll-Reifen bzw. BMX-Fahrrad-Reifen) ersetzt werden. Diese Reifen haben bei viel geringerem Umfang ein größeres Gewicht und lassen sich weit fortschleudern. Eine weitere Alternative ist der Einsatz des Schleuderballs und schließlich des Diskus. Disken aus Gummi bzw. Kunststoff sind für unseren Leistungsbereich ausreichend, beim Einkauf zudem sehr preiswert (ca. 10,00 Euro) und verschaffen unseren Schülern zuvor ungeahnte Erfolgserlebnisse.

Die Drehwürfe erfolgen zunächst aus einer seitlichen Grundstellung, dann aus einer halben Drehung, am Ende mit anderthalb Drehungen.

Reifenwerfen (I)

Alter: ab Klasse 5

Anzahl: ganze Klasse

Gerätebedarf: pro Schüler 1 Fahrradmantel (siehe Kapitel „Alternative Arbeitsmaterialien S. 219), Markierungsmaterial

Die Schüler bilden Paare und stellen sich in der Gasse auf. Sie sollen ihrem Partner den Fahrradreifen senkrecht durch die Luft zuwerfen. Die Werfer stehen dabei in einer bequemen Schrittstellung, der Fuß der Wurfarmseite ist dabei hinten. Beim Vorschwingen des Reifens sind die Fuß-, Knie- und Hüftgelenke gebeugt und werden mit der Auswurfbewegung gestreckt. Der Wurfarm ist gespannt und gerade. Der Wurf ist richtig ausgeführt, wenn der Reifen dem Partner direkt vor die Füße fällt.

Variationen: Der Wurfarm wird gewechselt. Die Wurfhöhe sowie die Entfernung zum Partner können variiert werden.

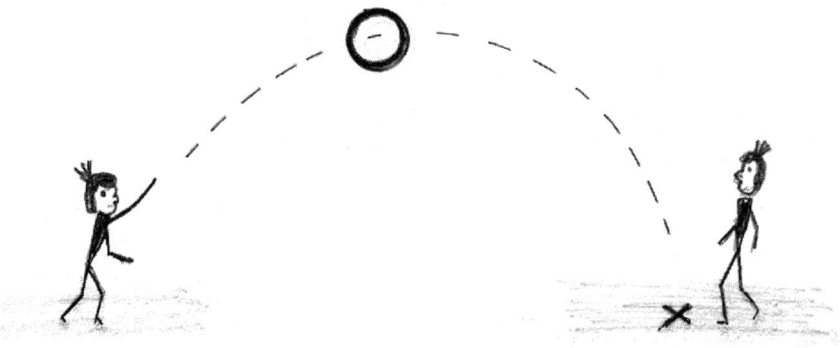

Reifenwerfen (II)

Alter: ab Klasse 5
Anzahl: ganze Klasse
Gerätebedarf: pro Schüler 1 Fahrradmantel (siehe Kapitel „Alternative Arbeitsmaterialien" S. 219), Markierungsmaterial

Siehe und vgl. die vorhergehende Übung. Die Schüler bilden Paare und stellen sich in der Gasse auf. Sie sollen ihrem Partner den Fahrradreifen senkrecht durch die Luft zuwerfen. Der Wurf ist richtig ausgeführt, wenn der Partner den Reifen mit beiden Händen fängt.
Variationen: Der Wurfarm wird gewechselt. Die Wurfhöhe sowie die Entfernung zum Partner können variiert werden.

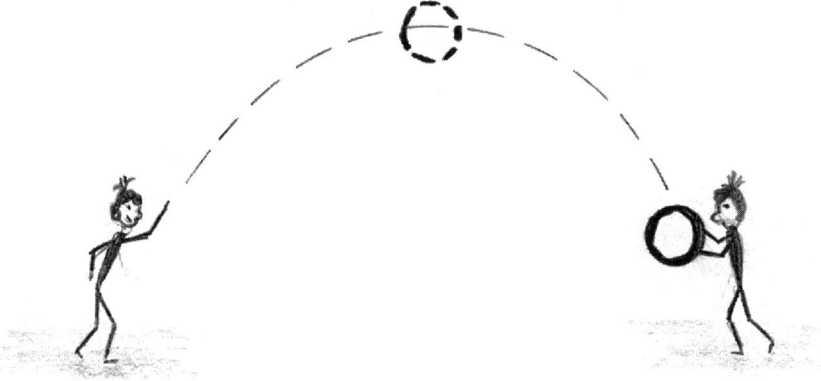

Reifenwerfen (III)

Alter: ab Klasse 5
Anzahl: ganze Klasse
Gerätebedarf: pro Schüler 1 Fahrradmantel (siehe Kapitel „Alternative Arbeitsmaterialien" S. 219), Markierungsmaterial

Die Schüler bilden Paare und stellen sich in der Gasse auf. Sie sollen ihrem Partner den Fahrradreifen waagerecht durch die Luft zuwerfen. Die Werfer stehen dabei in einer bequemen Schrittstellung, der Fuß der Wurfarmseite ist dabei hinten und nach außen gedreht. Nahezu das gesamte Gewicht des Werfers ruht auf dem Fuß der Wurfarmseite. Beim Vorschwingen des Reifens wird der andere Fuß in Bewegungsrichtung mit der ganzen Sohle aufgesetzt. Die Fuß-, Knie- und Hüftgelenke sind beim Vorschwung gebeugt und werden mit der Auswurfbewegung gestreckt.

Der Wurfarm ist gespannt und gerade. Er wird seitlich am Körper vorbeigeschwungen. Der Wurf ist richtig ausgeführt, wenn der Reifen dem Partner direkt und flach vor die Füße fällt.
Variationen: Die Wurfhöhe sowie die Entfernung zum Partner können variiert werden.

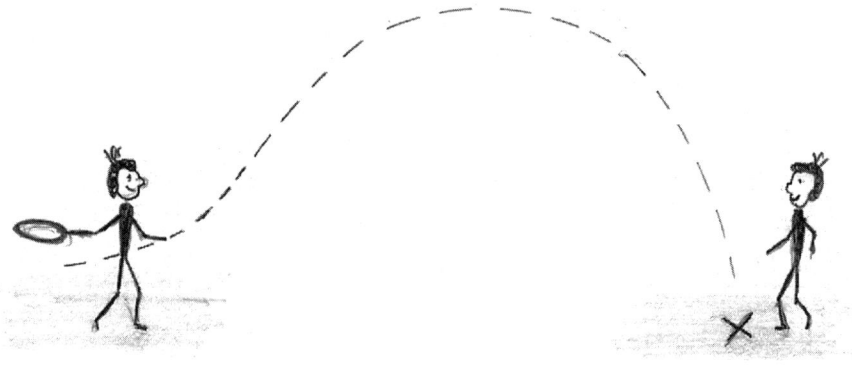

Reifenwerfen (IV)

Alter: ab Klasse 5
Anzahl: ganze Klasse
Gerätebedarf: pro Schüler 1 Fahrradmantel, Markierungsmaterial.

Die Schüler nehmen eine seitliche Wurfauslage ein (siehe und vgl. die vorhergehende Übung) und werfen den Reifen flach in die Weite (in der Halle gegen die Wand).
Variationen: Die Wurfhöhe sowie die Entfernung zum Partner können variiert werden.

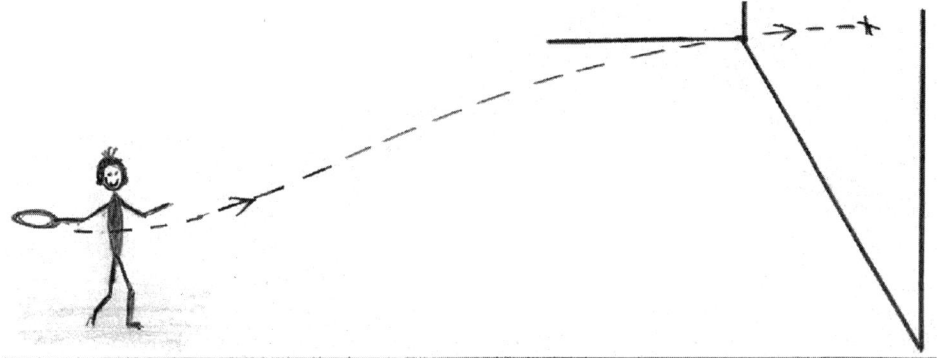

Reifenwerfen (V)

Alter: ab Klasse 5

Anzahl: ganze Klasse

Gerätebedarf: pro Schüler 1 Fahrradmantel, Hochsprungständer, Markierungsmaterial

Die Schüler nehmen eine seitliche Wurfauslage ein (siehe und vgl. „Reifenwerfen (III)") und werfen den Reifen flach in die Weite und über den Hochsprungständer.

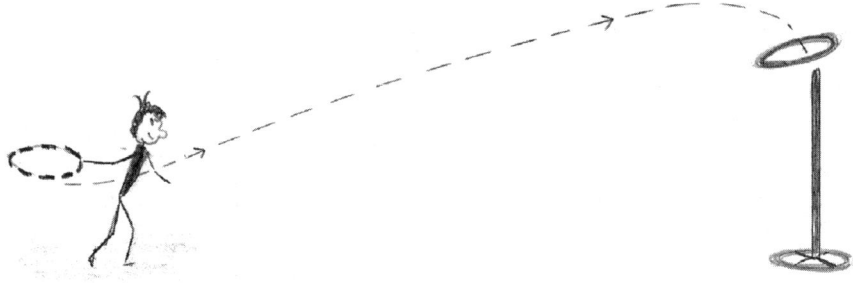

Reifenwerfen (VI)

Alter: ab Klasse 5

Anzahl: ganze Klasse

Gerätebedarf: pro Schüler 1 Fahrradmantel, Markierungsmaterial

Die Schüler bilden Paare und stellen sich in der Gasse auf. Ein Schüler nimmt eine seitliche Wurfauslage ein (siehe und vgl. „Reifenwerfen (III)") und wirft den Reifen flach über seinen Partner, der beide Arme über den Kopf reckt und mit den Armen, dem Kopf und dann dem übrigen Körper durch den Reifen „schlupft".

Variationen: Die Entfernung zum Partner kann variiert werden, der Partner darf sich bewegen, darf sich nicht bewegen.

Zonenreifenwerfen

Alter: ab Klasse 5

Anzahl: ganze Klasse

Gerätebedarf: pro Schüler 1 Fahrradmantel, Markierungshalbkugeln (siehe Kapitel „Bastelecke" S. 208 ff.) bzw. -kegel zum Kennzeichnen der Abwurf- und Zielzonen

Die Schüler nehmen eine seitliche Wurfauslage ein (siehe und vgl. „Reifenwerfen (III)") und werfen den Reifen flach in die Weite und in eine vorher festgelegte Zone (Zielwürfe).

Variationen: Die Wurfhöhe kann variiert werden. Partnerarbeit: Schüler A bestimmt die Zielzone, Schüler B hat zwei Versuche, die Zielzone zu treffen.

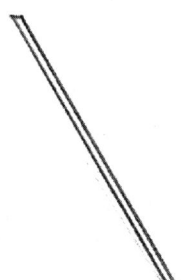
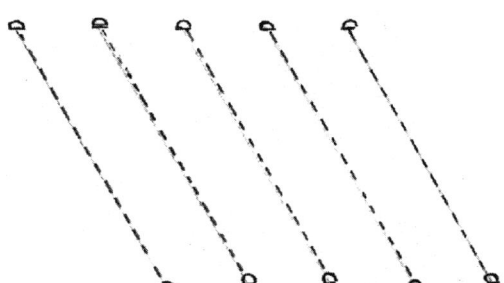

Reifenwerfen auf Stangen

Alter: ab Klasse 5

Anzahl: ganze Klasse

Gerätebedarf: pro Schüler 1 Fahrradmantel, Markierungshalbkugeln (siehe Kapitel „Bastelecke" S. 208 ff.) bzw. -kegel zum Kennzeichnen der Abwurfzone, 4 Hochsprungständer oder Malstangen als Wurfziele

Die Schüler nehmen eine seitliche Wurfauslage ein (siehe und vgl. „Reifenwerfen (III)") und werfen den Reifen flach über eine vorherbestimmte Malstange oder über einen vorher festgelegten Hochsprungständer.

Variationen: Die Wurfhöhe kann variiert werden.

Partnerarbeit: Schüler A bestimmt das Ziel, Schüler B hat zwei Versuche, das Ziel zu treffen.

Mannschaftswettkämpfe: Welche Mannschaft trifft die meisten Hochsprungständer?

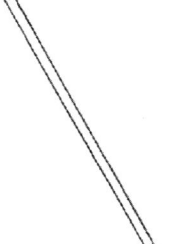
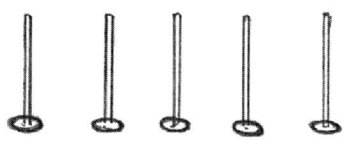

Risikowerfen

Alter: ab Klasse 5

Anzahl: ganze Klasse

Gerätebedarf: pro Schüler 1 Fahrradmantel, Markierungshalbkugeln (siehe Kapitel „Bastelecke" S. 208 ff.) bzw. -kegel zum Kennzeichnen der Abwurf- und Zielzonen

Es werden 4 Zielzonen oder Trefffelder (Breite ca. 2 m) mit Markierungshalbkugeln oder- kegeln gekennzeichnet. Die einzelnen Zielzonen sind ca. 3 m voneinander entfernt.

Mit dem Treffen der ersten Zielzone erreicht der Schüler einen Punkt, mit dem Treffen der zweiten Zone zwei Punkte etc. Landet der Reifen außerhalb der vorgegebenen Zonen, ist der Wurf ungültig, und alle bisher erreichten Punkte sind dann verloren.

Die Schüler nehmen eine seitliche Wurfauslage ein, werfen den Reifen flach in die von ihnen vorher festgelegte Zone (Zielwürfe) und zählen die erreichten Punkte.

Variationen: Bei der Partnerarbeit treten zwei Schüler im direkten Vergleich gegeneinander an. Jeder Schüler hat 2 Versuche, die von ihm vorher festgelegte Zielzone zu treffen. Gewonnen hat der Partner, der die meisten Punkte erreicht.

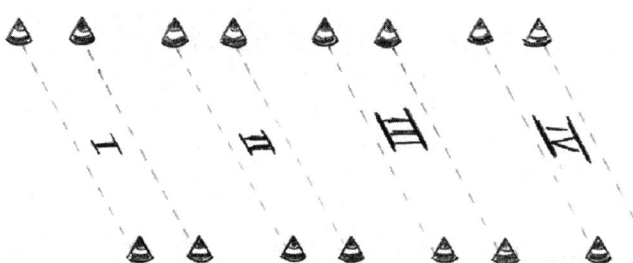

Bonuswerfen

Alter: ab Klasse 5

Anzahl: ganze Klasse

Gerätebedarf: für jeden Schüler 1 Fahrradmantel, 10 Markierungshalb-kugeln (siehe Kapitel „Bastelecke" S. 208 ff.) bzw. -kegel zum Kenn-zeichnen der Abwurf- und Zielzonen, 5 Markierungskegel oder Malstan-gen als Zielorte

Es werden 4 Zielzonen oder Trefffelder (Breite ca. 2 m) mit Markie-rungshalbkugeln gekennzeichnet. Zusätzlich werden in den Zielzonen weitere Wurfziele (Markierungskegel, Malstangen bzw. Hochsprungstän-der) aufgestellt. Mit dem Treffen der ersten Zielzone erreicht der Schüler einen Punkt, mit dem Treffen der zweiten Zone zwei Punkte etc. Das Tref-fen eines Wurfziels verdoppelt die erreichte Punktzahl.

Die Schüler nehmen eine seitliche Wurfauslage ein und werfen den Rei-fen flach in die von ihnen vorher festgelegte Zone (Zielwürfe) und zählen die erreichten Punkte. Treffen die Schüler das vorher festgelegte Ziel nicht, erhalten sie keinen Punkt (auch nicht die Punkte der anderen Zielzonen).

Variationen: Bei der Partnerarbeit treten zwei Schüler im direkten Ver-gleich gegeneinander an. Jeder Schüler hat 2 Versuche, die von ihm vor-her festgelegte Zielzone zu treffen. Gewonnen hat der Partner, der die meisten Punkte erreicht.

 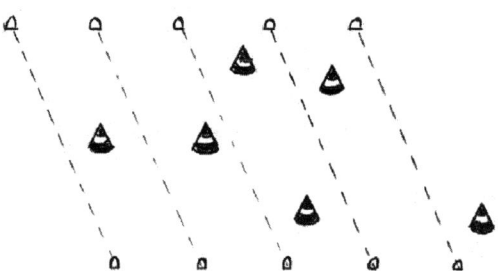

a Drehwerfen mit einer halben Drehung

Der Schüler steht mit dem Rücken zum Ziel, sein Körpergewicht ruht auf dem Fuß der Wurfarmseite, Fuß-, Knie- und Hüftgelenke sind gebeugt, der Wurfarm mit dem Reifen zeigt zum Wurfziel. Die halbe Drehung wird mit dem unbelasteten Bein eingeleitet, indem in Verbindung mit einem

Schritt der Fuß zum Wurfziel dreht. Der Reifen wird „geschleppt". Die Fuß-, Knie- und Hüftgelenke werden gestreckt, und der Reifen wird seitlich mit einem geraden Arm flach am Körper vorbeigezogen und ausgeworfen.

Die Übungen auf den Seiten 176–180 können nun mit einer halben Drehung ausgeführt werden. Die Schüler stehen ab jetzt immer mit dem Rücken zur Wurfrichtung.

b Drehwerfen mit anderthalb Drehungen

Der Schüler steht mit dem Rücken zum Ziel, sein Körpergewicht ruht auf dem Fuß der Wurfarmseite (in der Abb. unten). Fuß-, Knie- und Hüftgelenke sind gebeugt, der Wurfarm mit dem Reifen zeigt zum Wurfziel.

Mit dem unbelasteten linken Bein leitet der Werfer die Drehung ein, indem er mit ihm einen Schritt nach hinten ausführt und dabei den linken Fuß in Wurfrichtung dreht und aufsetzt.

Die Belastung wechselt auf diesen Fuß, das rechte Bein der Wurfarmseite wird bogenförmig vor das belastete linke Drehbein geführt und aufgesetzt. Das Körpergewicht ruht nun wieder auf dem rechten Fuß.

Das unbelastete linke Bein wird mit seinem Fuß unter Verwendung eines

3. Schritts in Richtung zum Wurfziel gedreht (linkes, rechtes, linkes Bein). Der Reifen wird dabei die gesamte Zeit „geschleppt". Die Fuß-, Knie- und Hüftgelenke werden gestreckt, und der Reifen wird seitlich mit einem geraden Arm flach am Körper vorbeigezogen und ausgeworfen.

Die Übungen auf den Seiten 176–180 können nun mit anderthalb Drehungen ausgeführt werden.

3 Motivierende und in der Praxis bewährte Spiele

Lauf- und Ballspiele zum Stundeneinstieg und -ausklang

a Laufspiele

Brückenzeck

Alter: ab Klasse 4
Anzahl: Minimum 10, Maximum 40 Schüler
Gerätebedarf: Parteibänder für die Fänger (4–5 Fänger bei 30 Schülern)

Die Fänger versuchen, die Läufer abzuschlagen. Abgeschlagene Schüler müssen eine Brücke machen (hoher Liegestütz). Sie sind wieder erlöst, wenn ein freier Schüler unter der Brücke durchkriecht. Ziel des Spieles ist es, in einer vorgegebenen Zeit alle Läufer abzuschlagen.

Dracula

Alter: ab Klasse 5
Anzahl: Minimum 10, Maximum 40 Schüler
Gerätebedarf: 1 großer Kasten, Parteibänder zur Kennzeichnung der Hilfsvampire, 2 Bälle

Dracula sitzt in seinem Sarg (Kasten) und hat bei ca. 30 Schülern 4 Hilfsvampire. Diese Hilfsvampire haben die Aufgabe, Dracula aus seinem Sarg zu befreien, was die Feldspieler zu verhindern suchen. Wichtig: Die Feldspieler müssen die Hände auf dem Rücken oder in der Hüfte halten, damit ein Festhalten oder Reißen und Ziehen an den Hilfsvampiren nicht möglich wird.

Die Schüler verteilen sich im Spielfeld und versuchen, das Vordringen der Hilfsvampire, die außerhalb des Spielfeldes stehen, zum Sarg zu verhindern. Gelingt es einem Hilfsvampir, den Kasten zu berühren, ist Dracula befreit. Er steigt aus seinem Sarg und versucht, mit den Vampiren die Spieler abzuschlagen. Wer getroffen wurde, muss sich auf den Boden setzen. Das Spiel ist aus, wenn alle Schüler abgeschlagen wurden. Bei einer Zeitvorgabe ist die Vampirgruppe Sieger, die die meisten Spieler abgeschlagen hat.

1. Variation: Die abgeschlagenen Schüler können sich erlösen, indem sie eine Zusatzaufgabe erfüllen, z. B. im Spinnengang zum Sarg laufen und ihn berühren.

2. Variation: Dracula hat 2 Bälle im Sarg. Nach seiner Befreiung spielen sich die Vampire die Bälle zu und versuchen, mit den Bällen die Schüler zu berühren. „Abgetupfte" Spieler müssen sich hinsetzen und können sich nach Absprache wieder erlösen (siehe 1. Variation).

3. Variation: Die Vampire werfen die Mitspieler ab, auch hier kann mit Erlösen gespielt werden.

Erlöser-Fee

Alter: ab Klasse 4
Anzahl: Minimum 10, Maximum 40 Schüler
Gerätebedarf: verschiedenfarbige Parteibänder für die Fee und die Zauberer

Ca. 7 Fänger (Zauberer) bei ca. 30 Schülern versuchen, die Läufer durch Abschlagen zu verzaubern. Wer verzaubert wurde, verwandelt sich in einen Zwerg und hockt sich auf den Boden. Die Erlöser-Fee hebt die Verzauberung der Zwerge durch eine Berührung wieder auf. Ziel des Spieles ist es, in einer vorgegebenen Zeit möglichst alle Läufer in Zwerge zu verwandeln. Die Erlöser-Fee ist gegen den bösen Zauber immun, sie darf nicht abgeschlagen werden.

Klammernkönig

Alter: ab Klasse 3
Anzahl: Minimum 8, Maximum 40 Schüler
Gerätebedarf: für jeden Mitspieler möglichst 10 Wäscheklammern

Jeder Schüler befestigt seine 10 Klammern gut sichtbar an seiner Kleidung, ausgenommen sind aber Socken und Schuhe (Unfallgefahr). Die Schüler haben die Aufgabe, in einer vorgegebenen Zeit möglichst viele Klammern zu erobern und sie sich selbst anzustecken. Sieger ist der

Schüler, der die meisten Klammern hat. Auch wer keine Klammern mehr hat, spielt weiter mit und versucht, sich wieder einige Klammern zu erobern.

Peter Pan

Alter: ab Klasse 4
Anzahl: Minimum 10, Maximum 40 Schüler
Gerätebedarf: ca. 5 Parteibänder zur Kennzeichnung der 5 Fänger bei 30 Schülern

Ca. 5 Fänger (bei 30 Schülern) versuchen, in einer vorgegebenen Zeit, alle Läufer abzuschlagen. Wer getroffen wurde, setzt sich auf den Boden. Die Läufer haben entsprechend den Fängern geheim die gleiche Anzahl von Peter Pans benannt. Berührt ein Peter Pan einen abgetroffenen Läufer, so ist er erlöst. Das Erlösen muss möglichst unauffällig geschehen, damit die Peter Pans lange unentdeckt bleiben. Wird ein Peter Pan abgeschlagen, muss er sich ebenfalls hinsetzen und sein Erlösungsrecht erlischt. Er kann durch einen anderen Peter Pan befreit werden und ist dann aber nur noch Läufer. Ziel des Spiels ist es, alle Läufer in einer vorgegebenen Zeit abzuschlagen.

Rettet die Wale

Alter: ab Klasse 4
Anzahl: Minimum 10, Maximum 40 Schüler
Gerätebedarf: verschiedenfarbige Parteibänder zur Kennzeichnung der Fänger und Beschützer

Ca. 4 Walfänger machen Jagd auf die Wale, indem sie versuchen, die Wale abzuschlagen. Ca. 8 Retter (bei 30 Schülern) versuchen den Abschlag zu verhindern, indem sie sich mit ausgebreiteten Armen schützend vor die Wale stellen. Hat der Fänger einen Wal berührt, tauscht er mit ihm die Rolle. Walschützer und Wale wechseln ihre Rollen nach einer vorher bestimmten Spielzeit oder nach Aufforderung des Lehrers.

Schöpfkellenspiel

Alter: ab Klasse 4
Anzahl: Minimum 10, Maximum 40 Schüler
Gerätebedarf: 1 Schöpfkelle mit 1 Tennisball, 1 Parteiband zur Kennzeichnung des Fängers

Ein Fänger versucht, den Spieler, der die Schöpfkelle hält, abzuschlagen. Der Spieler mit der Kelle versucht, den Fänger zu täuschen, indem er die Schöpfkelle schnell weitergibt oder mit der Kelle wegläuft. Fällt der Ball aus der Kelle, so wird der Spieler zum Fänger, der den Ball verloren hat.

Virusspiel

Alter: ab Klasse 4
Anzahl: Minimum 10, Maximum 40 Schüler
Gerätebedarf: verschiedenfarbige Parteibänder für die Viren und die Sanitäter, 3–4 Matten, 4–6 Fänger (Viren), 5–7 Erlöser (Sanitäter) bei 30 Schülern

3 bis 4 Matten (Krankenhäuser) werden an den Spielfeldrändern verteilt. Ein Virus geht um. Der Schüler, der von ihm befallen wird (vom Fänger berührt), sinkt zu Boden und ruft laut „Sanitäter". Mehrere Sanitäter ziehen oder tragen den Erkrankten in ein Krankenhaus (Matte), wo er von einem „gesunden" Spieler durch Handschlag befreit werden kann. Der „geheilte" Spieler darf bis zum Verlassen des Krankenhauses nicht vom Virus befallen werden, die Besucher („gesunde" Spieler) dagegen ja. Sanitäter dürfen nicht infiziert werden.
Ziel des Spiels ist es, alle Läufer in einer vorgegebenen Zeit mit dem Virus zu infizieren.

b Laufspiele mit dem Ball

Bälle rauben

Alter: ab Klasse 5
Anzahl: Minimum 12, Maximum 40 Schüler
Gerätebedarf: 4 kleine Kästen, 16 Bälle oder Keulen oder Schweifbälle (siehe „Bastelecke" S. 208 ff.), Parteibänder zur Kennzeichnung einer Mannschaft

In 2 Spielhälften befindet sich je eine Mannschaft. In jeder Ecke steht auf der hinteren Begrenzungslinie ein umgedrehter kleiner Kasten oder ein Kasteneinsatz. In jedem dieser Kästen liegen 4 Bälle, Keulen oder Schweifbälle.
Die beiden Mannschaften haben die Aufgabe, ihre eigenen Bälle zu bewachen und die des Gegners einzeln zu rauben. Wird ein Spieler bei seinem

„Raubversuch" abgeschlagen, so muss er zu einem der gegnerischen Kästen laufen und dort so lange warten, bis es einem eigenen Mitspieler gelungen ist, einen Gegenspieler abzuschlagen und dabei „erlöst" zu rufen. Ist es einem Spieler gelungen, unabgeschlagen einen Kasten zu erreichen, so hat er „freien Abzug" und darf einen Ball mitnehmen.

Das Spiel dauert so lange, bis eine Mannschaft keine Bälle mehr besitzt oder alle Spieler gefangen worden sind. Wenn nach einer vorgegebenen Zeit gespielt wird, dann ist die Mannschaft Sieger, die die meisten Bälle geraubt hat.

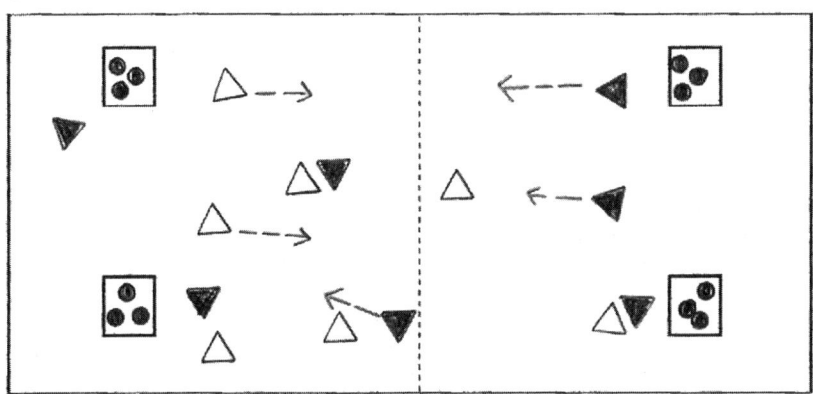

Jägerball-Variationen

Alter: ab Klasse 4
Anzahl: Minimum 10, Maximum 40 Schüler
Gerätebedarf: 1 Hand- oder Volleyball, Parteibänder zur Kennzeichnung der Jäger

Ein (bei 10 Spielern) oder mehrere Jäger haben die Aufgabe, die in einem Feld herumlaufenden Hasen abzuwerfen. Das Ziel des Spiels ist es, in einer vorgegebenen Zeit möglichst alle Hasen abzutreffen, die sich, wenn sie getroffen wurden, in den Grätschstand stellen müssen. Sie sind erlöst und können wieder mitspielen, wenn ein anderer Hase durch die gegrätschten Beine kriecht. Um das Spiel lebhafter zu gestalten, kann man auch mit 2 weicheren Bällen spielen.

Die Jäger dürfen mit dem Ball in der Hand nicht laufen, müssen aber den Ball dort weiterspielen, wo er liegen geblieben ist, und dürfen nicht dribbeln.

1. Variation
Gerätebedarf: 1 bis 3 weichere Bälle (z. B. Softbälle)
Gespielt wird auf einem Feld. Es ist derjenige Jäger, der den rollenden, liegenden, fliegenden Ball durch Fangen oder Aufnehmen erwirbt. Ziel ist es, alle Hasen abzuwerfen. Der Spielleiter wirft einen Ball in das Spielfeld. Wer den Ball bekommt, ist Jäger. Der Jäger versucht nun, ohne mit dem Ball in der Hand zu laufen oder zu dribbeln, von der Stelle, wo er den Ball erhalten hat, einen Hasen abzutreffen. Gelingt ihm das, muss sich der Hase hinsetzen. Alle anderen Hasen versuchen nun, in Ballbesitz zu kommen, um das Abwurfrecht als Jäger zu erhalten. Fängt der Hase den Ball, kann er nun als Jäger einen anderen Hasen abwerfen. Die abgetroffenen Hasen können sich erlösen und werden zum Jäger, indem sie einen vorbeifliegenden Ball oder einen Abpraller abfangen oder berühren. Sie können auch von dem Jäger angespielt werden, wenn sie eine bessere Ausgangsposition zum Abwerfen haben als der Jäger mit dem Ball. Wenn nur noch 3–4 Hasen im Spiel sind, sollte das Spiel neu beginnen. Lebhafter wird das Spiel mit 2 oder 3 nicht harten Bällen (z. B. Softbällen).

2. Variation – Jägerball mit Feldwechsel
Gerätebedarf: 1 weicherer (z. B. Softball), 1 Bank, Parteibänder zur Kennzeichnung einer Mannschaft
Es wird auf 2 Spielfeldern gespielt. In der einen Spielfeldhälfte befinden sich die Hasen der Mannschaft „A" und 2 bis 3 Jäger der Mannschaft „B" In der anderen Hälfte sind die Hasen der Mannschaft „B" und 2 bis 3 Jäger der Mannschaft „A" bei ca. 35 Schülern). Jeder getroffene Hase wechselt in die andere Spielfeldhälfte und hilft dort den Jägern. Ziel ist es, alle Hasen einer Mannschaft möglichst schnell abzuwerfen.

3. Variation – Jägerball mit „Erlösen"
Gerätebedarf: wie 2. Variation, zusätzlich 1 Bank
In einem Spielfeld befinden sich 2 gleich starke Mannschaften. An einer Seitenlinie steht eine Bank. Die Mannschaft, die in Ballbesitz kommt, wird zu Jägern. Hasen, die abgetroffen wurden, setzen sich auf die Bank. Jeder Treffer zählt einen Punkt. Ein Spieler ist wieder erlöst, wenn ein anderer Hase abgetroffen wurde. Als Treffer zum Erlösen zählt aber nur, wenn der Werfer von einem anderen Jäger den Ball vorher zugespielt bekommen hat. Die Mannschaft, die in einer vorgegebenen Zeit die meisten Hasen abgetroffen hat, ist Sieger.

Läufer gegen Werfer 1

Alter: ab Klasse 5
Anzahl: Minimum 10, Maximum 40 Schüler
Gerätebedarf: 4 Matten, 1 Hand- oder Volleyball, 1 Malstange, Hütchen oder Hochsprungständer

Vier Matten werden wie in der Skizze im Spielfeld verteilt. Eine Malstange (oder ein Hütchen/Hochsprungständer) wird je nach Laufstärke der Schüler als Wendemarke in das Spielfeld gestellt.
Zwei gleich starke Mannschaften werden in Werfer und Feldspieler eingeteilt. Die Werfer haben die Aufgabe, den Ball möglichst weit in das Spielfeld zu werfen. Danach müssen sie schnell um die Wendemarke laufen, um die Abwurflinie wieder zu erreichen, bevor der Ball dem Mattenwächter auf der Matte 4 zugespielt worden ist. Schafft der Werfer das, erhält er einen Punkt, ansonsten stellt er sich wieder hinten bei seiner Mannschaft an. 4 Feldspieler werden als Mattenwächter, die auf ihren

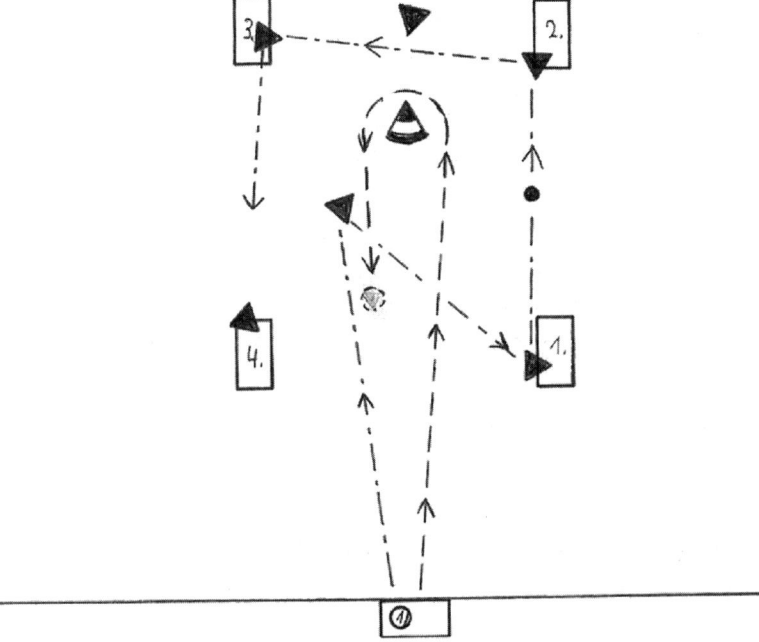

Matten stehen, eingeteilt. Die Feldspieler müssen den Ball fangen oder möglichst schnell aufnehmen und ihn dem Mattenwächter auf der Matte 1 zuspielen. Dieser wirft ihn dann zum Spieler auf der Matte 2, von da wird er zum Spieler auf der Matte 3 und dann zur Matte 4 geworfen. Der Ball darf nur von der Matte aus geworfen werden.

Die Rollen der Spieler können getauscht werden, wenn ein Feldspieler den Ball aus der Luft fängt, oder es wird nach einer vorgegebenen Zeit gespielt.

Schwache Werfer können an der Wendemarke stehen bleiben und beim Wurf eines anderen Mitspielers über die Abwurflinie laufen. Um den Laufweg der Läufer zu erschweren, können Hindernisse eingebaut werden oder der Laufweg wird zur Slalombahn gestaltet.

Läufer gegen Werfer 2

Alter: ab Klasse 4
Anzahl: Minimum 10, Maximum 40 Schüler
Gerätebedarf: 4 Malstangen, Hütchen oder Hochsprungständer zur Spielfeldmarkierung

Zwei gleich starke Mannschaften werden in Läufer und Werfer eingeteilt. Die Läuferpartei steht an einer Ecke des Spielfeldes, die Werfer stehen in

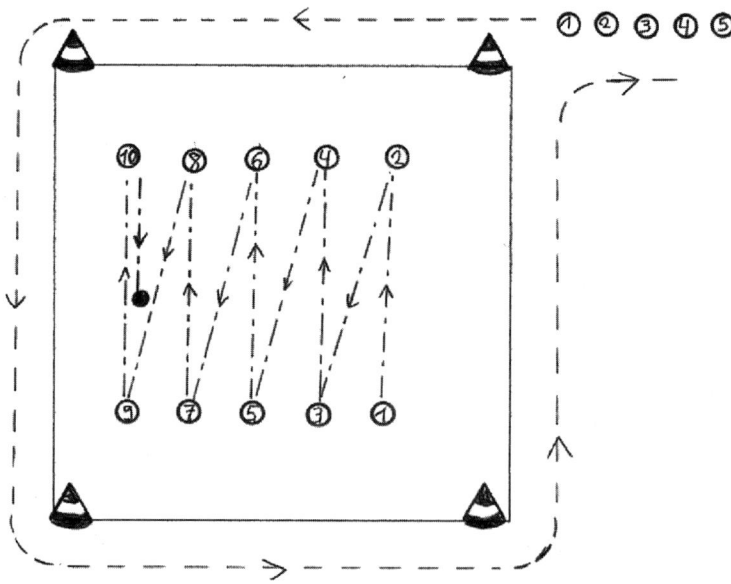

Gassenaufstellung im Spielfeld. Nach dem Startsignal muss die Läuferpartei eine Rundenstaffel durchführen, während sich die Werferpartei
den Ball im Zickzack zuspielt. Jeder Pass wird laut gezählt. Fällt der Ball
zu Boden, wird der Ball vom eigentlichen Fänger aufgenommen und weiter gespielt. Das Spiel ist beendet, wenn der letzte Läufer seine Mannschaft wieder erreicht hat. Die Aufgaben werden getauscht. Sieger ist die
Mannschaft, die die meisten Pässe erzielt hat.

Parteiball

Alter: ab Klasse 5
Anzahl: Minimum 10, Maximum 40 Schüler
Gerätebedarf: 1 Hand- oder Volleyball, verschiedenfarbige Parteibänder
zur Kennzeichnung zweier Mannschaften

Es werden zwei gleich starke Mannschaften gebildet, die gegeneinander
spielen. Die Mannschaft, die den Ball bekommen hat, versucht durch Frei-
laufen, genaues Abspiel und Fangen den Ball so lange wie möglich in ihren
Reihen zu halten. Die Gegenmannschaft ist bestrebt, durch konsequentes
Decken die Ballannahme zu verhindern. Gelingt ihr das, so versucht sie
jetzt ihrerseits, möglichst lange in Ballbesitz zu bleiben. Jeder direkt
gefangene Ball zählt für die Mannschaft einen Punkt. Die Mannschaft, die
zuerst 21 Punkte erreicht hat, hat gewonnen. Es ist nicht erlaubt, mit dem
Ball in der Hand zu laufen, zu dribbeln oder den Ball länger als 3 Sekunden zu halten.

Strohpuppenspiel

Alter: ab Klasse 5
Anzahl: Minimum 10, Maximum 40 Schüler
Gerätebedarf: verschiedenfarbige Parteibänder zur Kennzeichnung der
beiden Parteien, 1 Hand- oder Volleyball

Zwei Mannschaften stehen sich in je einer Spielfeldhälfte gegenüber. In
ihrer Mitte hat jede Mannschaft eine Strohpuppe, die, im Gegensatz zu
ihren eigenen Mitspielern, durch 2 Parteibänder kenntlich gemacht wird.
Die Mannschaften versuchen nun, die gegnerische Strohpuppe abzutreffen, was die eigene Mannschaft durch Abschirmen und Abfangen der Bälle
zu verhindern sucht. Die Strohpuppen können sich frei in der Halle bewegen und immer in die schützende Nähe ihrer Mannschaft ausweichen. Die
Spieler dürfen mit dem Ball nicht laufen und dribbeln, sondern dürfen

sich den Ball nur zupassen. Jeder Treffer der Strohpuppe zählt als Punkt. Fängt die Strohpuppe den Ball, zählt das nicht als Treffer, sie wirft den Ball ihrer eigenen Mannschaft zu. Es wird nach einer vorgegebenen Zeit gespielt. Die Mannschaft, die die meisten Treffer erzielt, hat gewonnen. Nach jedem Treffer kann die Strohpuppe ausgetauscht werden.

c Ball- und Laufspiele für die gesamte Unterrichtsstunde

Ball aus dem All

Alter: ab Klasse 5
Anzahl: Minimum 10, Maximum 40 Schüler
Gerätebedarf: 1 Barren oder Stufenbarren, 1 Weichboden, 2 Hand- oder Volleybälle

Zwei Mannschaften stehen sich in je einer Spielfeldhälfte gegenüber. Die Spielfelder werden durch einen Barren, in den ein Weichboden als Sichtbarriere gestellt wird, getrennt. Die beiden Mannschaften versuchen, den Ball so über den Weichboden zu spielen, dass er im Feld der gegnerischen Mannschaft auf den Boden fällt. Die andere Mannschaft versucht dies durch Fangen des Balles zu verhindern. Der Ball darf nicht rechts oder links vom Weichboden gespielt werden. Jede Bodenberührung des Balles zählt einen Punkt für die werfende Mannschaft. Ist das Spielfeld bei einer hohen Spielerzahl zu schmal, so kann ein zweiter Barren mit einem Weichboden daneben gestellt werden. Der besondere Reiz dieses Spieles liegt darin, dass die Mannschaften nicht sehen können, woher der gegnerische Ball kommt. Das Spiel wird sehr viel lebhafter, wenn mit zwei Bällen gespielt wird. Die Mannschaft, die zuerst eine vorher festgelegte Anzahl von Bodenberührungen des Balles, z. B. 21 Treffer, erreicht, hat gewonnen.

Ball über die Schnur

Alter: ab Klasse 5
Anzahl: Minimum 10, Maximum 40 Schüler
Gerätebedarf: 2 bis 3 Hand- oder Volleybälle, 1 Leine oder Baustellenabsperrband, 2 Ständer zum Befestigen der Leine, eventuell 2 kleine Kästen zum Beschweren der Ständer

Das Spielfeld wird durch eine Leine, die in Reichhöhe gespannt ist, quer geteilt. Zwei Mannschaften versuchen, den Ball so über die Leine zu spielen, dass er im Feld der gegnerischen Mannschaft den Boden berührt. Die andere Mannschaft versucht dies durch Fangen des Balles zu verhindern.

Die Regeln sind einfach: Der Ball darf die Leine nicht berühren. Jede Bodenberührung des Balles zählt einen Punkt für die werfende Mannschaft. Die Mannschaft, die zuerst eine vorher festgelegte Trefferzahl (z. B. 21) erreicht, hat gewonnen.

Das Spiel wird sehr viel lebhafter, wenn mit 2 bis 3 weichen Bällen gespielt wird.

Folgende **Varianten** wären möglich:

- Spiel mit 3 unterschiedlich großen Bällen,
- Spiel über tiefe oder hohe Leinen,
- Spiel mit Zusatzaufgaben: Nach jedem Wurf muss der betreffende Spieler (oder bei einigen Aufgaben auch die ganze Mannschaft) z. B.
  - einmal in den Hockstand gehen,
  - sich hinsetzen und wieder aufstehen,
  - zur Wand laufen, sie berühren und wieder in das Spielfeld zurücklaufen
  - einmal um das Spielfeld laufen,
  - außerhalb des Spielfeldes 5-mal Seilspringen usw.
- Spiel mit Zoneneinteilung: Ball über die Schnur ins Rückfeld, nur die Bodenberührung des Balles im Rückfeld zählt als Treffer

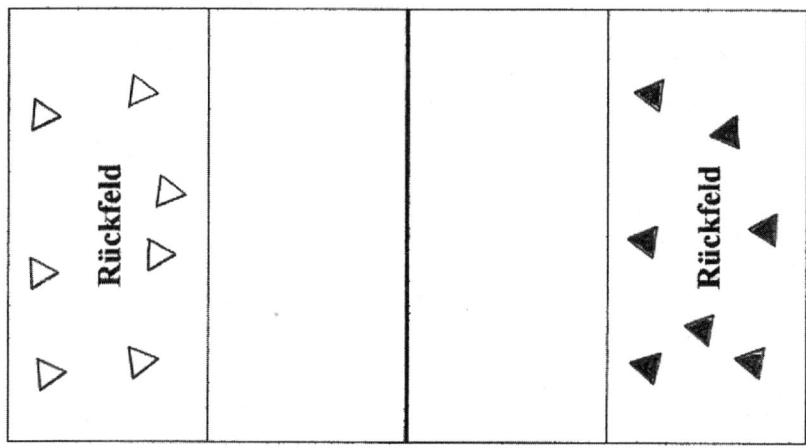

Ball unter der Schnur

Alter: ab Klasse 4
Anzahl: Minimum 10, Maximum 40 Schüler
Gerätebedarf: 2 bis 3 Hand- oder Volleybälle, 1 Leine oder Baustellen-absperrband, 2 Ständer zum Befestigen der Leine, eventuell 2 kleine Kästen zum Beschweren der Ständer

Das Spielfeld wird durch eine Leine, die in 0,30–0,50 m Höhe über dem Boden an zwei Ständern befestigt ist, quergeteilt. Zwei Mannschaften ver-suchen, den Ball so unter der Leine durchzurollen oder zu werfen, dass er die rückwärtige Wand (eventuell auch Bank) trifft. Jeder Treffer der Wand zählt einen Punkt für die werfende Mannschaft. Mit drei Bällen wird das Spiel interessanter. Sieger ist die Mannschaft, die zuerst eine bestimmte Zahl von Treffern, z. B. 21, erreicht hat.

Biathlon

Alter: ab Klasse 5
Anzahl: Minimum 8, Maximum 30 Schüler
Gerätebedarf: 2 Basketbälle, 2 Körbe, 2 Bänke, 5 Markierungskegel oder Malstangen/Hochsprungständer, Markierungsmaterial

Seitlich in Höhe der Basketballkörbe steht je eine Bank, auf der die bei-den gleich starken Mannschaften sitzen. Zwischen den beiden Mann-schaften wird durch Markierungskegel ein Kreis abgesteckt. Jede Mann-

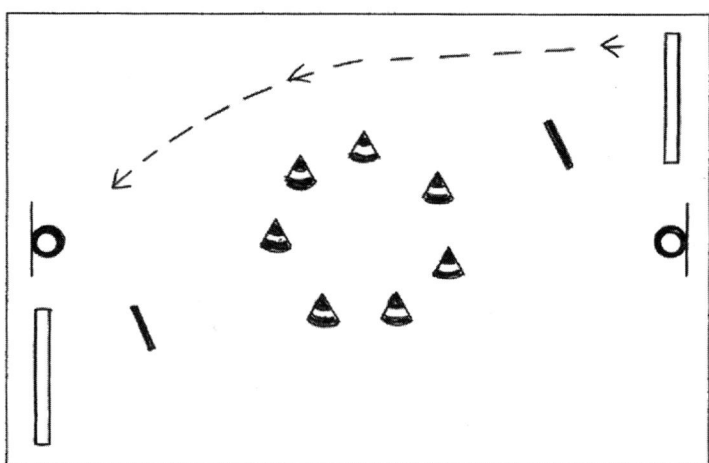

schaft erhält einen Basketball. Die Spieler haben die Aufgabe, auf ein Zeichen in der Reihenfolge, in der sie auf der Bank sitzen, zu dem gegenüberhängenden Basketballkorb zu dribbeln und dreimal auf den Korb zu werfen. Für jeden misslungenen Korbwurf müssen die Spieler eine Strafrunde um die Markierungskegel dribbeln. Danach dribbeln sie wieder zu ihrer Bank zurück. Von einer vorgegebenen Markierung aus können sie dem nächsten Spieler den Ball zuwerfen. Sieger ist die Mannschaft, die zuerst fertig ist.

Brennball-Variationen

Alter: ab Klasse 5
Anzahl: Minimum 10, Maximum 40 Schüler
Gerätebedarf: 1 Volley- oder Handball, 4 Malstangen, Hochsprungständer oder Markierungskegel, 1 Sprungbrett oder 1 Fahrradmantel oder Reifen als Brennmal

Es werden zwei gleich große Mannschaften gebildet. Die Wurfpartei steht nebeneinander 2 m von der Grundlinie des Spielfeldes entfernt, in dem sich die Fangpartei verteilt hat. An den 4 Ecken des Spielfeldes steht jeweils eine Malstange, die als Frei- und Laufmal dient. Die Wurfpartei versucht nun in der Reihenfolge, wie sie sich aufgestellt hat, den Ball möglichst weit in das Spielfeld zu werfen, um nach diesem Wurf möglichst viele Malstangen zu umrunden oder sogar eine volle Runde zu schaffen. Ist der Wurf missglückt, so stellt sich der Schüler an das erste Laufmal und wartet auf einen besseren Wurf eines Mitspielers. Die Mannschaft im Spielfeld versucht jetzt schnell, z. B. durch Fangen, in Ballbesitz zu gelangen, um den Ball dem am Brennmal stehenden Schüler zuzuspielen. Dieser wirft den Ball auf das Brennmal, was der Schiedsrichter durch einen Pfiff für alle Spieler akustisch verdeutlicht. Alle Schüler, die sich in diesem Augenblick zwischen den Malstangen befinden, sind „verbrannt" und scheiden aus oder stellen sich wieder bei den wartenden Spielern an.
Wertung: Wird mit dem eigenen Wurf eine volle Runde geschafft, erhält die Wurfpartei 4 Punkte.
Wird die Runde in Teilstrecken gelaufen, also bei jedem Wurf eines Mitspielers nur bis zu einer Malstange, erhält die Wurfpartei 1 Punkt.
Wird der Ball von der Feldmannschaft gefangen, erhält sie 1 Punkt.
Die Mannschaften wechseln entweder nach einer vorher festgelegten Zeit (z. B. 5 Min.) oder bei 3 „verbrannten" Spielern.

1. Variation: Es dürfen nicht mehr als 3 Werfer am 1. Lauf- bzw. Freimal stehen, sonst werden die Mannschaften gewechselt.

2. Variation: Die Anzahl der an den Freimalen wartenden Schüler kann auf zwei oder einen Schüler begrenzt werden.

3. Variation: Kastenbrennball
Gerätebedarf: 4 große Sprungkästen

Anstelle der Malstangen können auch 4 große Kästen als Freimal gestellt werden. Die Schüler müssen über den Kasten klettern oder auf dem Kasten sitzen bleiben.

4. Variation: Brennball mit beweglichen Freimalen
Gerätebedarf: Für jeden Spieler einen Fahrradmantel oder Reifen oder eine Fliese oder eine Zeitung usw.

Jeder Schüler der Wurfpartei erhält einen von den oben angegebenen Gegenständen. Nachdem er den Ball in das Spielfeld geworfen hat, läuft er mit seinem Fahrradmantel oder seiner Zeitung los, um die 4 Laufmale, die jetzt keine Freimal-Bedeutung haben, zu umrunden. Steht er in seinem Fahrradmantel oder auf seiner Zeitung, bevor die Feldmannschaft den Ball auf das Brennmal geworfen hat, ist er nicht „verbrannt" und kann beim nächsten Wurf seines Mitspielers weiterlaufen, bis er alle 4 Laufmale umrundet hat.

5. Variation: Brennball mit verändertem Brennmal
Das Brennmal kann z. B. ein Basketballkorb sein. Der Ball muss durch einen Basketballkorb geworfen werden. Die Spieler sind erst dann „verbrannt", wenn sie sich zwischen den Freimalen befinden, sobald der Ball auf den Boden fällt.

6. Variation: Brennball mit 3 Wurfgeräten
Gerätebedarf: 3 Hand- oder Volleybälle, 1 Brennmal

Immer 3 Schüler werfen gleichzeitig ihren Ball und versuchen danach, möglichst viele Freimale zu umrunden. Wenn der letzte Ball auf das Brennmal geworfen wurde, sind die Schüler „verbrannt", die sich noch zwischen den Freimalen befinden.

7. Variation: Brennball mit 3 Wurfgeräten und 3 Brennmalen
Gerätebedarf: 3 Hand- oder Volleybälle, 3 Fahrradmäntel oder Reifen oder Sprungbretter als Brennmale

Gespielt wird wie in Variation 6, nur dass jeder Ball auf ein anderes Brennmal geworfen werden muss. Die 3 Brennmale liegen nebeneinander. An jedem Brennmal steht ein Schüler, der „Brenner".

8. Variation: Brennball mit 3 unterschiedlichen Wurfgeräten
und 3 Brennmalen
Gerätebedarf: 1 Volleyball, 1 Basketball, 1 Schweif-, Tennis- oder Schlagball (siehe Kapitel „Bastelecke" S. 208 ff.)

Gespielt wird wie bei Variation 7, nur dass die 3 unterschiedlichen Bälle auf vorher festgelegte Brennmale geworfen werden müssen (der Volleyball z. B. auf Brennmal Nr. 1, der Basketball auf das mittlere Brennmal und der Schweifball auf das 3. Brennmal).

9. Variation: Gerätebrennball
Gerätebedarf: Die Geräte können je nach Ausstattung der Halle ausgetauscht werden. 4 große Kästen, 1 Bank, 1 Barren, Taue, 3 Matten, 4 Malstangen oder Hochsprungständer, 1 Brennmal

Nach dem Wurf muss der Schüler über den 1. großen Sprungkasten (Freimal) klettern, dann einen Barren überwinden, der mit 2 Matten abgesichert ist, einen kleinen Kasten (Freimal) überlaufen oder überspringen, sich an die Taue (Freimal) hängen (der Schüler muss so lange an den Tauen hängen, bis der nächste Spieler geworfen hat, sonst ist er „verbrannt"), über einen großen Kasten (Freimal) klettern, im Slalom um 4 Malstangen laufen, einen kleinen Kasten (Freimal) überwinden, über eine Bank laufen, die schräg gegen einen 3-teiligen Kasten gelegt und zum Abspringen mit einer Matte gesichert ist, über einen großen Kasten klettern. Befinden sich die Schüler zwischen oder auf den Geräten, die nicht als Freimal ausgewiesen sind, sind sie „verbrannt", wenn der Ball auf das Brennmal geworfen wird.

10. Variation: Brennball mit Wendemarke I
Gerätebedarf: 4 Malstangen, Markierungskegel oder Hochsprungständer zur Markierung des Spielfeldes, 1 Markierungskegel als Wendemarke, 1 Brennmal

Der Schüler muss nach seinem eigenen oder dem Wurf eines Mitschülers um die Wendemarke herumlaufen und die Grundlinie wieder erreichen, bevor der Ball auf das Brennmal geworfen wird. Es gibt keine Freimale. Die Wendemarke muss nach Wurf- und Laufleistung der Schüler aufgestellt werden und befindet sich neben der Seitenlinie.

11. Variation: Brennball mit Wendemarke II
Gespielt wird wie bei Variation 10. Nach dem Wurf eines Schülers muss die Hälfte der Wurfmannschaft oder alle Spieler der Wurfmannschaft laufen. Jeder Schüler, der die Grundlinie wieder erreicht, bevor der Ball auf das Brennmal geworfen wird, erhält einen Punkt. Damit jeder Spieler wirft und nicht immer die besten Schüler der Wurfmannschaft, erhalten alle Spieler eine Nummer, so dass in dieser Reihenfolge geworfen werden kann. Gewechselt wird nach einer Zeitvorgabe, z. B. 3 Minuten.

12. Variation: Round Up
Gerätebedarf: 4 Malstangen zur Spielfeldbegrenzung und als Freimale

Nach dem Wurf muss der Schüler versuchen, alle Malstangen zu umrunden. Die Feldmannschaft spielt den Ball jetzt nicht zum Brennmal, sondern stellt sich so schnell wie möglich mit gegrätschten Beinen hinter dem Schüler auf, der den Ball gefangen oder aufgenommen hat. Dieser Schüler rollt den Ball durch die Beine seiner Mitspieler. Der letzte Schüler der Reihe erwartet den Ball und tippt ihn auf den Boden. Der Schiedsrichter unterstützt das Tippen mit einem Pfiff. Befindet sich ein Werfer beim Tippen des Balles zwischen den Laufmalen, ist er „verbrannt" und stellt sich wieder bei der Wurfmannschaft an. Gezählt werden die Malstangen für die Wurfpartei, die der Werfer umrundet hat. Ist er bei der 3. Malstange stehen geblieben, so erhält die Wurfpartei 3 Punkte. Hat er alle Stangen umrundet, erhält er 5 Punkte. Jeder Spieler muss bei seinem eigenen Wurf laufen, er darf nicht an der 1. Malstange stehen bleiben, sonst hat er keinen Punkt. Jeder Ball, der von der Feldmannschaft gefangen wird, zählt einen Punkt. Gewechselt wird, wenn alle Spieler der Wurfmannschaft geworfen haben oder nach einer vorgegebenen Zeit, z. B. 5 Minuten.

Brettballspiel
Alter: ab Klasse 5
Anzahl: Minimum 10, Maximum 35 Schüler
Gerätebedarf: 1 Basket-, Volley- oder Handball, 2 Basketballbretter

Es wird auf 2 Spielfeldhälften gespielt. Die Spieler beider Mannschaften (Spielerzahl beliebig) versuchen, das Basketballbrett so zu treffen, dass der zurückspringende Ball direkt auf den Boden fällt. Gelingt ihnen das, so erhalten sie einen Punkt. Die Gegenspieler versuchen, das zu verhindern, indem sie den zurückprallenden Ball, bevor er den Boden erreicht hat, fangen oder – bei jüngeren Schülern – berühren. Gelingt ihnen das, so geht das Spiel sofort weiter. Sie dürfen bei dem Versuch, den vom Brett zurückprellenden Ball zu fangen, nicht behindert werden.

Fängt oder berührt ein Spieler der *werfenden* Partei den Ball, so erhält die andere Mannschaft einen Punkt, da sie ja den Ball nicht fangen konnte. Die Schüler dürfen dribbeln, aber mit dem Ball in der Hand nicht mehr als 2 Schritte laufen. Stehen mehr Basketballbretter zur Verfügung, können sie in das Spiel einbezogen werden, wodurch das Spiel lebhafter wird.

Eimerbasketball

Alter: ab Klasse 5
Anzahl: Minimum 12, Maximum 35 Schüler
Gerätebedarf: 2 Eimer, 1 Basketball, Parteibänder

Es spielen 2 Mannschaften mit je 7 Schülern gegeneinander. Hinter jeder Spielfeldhälfte befindet sich eine neutrale Zone, die weder von den Feldspielern noch von dem „Eimerhüter" betreten werden darf. Hinter der neutralen Zone steht der gegnerische „Eimerhüter", der mit seinem Eimer an der gesamten Endlinie der neutralen Zone hin- und herlaufen und so seiner eigenen Mannschaft entgegenkommen kann. Jede Mannschaft versucht, durch geschicktes Abspiel und Decken des Gegners den Ball in den Eimer ihres Mitspielers zu werfen. Ungewohnt ist es, dass die Spieler auf den eigenen „Korb" werfen müssen. Mit dem Ball in der Hand darf nicht gelaufen, jedoch gedribbelt werden. Sieger ist die Mannschaft, die nach einer vorgegebenen Zeit die meisten Treffer im Eimer hat.

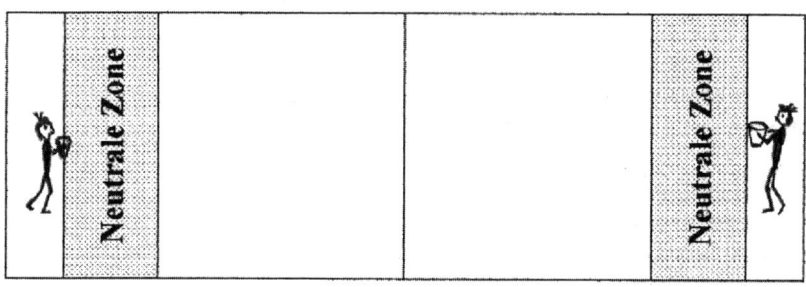

Haltet das Feld frei

Alter: ab Klasse 3
Anzahl: Minimum 10, Maximum 40 Schüler
Gerätebedarf: möglichst so viel Bälle wie Spieler (min. 20), 2 Bänke

Das Spielfeld wird durch Bänke in zwei Hälften geteilt, in denen zwei gleich starke Mannschaften stehen. Nach Möglichkeit liegen so viele Bälle in jeder Spielfeldhälfte, wie es Spieler sind. Alle Spieler werfen auf ein Kommando die Bälle in das gegnerische Feld. Nach ca. 4 Minuten hören die Schüler auf ein Zeichen des Lehrers auf zu werfen und setzen sich auf den Boden. Die Mannschaft hat gewonnen, die weniger Bälle in ihrem Spielfeld hat.

Mensch ärgere dich nicht!

Alter: ab Klasse 5
Anzahl: Minimum 8, Maximum 40 Schüler
Gerätebedarf: möglichst 68 Fahrradmäntel (siehe Kapitel „Alternative Arbeitsmaterialien" S. 219), 4 Markierungskegel, 4 Schaumstoffwürfel, 4 verschiedenfarbige Parteibänder

68 Fahrradmäntel werden, wenn vorhanden, auf den Grundlinien des Volleyballspielfeldes nebeneinander ausgelegt. Jeder 17. Reifen wird mit einem Parteiband gekennzeichnet und mit einem Markierungskegel versehen. Die Schüler verteilen sich gleichmäßig an den 4 Reifen, die mit dem Parteiband und dem Markierungskegel gekennzeichnet sind. Ein Schüler jeder Gruppe würfelt, und der Markierungskegel wird entsprechend den gewürfelten Augen weiter gestellt. Danach läuft die Gruppe so viele Runden wie die gewürfelte Zahl. Hat die Gruppe ihren Markierungskegel wieder erreicht, wird erneut gewürfelt usw. Ziel ist es, den Markierungskegel einer anderen Partei einzuholen, um ihn hinauszuwerfen. Entweder kann man das Spiel dann beenden oder es geht weiter, und die Gruppe fängt wieder bei ihrem Parteiband an.

Da dieses Spiel sehr bewegungsintensiv ist, kann man als Spielregel verabreden, dass immer 1 oder 2 Schüler eine Würfelrunde am Markierungskegel ausruhen können.

Soccer and Hand

Alter: ab Klasse 7
Anzahl: Minimum 10, Maximum 40 Schüler

Gerätebedarf: 1 Tor, 1 Hand- oder 1 Fußball, 2 Bänke, 3 Hochsprungständer oder Markierungskegel oder Malstangen, Parteibänder zur Kennzeichnung einer Mannschaft

Gespielt wird auf ein Tor. Die Mannschaften A und B stehen, wie auf der Skizze zu sehen, neben dem Tor. Der Schüler A1 steht im Tor, der Schüler B1 an der Abwurf-, (wenn Handball gespielt wird) bzw. Abschusslinie, etwa 7-m-Marke (wenn Fußball gespielt wird). A1 versucht, den Torwurf bzw. Torschuss von B1 abzuwehren. Gelingt dies, dribbelt A1 mit dem abgewehrten Ball um eine Bank herum und wirft oder schießt nun seinerseits von der Abwurf- bzw. Abschusslinie auf das Tor. Sobald B1 auf das Tor wirft oder schießt, läuft B2 von der Startlinie aus so schnell er kann um die Umlaufmarken 1 und 2 (z. B. Hochsprungständer) herum ins Tor. Er versucht dort zu sein, bevor der ehemalige Torwart A1 seinen Dribbelweg beendet hat. In dem Augenblick, in dem A1 auf das Tor wirft oder schießt, läuft A2 los, um die Umlaufmarken zu umrunden usw. Der jeweilige Schütze (B1) geht zu seiner Mannschaft zurück und wartet, bis er wieder an der Reihe ist.

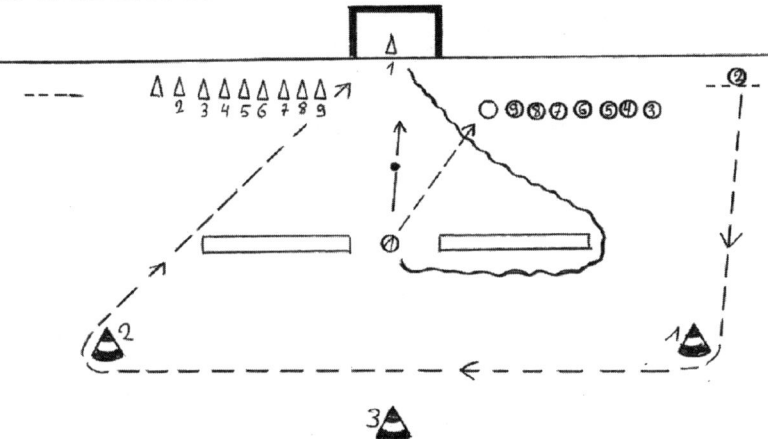

Spieldauer: Nach Zeit oder Tortreffer.
Zusatzregeln: Wehrt der Tormann den Ball so stark ab, dass er über die Bänke hinausfliegt, so muss er nicht um die Bank dribbeln, sondern um die Umlaufmarke 3.
Der Läufer darf den Dribbler nicht behindern.
Die neben dem Tor stehenden Mannschaften dürfen z. B. ihrem Torwart nicht den abgewehrten Ball zuspielen.

Der jeweilige Dribbler kann den Ball auch schon früher, also vor der Abwurf- bzw. Abschusslinie, auf das Tor werfen bzw. schießen, falls der Läufer noch nicht angekommen ist. Damit vergrößert sich allerdings die Entfernung zum Tor.

Je nach Leistungsstand lassen sich folgende Punkte verändern:

• die Entfernung zum Tor,
• die Lücken zwischen den Bänken beim Schießen,
• die Positionen der Umlaufmarken,
• die Größe des Tores,
• wenn die Halle zu schmal ist, können statt der Bänke auch andere Markierungen aufgestellt werden.

Ultimate Frisbee

Alter: ab Klasse 5
Anzahl: pro Mannschaft ca. 8 Spieler
Gerätebedarf: 1 Frisbee-Scheibe, Parteibänder

Das Spielfeld besteht aus zwei Hauptzonen und zwei Endzonen. Zwei Mannschaften spielen gegeneinander. Beim Anpfiff steht jede Mannschaft in ihrem Feld. Die Spieler versuchen, durch Zuwerfen und Fangen, eine Frisbee-Scheibe durch geschicktes Zuspiel in der gegnerischen Endzone zu fangen, um einen Punkt zu erwerben. Die Gegner versuchen das zu verhindern, indem sie die Frisbee-Scheibe abfangen, um nun selbst in der gegnerischen Endzone die Frisbee-Scheibe zu fangen. Der Spieler, der in Besitz der Frisbee-Scheibe ist, darf damit weder gehen noch laufen, sondern muss die Scheibe sofort wieder einem Partner zuspielen. Zum Wurf darf ein Sternschritt ausgeführt werden. Wer die Scheibe hat, darf werfen, ohne vom Gegner angegriffen zu werden. Fällt die Frisbee-Scheibe zu Boden, landet im Aus oder wird von der gegnerischen Mannschaft berührt oder gefangen, so erhält diese die Wurfscheibe. Jede behindernde Berührung des Gegners zählt als Foul, so dass das Wurfrecht wechselt.

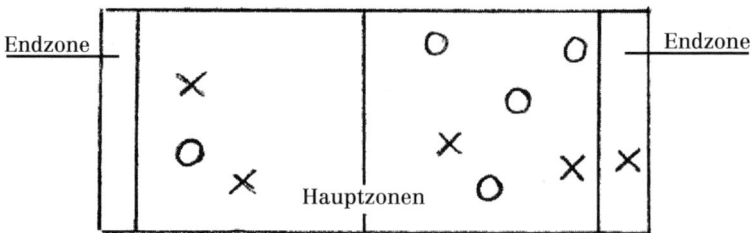

Zweifelderball-Variationen

Alter: ab Klasse 4

Anzahl: Minimum 10, Maximum 40 Schüler

Gerätebedarf: 2 nicht harte Bälle (eventuell Soft- oder Volleybälle)

In 2 gleich großen Spielfeldern stehen sich 2 gleich starke Mannschaften gegenüber. Ziel ist, alle gegnerischen Spieler abzutreffen. Hinter jeder gegnerischen Grundlinie steht ein Mitspieler, die Strohpuppe, die 3 „Leben" hat und von der Grundlinie nicht abtreffen darf. Abgetroffene Spieler gehen hinter die Linien des Gegners und werfen von da weiter ab. Jede Mannschaft ist bestrebt, durch das Fangen eines Balles wieder in Ballbesitz zu kommen, um abwerfen zu können. Sind alle Spieler einer Mannschaft abgetroffen, kommt die Strohpuppe ins Spielfeld, die 3-mal abgeworfen werden muss. Die Mannschaft hat gewonnen, die zuerst alle gegnerischen Spieler einschließlich der Strohpuppe abgetroffen hat. Als Treffer zählen nur direkt geworfene Bälle (ohne Bodenberührung).

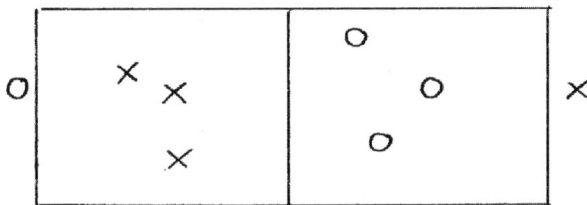

1. Variation: Zweifelderball mit Erlösen: Gelingt es einem getroffenen Spieler, der hinter der gegnerischen Linie steht, einen gegnerischen Spieler abzuwerfen, so ist er erlöst und kann wieder im Spielfeld mitspielen.

2. Variation: Rundum-Zweifelderball: Die getroffenen Spieler können sich rund um das gegnerische Feld aufstellen und von dort abwerfen und sich durch einen Treffer wieder erlösen.

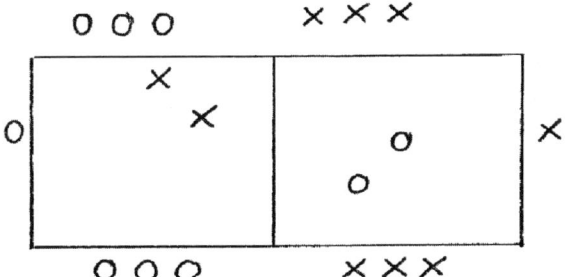

3. Variation: Zweifelderball mit Hindernissen
Gerätebedarf: 2 große Sprungkästen

Gespielt wird wie bei Variation 2. In jedem Spielfeld befindet sich als Hindernis und zur Deckung ein großer Sprungkasten.

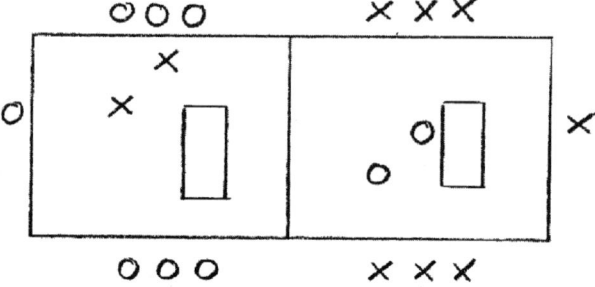

4. Variation: Bienenkönigin
Gespielt wird wie bei Variation 2. Jede Mannschaft bestimmt vor dem Spiel eine Bienenkönigin, die dem Spielleiter leise mitgeteilt wird. Die gegnerische Mannschaft muss nun versuchen, die Bienenkönigin, die ihr nicht bekannt ist, abzutreffen. Die anderen Mitspieler versuchen, das zu verhindern. Wird die Bienenkönigin getroffen, hat die Mannschaft verloren.

5. Variation: Zweifelderball über die Schnur
Gerätebedarf: 1 Leine (Baustellenabsperrband, Zauberschnur), 2 Ständer zum Befestigen der Leine

Gespielt wird wie bei Variation 1. Die beiden Spielfelder werden durch eine 1,5–2 m hohe Leine getrennt. Die Spieler können nur abgeworfen werden, wenn der Ball über die Leine gespielt wurde.

6. Variation: Sanitäter-Zweifelderball
Gerätebedarf: 2 Matten

Gespielt wird wie bei Variation 2. Wird ein Feldspieler getroffen, legt er sich auf den Boden und wartet, bis 2 Sanitäter (2 eigene Mitspieler) ihn aus dem Spielfeld ins Krankenhaus (1 Matte) bringen. Das Krankenhaus befindet sich hinter der eigenen Grundlinie. Haben die Sanitäter, ohne selbst getroffen zu werden, den „Verletzten" im Krankenhaus abgeliefert, können alle 3 wieder zur eigenen Mannschaft zurückkehren und weiterspielen. Hinter der Grundlinie dürfen sie nicht mehr abgeworfen werden.

7. Variation: Markierungskegel-Zweifelderball
Gerätebedarf: 6 bis 8 Markierungskegel

Gespielt wird wie bei Variation 1. Im hinteren Drittel der Spielfelder werden 3 oder 4 Markierungskegel aufgestellt. Ziel ist es, die Markierungskegel zu treffen, was die Spieler verhindern müssen.

Wird ein Spieler dabei getroffen, muss er hinter die Grundlinie, er kann sich durch Abtreffen eines Gegners wieder erlösen. Die Mannschaft, die zuerst alle Markierungskegel getroffen hat, ist Sieger.

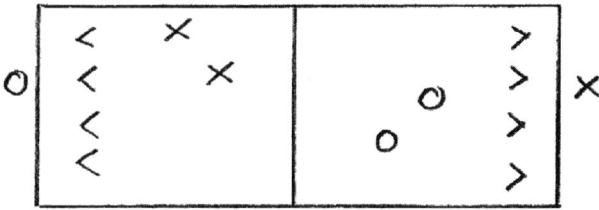

8. Variation: Brücken-Zweifelderball
Gerätebedarf: 2 Bänke oder 4 Kastenoberteile oder 4 kleine Kästen

Gespielt wird wie bei Variation 1, aber ohne Erlösen. Spieler, die getroffen wurden, können nur über eine Brücke (Bank oder 2 kleine Kästen) zurück in das eigene Spielfeld gelangen. Werden sie dabei von einem gegnerischen Spieler mit der Hand abgeschlagen, müssen sie wieder zurück und können einen neuen Versuch starten.

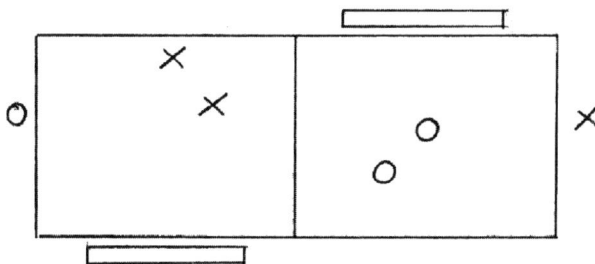

9. Variation: Zweifelderball verkehrt
Alle Spieler stehen außerhalb der beiden Felder, in denen sich je 1 Spieler der gegnerischen Mannschaft befindet. Die Außenspieler versuchen, die gegnerischen Innenspieler abzuwerfen. Wer einen Treffer erzielt hat,

geht in das Feld seiner eigenen Mannschaft, der Getroffene bleibt im Feld. Die Innenspieler dürfen nicht abtreffen, sondern werfen z. B. gefangene Bälle ihren eigenen Außenspielern zu. Gewonnen hat die Mannschaft, die zuerst alle Außenspieler im Innenfeld oder – nach einer festgelegten Zeit – die meisten Spieler im Innenfeld hat.

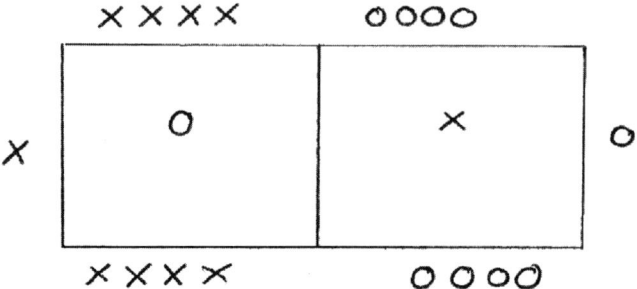

10. Variation: Vier-Felder-Ball

Zwei Mannschaften werden auf 4 Felder aufgeteilt. Beide Mannschaften versuchen, die Gegner im Innen- und Außenfeld abzuwerfen. Der Getroffene bleibt in seinem Feld, es zählen nur die Treffer. Gewonnen hat die Mannschaft, die nach einer festgelegten Zeit die meisten Treffer oder eine vorher festgelegte Trefferzahl erreicht hat.

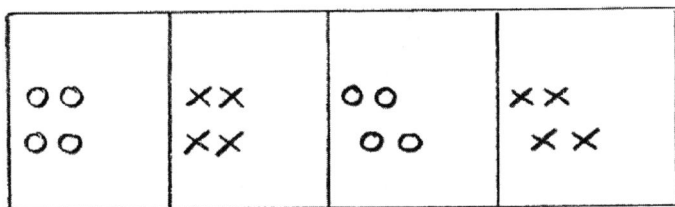

11. Variation: Gefängnisball

Gerätebedarf: 2 Bänke, ca. 24 Schweifbälle (siehe Kapitel „Bastelecke" S. 208 ff.) oder Tennisbälle oder Schlag- oder Wurfbälle, die in 2 kleinen Kästen liegen

Gespielt wird nach den Zweifelderballspielregeln, aber ohne Erlösen bei einem Treffer. Hinter jede Grundlinie wird eine Bank schräg gestellt, die das Gefängnis andeutet. An der Mittellinie seitlich steht für jede Partei der eigene kleine Kasten verkehrt herum, in dem sich die Bälle befinden. Jeder abgetroffene Spieler muss in das Gefängnis, also hinter die Bank.

Er kann erst wieder mitspielen, wenn er einen Ball aus dem kleinen Kasten gefangen hat, den ihn ein eigener Mitspieler zugeworfen hat. Fängt er ihn nicht, muss er im Gefängnis bleiben, fängt er ihn, ist er erlöst. Er bringt den Ball mit und legt ihn wieder in seinen Kasten. Die Spieler im Gefängnis dürfen zum Fangen nicht auf die Bank steigen.

Nicht gefangene Bälle sammelt die gegnerische Mannschaft ein und legt sie in ihren eigenen Kasten. Verloren hat die Mannschaft, die keine Bälle mehr im Kasten hat oder bei der alle Spieler im Gefängnis sind.

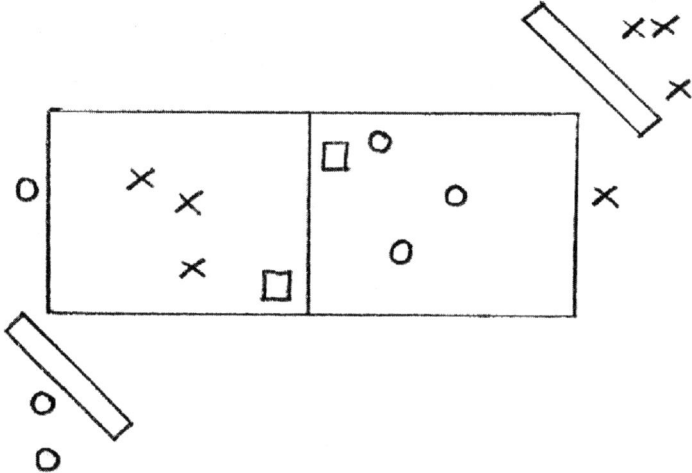

1. Variation: Fängt ein Spieler im Gefängnis den zugeworfenen Ball, sind alle anderen Spieler im Gefängnis ebenfalls erlöst.

2. Variation: Die gegnerischen Spieler können die Bälle abfangen, die zum Erlösen geworfen werden. Die gefangenen Bälle werden in den eigenen Kasten gelegt.

4 Die Bastelecke

Balancebretter („Wackelbrett")

Balancebretter lassen sich schnell und einfach herstellen. Sie bestehen aus einem Sperrholzbrett (Dicke ca. 10–14 mm). Unsere Bretter sind 30 cm lang und 10 cm breit. Längs und mittig wird auf das Brett eine Halbrundleiste (Breite ca. 2 cm) geschraubt. Schon ist das „Wackelbrett" fertig. Das „Wackelbrett" wird mit der Halbrundleiste nach unten auf den Boden gelegt, nun können die Schüler auf ihm balancieren.

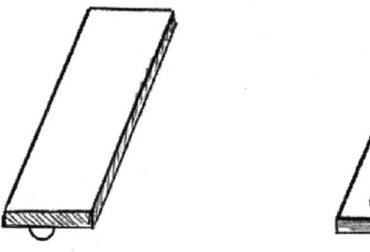 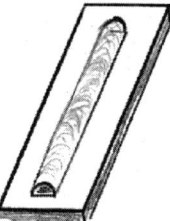

Balancierrolle

Für die Herstellung einer Balancierrolle benötigt man eine Holzpalisade (Durchmesser ca. 9–10 cm, Länge der Palisade ca. 50 cm), die man günstig in jedem Baumarkt (Gartenbedarf) erstehen kann. Zusätzlich wird noch ein Holzbrett benötigt (Breite ca. 20 cm, Länge ca. 60 cm) und

2 kurze Leistenabschnitte („Bremsleisten", sie verhindern das Abrollen des Brettes von der Rolle und vermindern die Sturzgefahr), die seitlich am Ende des Brettes angeschraubt werden.

Wer mag, kann die Holzpalisade mit einem Gummibelag umkleben (oder tackern), die Balancierrolle ist dann insgesamt etwas träger und für etwas leistungsschwächere Akrobaten besser geeignet.

„Bingo"

„Bingo"-Spiele werden bevorzugt bei der Laufschulung eingesetzt.

Natürlich kann man die „Bingo"-Spiele aus Pappe herstellen, die Spiele sind dann aber nicht im Freien einsetzbar (Feuchtigkeit, Wind). Für die Halle genügen Papierspiele, die in dicke Laminierfolie eingeschweißt sind. Die „Bingo"-Steinchen kann man herstellen, indem man eine weitere eingeschweißte Spielvorlage zerschneidet.

Unsere „Bingo"-Spiele bestehen aus einer Grundplatte (weiß beschichtete Spanplatte, die Spielbretter messen 30,4 · 42,4 cm) und 36 Bingo-Steinchen (weiß beschichtete Hartfaserplatte, 5 · 7 cm).

Das Spielbrett wird in 36 gleiche Felder aufgeteilt. Dabei wird die Verwendung eines wasserfesten Filzmalers empfohlen. Die einzelnen Felder werden dann mit Zahlen versehen.

Abschließend werden die einzelnen Bingo-Steinchen mit denselben Zahlen beschriftet. Wer will, kann das „Bingo"-Spiel noch mit einem Leistenrahmen versehen.

Alternative: Anstatt der Zahlen können auch Symbole verwendet werden. Das Spiel wirkt dann interessanter, das „Schummeln" ist insgesamt schwieriger.

„Einhörner"

Die „Einhörner" werden aus Papprollen sowie einem Stück Hosengummiband hergestellt (Badmintonbälle werden z. B. häufig in Pappdosen geliefert). Die beiden Pastikdeckel werden entfernt, die Papprolle in 2 Abschnitte zerteilt. In diese Papprollen werden zwei Löcher gebohrt, und anschließend wird das Gummiband hindurchgezogen und verknotet.

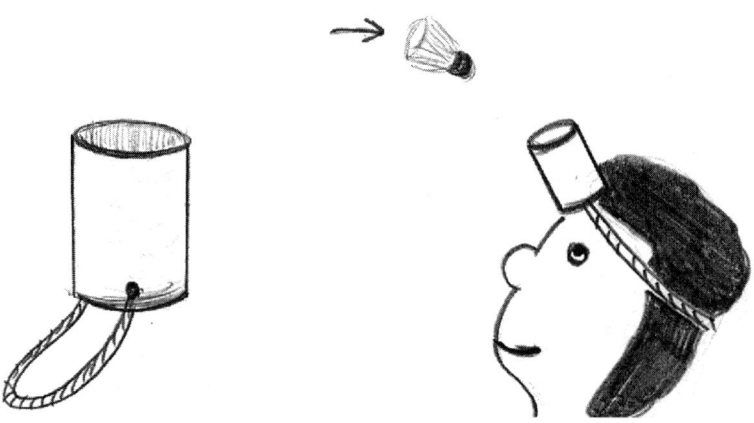

„Hochsprunglatte" aus Absperrband

Mit einem Stück Baustellenabsperrband und wenigen zusätzlichen Materialien lässt sich eine „Hochsprunglatte" herstellen, die sehr gut sichtbar ist, auch bei Wind straff und ruhig die Hochsprungständer verbindet und beim Draufspringen oder -fallen nachgibt, so dass der Schüler sich nicht wehtut.

Für die Herstellung benötigt man ca. 2,5 m Baustellenabsperrband, Teppichklebeband (doppelseitig klebend), zwei kleine Plastik- oder Holzplättchen sowie Gummiband („Hosengummi").

Die Plastik- oder Holzplättchen dienen jeweils an beiden Enden der Hochsprunglatte als Verstärkung (damit sich das Baustellenband beim späteren Spannen nicht zusammenrollt). Für die Herstellung dieser Plättchen noch ein kleiner Tipp: Diese Plättchen sind genau so breit wie das Teppichklebeband; die Länge des Plättchens entspricht der Breite des Baustellenabsperrbands. Beide Seiten der Plättchen werden mit dem Teppichklebeband beklebt und die beiden Enden des Absperrbandes um die Verstärkungsplättchen herumgelegt und angedrückt (festgeklebt). Nun fehlen noch jeweils zwei Löcher (Durchmesser ca. 4 mm). Anschließend

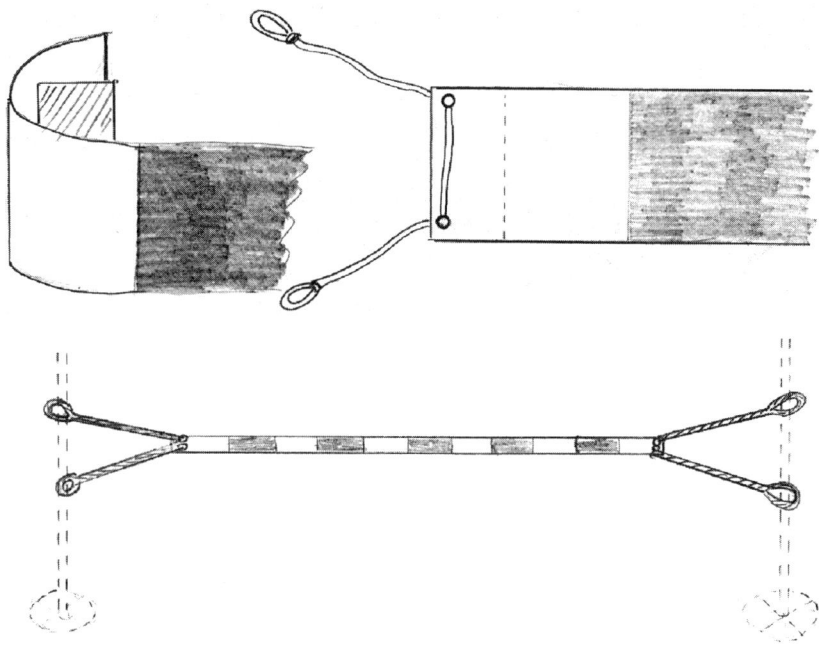

wird ein Stück Hosengummiband durch die Löcher gezogen und an seinen Enden zu Schlaufen verknotet. Sinnvoll sind große Schlaufen, die über die Lattenauflagen gezogen werden können.

Diese flexiblen „Hochsprunglatten" kosten in der Herstellung sehr wenig Geld, erfordern zudem auch kein allzu großes handwerkliches Geschick. Ein weiterer Vorteil ist die unglaubliche Haltbarkeit des Baustellenbandes. Unsere erste „Hochsprunglatte", einmal als „Notbehelf" erdacht und entstanden, ist nunmehr seit 8 Jahren im ständigen Einsatz. Außerdem ist sie von den Springern sehr gut zu sehen.

Hürdenhalter für Übungshürden

Mit Hilfe von 2 Hürdenhaltern, 2 Markierungskegeln sowie einem Gymnastikstab können schnell und einfach Übungshürden zusammengebaut werden.

Für den Hürdenhalter benötigt man ein dickeres Rundholz (Durchmesser ca. 2–2,4 cm und ca. 15–20 cm lang) sowie ein Stück Plastikabflussrohr (Länge des Plastikrohrstücks ca. 10 cm, der Durchmesser beträgt ca. 4 cm). Das Plastikrohr wird mit einer Säge in 10 cm breite Abschnitte zerteilt. Diese Plastikrohrabschnitte werden dann durchbohrt (Bohrerstärke: 4 mm). Anschließend wird ein Loch mit einem dickeren Bohrer (Bohrerstärke z. B.: 10 mm) nachgebohrt und erweitert (durch dieses dickere Loch wird beim Anschrauben der Schraubendreher hindurchgeführt). Mit einer Schraube wird das so vorbereitete Plastikrohr mit dem Rundholz fest verschraubt. Schon ist ein Hürdenhalter fertig.

Die Hürdenhalter werden nun mit dem Rundholz von oben in die Markierungskegel gesteckt.

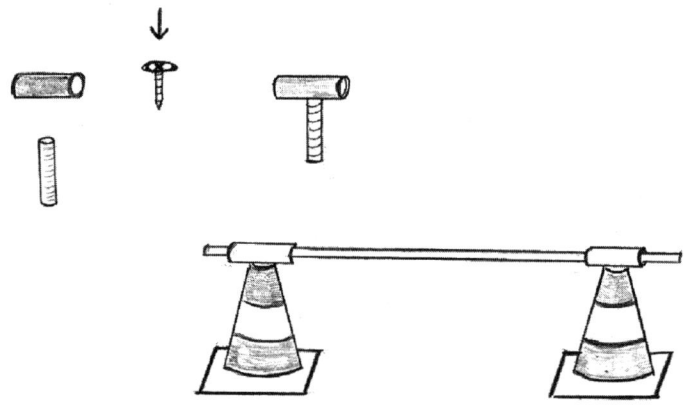

Sie lassen sich sehr preiswert und ohne viel Aufwand herstellen und haben ebenfalls nur einen geringen Platzbedarf.

Tipp: Einige Markierungskegel haben an ihrer Spitze kein Loch. Wir haben seinerzeit diese Markierungskegel oben mit einem für die Hürdenhalter passenden Loch versehen und mussten uns von einem zusätzlichen positiven Effekt überraschen lassen: Die nachträglich aufgebohrten Markierungskegel rissen auch bei starker und unsachgemäßer Belastung seitlich nicht mehr auf.

Jonglierbälle

In einen abgespielten Tennisball wird mit einem scharfen Messer oder einem Tapeziermesser ein 3 cm langer Schlitz geschnitten. In diesen Schlitz steckt man einen kleinen Trichter und füllt den Ball mit Hilfe dieses Trichters mit Bruchreis. Danach klebt man einen Klebestreifen über die Öffnung. Von zwei Luftballons werden die Tüllen abgeschnitten. Der eine Ballon wird so über den Ball gezogen, dass der Schlitz bedeckt ist. Der andere von der Seite, an der die Öffnung des ersten Luftballons zu sehen ist. Damit die Bälle bei der Lagerung nicht zusammenkleben, müssen sie eingepudert werden.

Eine andere Methode besteht darin, dass man nach dem Zuschweißen des Schlitzes mit einer Heißklebepistole die mit Bruchreis gefüllten Bälle mit einer Spraydose mit Farbe besprüht. Dies hat den Vorteil, dass die Bälle länger halten, denn die Luftballons werden spröde und kleben trotz des Puders leicht zusammen. Außerdem spielen die Schüler gern an den Luftballons herum, indem sie sie abziehen, um ihre Neugier zu befriedigen. Autolackierereien geben überlagerte Sprühdosen verbilligt ab.

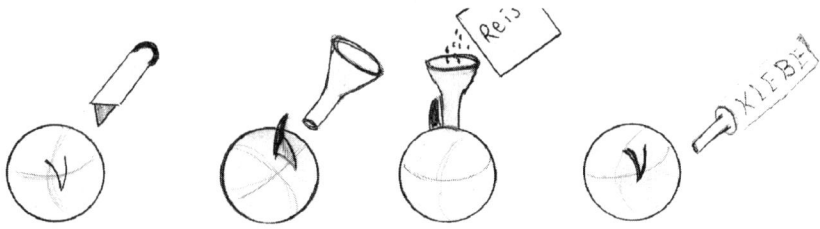

Markierungsmaterialien

• **Markierungshalbkugeln**

Abgespielte Tennisbälle werden mit einem Teppichmesser in der Mitte durchgeschnitten und anschließend mit Lack (leuchtende, grelle Farben) besprüht. Zusätzlich kann man mit einem wasserfesten Filzstift Zahlen, Buchstaben oder Symbole markieren. Obwohl diese Markierungshalbkugeln nicht groß sind, sind sie auch über größere Entfernungen leicht zu erkennen. Der große Vorteil dieser Markierungshalbkugeln liegt in ihrem geringen Platzbedarf. Ein Klassensatz passt in einen kleinen Karton (oder Beutel), hat ein geringes Gewicht und ist somit einfach zu transportieren.

Wir setzen diese Tennishalbbälle bevorzugt im Freien als Spielfeldmarkierungen, Ablaufmarken für den Weit- und Hochsprung, Ablauf- und Überlaufmarken für den Staffellauf etc. ein.

• Markierungsholzscheiben

Die runden Markierungsholzscheiben (Durchmesser ca. 20 cm) sind aus Sperrholz und in der Mitte mit einem Loch versehen (so können diese Scheiben auf einem Rundholz gestapelt werden). Mit leuchtender Farbe angestrichen, sind sie für Bodenmarkierungen im Freigelände gut geeignet, besonders aber für Markierungen in Sandgruben. Die Holzscheiben kann man senkrecht in den Sand stecken, sie bleiben dann gut sichtbar stehen. Auch diese Markierungsscheiben sind Platz sparend und haben ein geringes Gewicht.

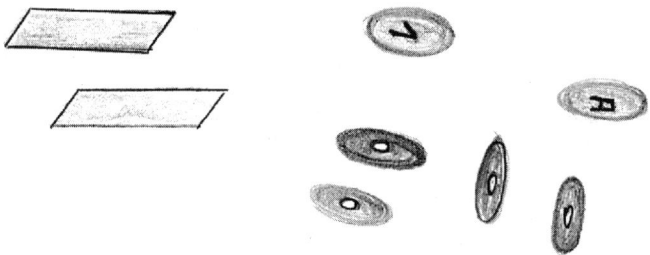

• Gummiplatten

Die „Gummiplatten" (rechteckige Markierungsstreifen oder runde Markierungsscheiben, erhältlich im Fachhandel – Kunststoffhändler) bestehen aus Industriekautschuk (auch Kunstkautschuk genannt). Mit Hilfe eines Teppichmessers und eines Frühstückstellers als Schablone lassen sich die runden Markierungsscheiben aus der Meterware herausschneiden. Mit Lackfarbe kann man die Markierungsteile zusätzlich mit Zahlen, Buchstaben oder Symbolen versehen. Diese Markierungsplatten sind für den Sport im Freien, bevorzugt aber für den Hallensport geeignet, da dieses Material auf dem Hallenboden nicht rutscht. Ein weiterer Vorteil ist der geringe Anschaffungspreis. Vergleichbare Markierungsmaterialien (allerdings schön bunt) bietet der Sporthandel an. Die vergleichbare Warenmenge kostet dort aber nahezu das Fünffache! Wir bewahren unsere „Gummiteller" übereinander gestapelt in einem Eimer auf, so sind diese Materialien leicht zu transportieren.

Lauf-Puzzle

Lauf-Puzzles werden bevorzugt bei der Ausdauerschulung eingesetzt. Wir verwendeten gern die Motive von (mindestens) zwei gleichen Sportkalendern (kostenloses Werbematerial aus führenden Sportgeschäften).

Für jedes Puzzle benötigt man zwei gleiche Bildmotive, die auf entsprechend große Platten geklebt werden. Sinnvoll ist der Einsatz von wasserfesten Hartfaserplatten (die Puzzles können dann im Freien eingesetzt werden, der Wind kann die Puzzleteile auch nicht fortwehen).

Ein aufgeklebtes Motiv dient als Spielbrett und Puzzlevorlage, die zweite Platte wird mit einer Laub- oder Dekupiersäge in die einzelnen Puzzleteile zersägt. Als günstig für den Unterricht haben sich Lauf-Puzzles erwiesen, die aus 10 Puzzleteilen bestehen. Puzzleteile mit gleichmäßigen Formen sind auch für kleine Kinder keine Herausforderung.

Eine *Alternative* für Puzzleexperten: Wenn man 3 gleiche Sportbilder erhält, kann man zu dem hergestellten Lauf-Puzzle zusätzlich 1 bis 2 Puzzleteile gestalten, die in ihrer Form den anderen Puzzleteilen nur ähnlich sind, sich aber nicht in das Puzzlespiel einfügen lassen.

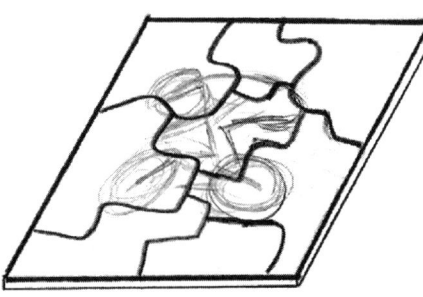 

Schweifbälle

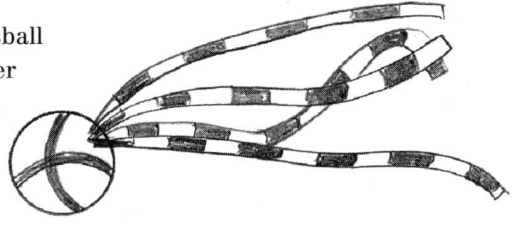

In einen abgespielten Tennisball wird mit einem scharfen Messer oder einem Tapeziermesser ein ca. 3 cm langer Schlitz geschnitten. Von einem Baustellen- oder Absperrband schneidet man vier Streifen von ca. 40 cm Länge ab. Diese vier Streifen verknotet man am Ende miteinander und drückt den Knoten mit einem Schraubenzieher in den Schlitz. So ist ein Schweifball mit vier Bändern entstanden. Wenn der Ball noch langsamer fliegen soll, muss der Schweif mit 6 oder 8 Bändern versehen werden. Baustellenband erhält man in allen Baumärkten in Rot/Weiß und Gelb/Schwarz. 500 m kosten ca. 20 Euro.

Schwungbälle

Ein Schwungball besteht aus 1 Tennisball, 1 Kordel (1,10 m bis 1,30 m lang; Durchmesser 5–6 mm), 2 Streifen Baustellenabsperrband (ca. 1 m lang), 1 kleines Stück Doppelklebeband (20 · 20 mm).

Der Tennisball wird durchbohrt (Bohrerstärke ca. 7 mm). Mit Hilfe eines Schraubendrehers wird die Kordel durch den Ball hindurchgeführt und am Ende verknotet. Dann wird der Ball an den Knoten herangeschoben. Die beiden Streifen des Baustellenabsperrbandes werden im rechten Winkel übereinandergelegt und mit dem Doppelklebeband verbunden. Mit einem spitzen Gegenstand (Vorstecher, Papierschere) wird im Streifenkreuz aus Baustellenband ein Loch hergestellt, durch das die Kordel bis zum Tennisball gezogen wird. Mit einem weiteren Kordelknoten wird das Streifenkreuz auf dem Tennisball fixiert. Abschließend wird am freien Kordelende mit einem Knoten eine Handschlaufe erzeugt.

Tennisballbrillen

Die „Tennisballbrillen" schränken das Sehfeld stark ein und sind deshalb für die Koordinationsschulung (z. B.: bei Balanceübungen) geeignet.

Die „Tennisballbrillen" bestehen aus zwei Tennisballhälften (mit einem Teppichmesser wird ein alter Tennisball in zwei Hälften geteilt), die mit

zwei Gummibändern miteinander verbunden sind (ein kurzes Gummiband verbindet die beiden Ballhälften über der Nase, das längere Gummiband führt dann um den Kopf herum.

Mit einem Locheisen (Durchmesser ca. 12–14 mm) werden in die Tennisballhälften die Gucklöcher geschlagen. Dann werden links und rechts neben dem Guckloch dicht am Rand der Ballhälften jeweils 2 Löcher gebohrt. Anschließend kann die „Tennisballbrille" mit den Gummibandstücken fertig gestellt werden.

Trennleine/Markierungsleine

Mit zwei abgespielten Tennisbällen sowie Baustellenabsperrband lässt sich sehr einfach eine Trenn- oder Markierungsleine herstellen. Die Länge des Bandes richtet sich dabei nach den lokalen Bedürfnissen (z.B. soll eine Halle längs in Spielfelder eingeteilt werden, muss das Band entsprechend lang sein – Hallenlänge plus 2 m).

Mit einem Bohrer werden die beiden Tennisbälle durchbohrt und die beiden Enden des Absperrbandes durch je einen Ball hindurchgezogen und verknotet.

Die unglaubliche Haltbarkeit des Absperrbandes ermöglicht ein straffes Verbinden der Trennungsvorrichtungen (Haken, Pfosten etc.). Ein weiterer Vorteil ist die Befestigung des Absperrbandes. Das Band muss nicht verknotet werden, es wird lediglich um den Pfosten (Haken) geführt. Anschließend wird das Bandende mit dem Tennisball mehrfach um die Absperrleine gewickelt. Das Band wird dann auf der gegenüberliegenden Seite straff um den Pfosten gezogen, das Bandende mit dem Ball wiederum mehrfach um die Leine gewickelt.

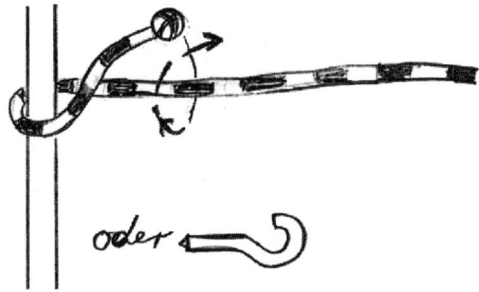

Wurfstäbe

Wurfstäbe haben bei der Wurfschulung einen unbestreitbar hohen Stellenwert. Leider sind diese Wurfmaterialien aus dem Fachhandel sehr teuer.

Aus einem alten, dicken Gartenschlauch (zu erfragen und abzuholen bei den Gartenbauämtern etc.) sowie geeigneten Rundhölzern lassen sich Wurfstäbe für wenig Geld herstellen. Die Dicke des Rundholzes sollte ungefähr dem Innendurchmesser des Gummischlauchs entsprechen. Die Rundhölzer werden in ca. 30 cm lange Stücke zersägt, der Gummischlauch in ca. 32 cm lange Abschnitte zerteilt. Anschließend wird das Rundholz in den Schlauchabschnitt geschoben und zusätzlich mit einer kleinen Schraube seitlich befestigt. Der Gummischlauch sollte etwas länger als das Rundholz sein, damit er über beide Enden des Rundholzes hinausragt (die Holzenden sind auf diese Weise geschützt. Die entsprechend hergestellten Wurfstäbe können dann auch in der Halle gegen geeignete Wände geworfen werden, ohne Schäden zu verursachen).

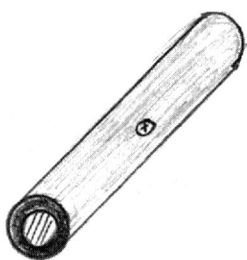

5 Alternative Arbeitsmaterialien

Bananenkartons

In jedem Supermarkt oder großen Obstladen kann man kostenlos Bananenkartons erhalten. Wichtig ist, dass man sie vorbestellt.

Baustellen- oder Absperrband

Baustellen- oder Absperrband erhält man in jedem Bauhaus in den Farben Rot/Weiß oder Gelb/Schwarz. 500 m kosten in der Regel ca. 20 Euro.

Fahrradmäntel

Jeder Fahrradladen ist froh, wenn er die alten Fahrradmäntel nicht entsorgen muss. Man sollte darauf achten, dass man einen Satz gleich großer und möglichst schmaler Reifen hat. Auch hier ist eine Vorbestellung angebracht, da der Händler die Fahrradmäntel sammeln muss.

Puzzle-Bilder

In Sportgeschäften werden für den Unterricht kostenlos Sportposter oder Sportkalender abgegeben, die man sehr gut für das Puzzle benutzen kann. In Apotheken gibt es sehr schöne Tierbilder, die sich vor allem für jüngere Schüler gut für das Puzzle eignen. Ansonsten kann man sich noch Bilder von Pop-Stars aus Jugendzeitschriften von den Schülern geben lassen.

Tennisbälle

Fast jeder Mensch hat Freunde, Bekannte, Verwandte, die Tennis spielen. Diese Leute bittet man, abgespielte Bälle zu sammeln, so dass man bald mehrere Klassensätze dieser Tennisbälle zusammen hat. Ansonsten geht man zu Tennisanlagen, wo man um abgespielte Bälle bitten kann.

Teppichfliesen

Im Ausverkauf kann man preisgünstig in den großen Teppichgeschäften Fliesen erwerben, wenn man hinzufügt, dass man sie für den Unterricht benötigt. Öfters werden auch Einzelfliesen mit einem Sonderpreis abgegeben.

Literatur

Blume, Michael: Akrobatik mit Kindern und Jugendlichen. Meyer & Meyer Verlag, 1995

Böttcher, Henner: Rope Skipping. Meyer & Meyer Verlag, 1999.

Bruckmann, M.: Wir turnen miteinander. Stuttgart 1990

Bruckmann/Dieckert/Herrmann: Gerätturnen für alle. Pohl-Verlag Celle, 1991

Finnigan, Dave: Alles über die Kunst des Jonglierens. DuMont Buchverlag Köln, 1988.

Fodero, Joseph M. & Furblur, Ernst E.: Menschenpyramiden, AOL-Verlag, 1999

Gaal, Josef: Bewegungskünste, Zirkuskünste. Karl Hofmann Verlag, Schorndorf 1994, Reihe Motorik, Bd. 16.

Herrmann, Klaus: Mit Rock über'n Bock. Pohl-Verlag, Celle, 1985.

Kalbfleisch, Susan: Skipping – Das ideale Fitness-Training. Sport, Spaß & Gesundheit Verlag KG, 1985.

Knüppel, Henner: Lehrhilfen für den Sportunterricht 6/99, S. 93 f. Verlag: Karl Hofmann GmbH & Co.

Medler, M., Räupke, R.: Turnen am Minitrampolin. Sportbuchverlag Corinna Medler, 1989.

Mitterbauer, G./Schmidt, G.: 300 Bewegungs-Spiele. Innsbruck 1985.

Trebels, Andreas (Hrsg.): Spielen und Bewegen an Geräten. Rowohlt, Hamburg, 1978.

Ideen und Anregungen von einem Lehrgang in der „Traumfabrik" Regensburg.

Register

Fundgruben für Ihren Unterricht
Nachschlagewerke für jeden Tag

Wer neue Ideen für seinen Unterricht sucht, findet hier eine Fülle von Anregungen und Materialien. Hier kommen kreative pädagogische Profis zu Wort, die ihre erprobten und bewährten Erfahrungen zur Erleichterung der Unterrichtsvorbereitung an Sie weitergeben.

Übersicht lieferbarer Titel:

1. Für den Fachunterricht   ISBN 3-589-

Die Fundgrube für den Biologie-Unterricht	21104-0
Die Fundgrube für den Chemie-Unterricht	21400-7
Die Fundgrube für den Deutsch-Unterricht	21054-0
Die Fundgrube für den Englisch-Unterricht	20899-6
Die 2. Fundgrube für den Englisch-Unterricht	21082-6
Die Fundgrube für den handlungsorientierten Englisch-Unterricht	21174-1
Die Fundgrube für den Erdkunde-Unterricht	21130-X
Die Fundgrube für Ethik und Religion	21246-2
Die Fundgrube für den Französisch-Unterricht	21032-X
Die Fundgrube für den Geschichts-Unterricht	21062-1
Die Fundgrube für den Kunst-Unterricht	21129-6
Die Fundgrube für den Mathematik-Unterricht	21105-9
Die Fundgrube für den Musik-Unterricht (mit CD)	21128-8
Die Fundgrube für den Physik-Unterricht	21078-8
Die Fundgrube für den Politik-Unterricht	21127-X
Die Fundgrube für den Sport-Unterricht	21419-8

2. Fachübergreifende Titel

Die Fundgrube für Klassenlehrer	21227-6
Die Fundgrube für Medienerziehung	21102-4
Die Fundgrube für Vertretungsstunden	21028-1
Die 2. Fundgrube für Vertretungsstunden	21140-7
Die Hauptschul-Fundgrube	21069-9
Die Fundgrube für den Umweltschutz	21380-9

Fragen Sie bitte
in Ihrer Buchhandlung!